杨义先趣谈科学

杨义先 钮心忻

著

中国古代科学家列传

贰

人民邮电出版社

北京

图书在版编目（CIP）数据

中国古代科学家列传. 贰 / 杨义先，钮心忻著. --
北京 : 人民邮电出版社，2021.5（2024.3重印）
（杨义先趣谈科学）
ISBN 978-7-115-56105-3

Ⅰ. ①中… Ⅱ. ①杨… ②钮… Ⅲ. ①科学家－列传
－中国－古代 Ⅳ. ①K826.1

中国版本图书馆CIP数据核字(2021)第041854号

内容提要

《中国古代科学家列传》分两册，以章回体的形式，从全新的视角，在天文学、数学、农学、医学、地理学、博物学、物理、化学、技术等领域重现中国古代顶级科学家的风貌。其中，第一册主要涉及天文学、数学、农学和医学，第二册主要涉及地理学、博物学、物理、化学、技术等。本套图书的编写目的不仅是让读者全面了解真实的科学家，而且是想激励相关读者，特别是青少年读者立志成为科学家。

与以往大家熟悉的“科学家故事”和“科学家传”不同的是，本套书绝不做任何简单机械的素材堆积，不出现公式、图表等过于专业的内容，而是以时间为轴线，通过科学家们的人生轨迹展现科学发展的里程碑和中国古代科学家成长的环境。本套图书特别注意把握严肃与活泼之间的界限：科学内容务必严谨，而在介绍科学家的生平事迹等方面则尽量活泼，让读者充分享受阅读的乐趣。

◆ 著　　　杨义先　钮心忻
　责任编辑　刘　朋
　责任印制　王　郁　陈　犇
◆ 人民邮电出版社出版发行　北京市丰台区成寿寺路 11 号
　邮编　100164　电子邮件　315@ptpress.com.cn
　网址　https://www.ptpress.com.cn
　固安县铭成印刷有限公司印刷
◆ 开本：720×960　1/16
　印张：20　　　2021 年 5 月第 1 版
　字数：394 千字　　　2024 年 3 月河北第 2 次印刷

定价：59.80 元

读者服务热线：(010)81055410　印装质量热线：(010)81055316
反盗版热线：(010)81055315
广告经营许可证：京东市监广登字 20170147 号

前言

伙计，这套《中国古代科学家列传》可不是千篇一律的科学家传哟，更不是堆砌式的科学家故事集！

一方面，本套图书以时间为轴线，按学科进行分类，根据中国古代顶级科学家的成果和整体特色，分别在天文学、数学、医学、农学、地理学、博物学、物理、化学、技术等方面打造一个个生动活泼的里程碑，使读者在穿越历史的过程中仅仅通过阅读这些内容就可以看清中国古代各学科的发展轨迹。另一方面，通过若干具体案例，适时回答一些与科技相关的问题，比如科研的动力从哪里来，科学流派有哪些，科学家的特质是什么，科技进步与外界环境之间的关系如何，文化和政策因素会对科技产生什么影响，等等。当然，由于历史资料太少，本套图书实在无法包含某些著名科学家（比如边冈等）。这肯定会在一定程度上影响上述“轨迹”的清晰度。对此，我们只能表示万分遗憾了，毕竟在科技方面，本套图书属于严肃著作，尽量不采用根据不够充分的传说。

与以往介绍科学家的书籍不同的是，本套图书将更加忠实于历史事实，比如并不回避科学家本人的某些负面内容，但同时尽量略去错误的“科学结论”，以免混淆视听。这样做的目的就是要让读者明确意识到：科学家也是人，而不是神；科学家并非高不可攀，人人都有成为科学家的潜力。本套图书采用章回体小说的形式，把评书、相声和喜剧等元素融入其中，一改过去此类图书的呆板模式，把科学家描述成为正常人，而非不食人间烟火的异类和完美无瑕的榜样。我们笔下的科学家都将是普通人能够接近、学习甚至超越的凡人。

有人说科学是这样的一门学问，它能使当代傻瓜超越上代天才，但是本套图书绝不只是想让“当代傻瓜”超越上代天才，而且想让当代天才成为当代科学家，成为被“后代傻瓜”努力超越的天才。所以，我们的重点不在于介绍科学家们都干过什么，而是要深入分析他们是如何干的，有哪些研究方法和思路值得我们借鉴，有哪些成功的方面值得我们学习，以及有哪些失败的教训需要我们吸取，等等。换句话说，如果伽利略的名言“你无法教会别人任何东西，你只能帮助别人发现一些东西”正确的话，那么本套图书其实主要想帮助你发现一些东西。当然，最好能帮助你发现科研成功的共性。

本套图书特别注意把握严肃与活泼之间的界限。在具体的科学内容方面，我们将力求严谨，尽量不介绍过时的和有误的科研成果，如果确有必要涉及这些内容，我们也会予以纠正。在科学家的生平事迹等其他非科学方面，我们将尽量写得活泼、风趣、幽默，让读者可以尽情享受欢乐，在笑声中轻松了解中国古代科学发展的脉络。

在人物选取方面，本套图书既尊重同类书籍中出现的名单，比如各种版本的“中国古代100位科学家的故事”等，又特别重视历史的连续性，避免留下太长时间的历史空白；否则，中国古代科技的发展轨迹就会显得不清晰，连贯性就会受到影响。

在介绍中国古代科学家首创的科学成果方面，我们摒弃了以往的许多惯用写法，比如某位中国人发明了某物，而此物又在多少年后才由某位外国人发明，等等。我们希望大家能一视同仁地看待科技界的外国人和中国人，既不自卑也不自吹，要努力用实力构建我们的自信。别忘了，与全球顶级科学家相比，中国的墨子、张衡、沈括等一点儿也不弱。各位读者朋友，你当然也有机会成为下一个墨子、张衡或沈括嘛！伙计加油，我看好你哟！

我们在编写本套图书时争取不引用任何一个公式和图表，而且在介绍相关科技成果时采用严谨的科普语言，以使读者朋友们既能轻松享受阅读的乐趣，又能正确地认识科学。由于作者水平有限，书中难免有不当之处，欢迎大家批评指正，谢谢！

杨义先　钮心忻

2020年12月于北京

目录

目录

综合篇

墨　子　张　衡　苏　颂　沈　括　郭守敬
朱载堉　徐光启　宋应星　邹伯奇

第四十八回

墨子显学耀神州，平民科圣写春秋

话说周武王姬发继位后，重用姜太公，发动了牧野之战，逼得殷纣王自焚于鹿台，从此商朝灭亡。聪明的周武王对前朝遗老并未赶尽杀绝，而是建立了广泛的统一战线，甚至将殷商皇室的一支册封为宋国公。宋国君位代代相传，到了宋襄公时期，襄公之兄墨夷（目夷）就开始走下坡路了。滑呀滑，滑到春秋末，滑到战国初，墨夷的后代终于滑到了谷底，本来高贵的姓氏“墨夷”也变为平常的“墨”姓了。最后，墨姓一族干脆成了正宗的泥脚杆，以至于诸如什么何时出生、在哪里出生、何时去世、在哪里去世等信息都早已变得无关紧要了，反正能吃饱穿暖就已谢天谢地了。

在这些泥脚杆的后代中，有一位名叫墨翟的人格外与众不同。他天资聪慧，人虽穷，但志不短，更是热爱学习和善于科研。当牧童时，他挤时间学习；做木工时，更是多方面学习。他既学习文化知识，也学习实践经验，大有“读万卷书，行万里路”的味道。他自信地称自己为“鄙人”，乐观地自诩“上无君上之事，下无耕农之难”，即对上没有承担国君授予的职事，对下没有耕种的艰难。更直白地说，那就是“无官一身轻，吃穿也不难”。因此，他也得到了乡亲们的尊敬，大家都称他为“布衣之士”，用现在的网络语言翻译出来便是“屌丝达人”。据说，他的军事技术水平很高，已胜过当时的“工程院院士”鲁班了。不过，他并不甘心做井底之蛙和池中之鱼，而是毫不迟疑地穿上草鞋，顺着滔滔东流的黄河，开始了拜访天下名师、学习治国之道的求学之旅。

可惜由于经验不足，他错选了儒学专业，《诗》《书》《春秋》等成了必修课。一段时间后，墨翟发现自己并不喜欢该专业，尤其反感教材中对待天地、鬼神和命运的态度，反对过于铺张的葬礼和过于奢靡的礼乐。因此，他“背周道而行夏政”，即要改孔子的“克己复礼”为“克己复夏”。后来，大约在30岁之前，他干脆放弃了儒学专业，自己开创了一门新学科，还创办了人类历史上第一所文、理、军、工兼备的“综合性民工子弟大学”，并在各地聚众讲学，广收门徒，以激烈的言辞抨击儒家，不遗余力地反对各国的暴政和兼并战争。墨翟很快就赢得了大批手工业者和下层士人粉丝，并逐步形成了自己的墨家学派，成为了儒家的主要反对者。他自己也被尊为“墨子”。墨家学派的亲信弟子曾多达数百人，声势浩大，以至于宋昭公都得委任他为大夫，相当于宋国的部级干部。可是，好景不长，官运不畅，墨翟很快就被贬为布衣了。

作为民间外交人士，墨翟热心于周游列国，“日夜不休，以自苦为极”，四处宣传其政治主张，并以天下为己任，立志救民于水火。他的行迹很广，东到齐，北到郑和卫。他本打算还要去越国，但最终因谈判破裂而未能成行。仅凭三寸不烂之舌，墨子一个人就组成了一支强大的“联合国维和部队”，还真的成功阻止了多场“世界大战”。比如，他让鲁阳文君放弃了攻打郑国的计划；在沙盘作战演练中战胜鲁班，因而让楚国放弃了攻宋的打算。墨子还多次到楚国访问，不但给楚惠王“签名送书”，而且借机向君王讲述墨家的思想，想让对方深刻理解战争的危害。楚王则打算收编墨子，为此先聘他为“国家图书馆馆长”，但墨子没接受。后来，楚王又赐给他一块地产，墨子也推辞不受。墨子见愿望难以达成，就干脆离开了楚国。越王也想请墨子来越国，高薪聘他为“公仆”，并许给他五百里封地。但是，墨子得寸进尺，竟开出了“听我的劝告，按我的道理办事”的先决条件，以表示自己并不计较封地与爵禄，而是想实现政治抱负和思想主张。越王一盘算，风险太大，果断拒绝。

与毕达哥拉斯学派类似，如果按现在的标准，人们也很难对墨家学派进行评判。一方面，该学派在军事、哲学、几何学和光学等领域的杰出成果惊天动地，当然可称得上名副其实的“学派”。另一方面，该学派确实又很像一支非政府武装，而且是战斗力很强的武装，其成员几乎个个都是亡命徒。墨家学派是一个结构紧凑、纪律严明的团体，其最高领袖称为“矩子”，墨子当然是首任矩子；而其他成员称为“墨者”，代代下传。墨者都得身穿短衣草鞋，都得参加体力劳动，并以吃苦为荣。如果谁违背了这些原则，轻则被开除，重则被处死，而且将由矩子亲自执行其所谓的“墨子之法”。所有墨者都得绝对听命于矩子，哪怕是赴汤蹈火也得死不旋踵。墨家的“家法”甚至大于“国法”。比如，墨家的第四代矩子——腹的儿子在秦国杀了人，本该依国法将其处死，但秦惠王可怜腹的年事已高，又只有这么一个儿子，于是就赦免了其死刑。哪知腹却坚持要执行“家法”，生生地把自己的儿子给杀了。

由于墨子身上的光环太多，特别是他作为百家争鸣时代仅次于孔子的男二号，大家都知道他是杰出的思想家、哲学家、政治家、教育家和社会活动家等。但是，许多人可能不知道，墨子其实还是著名的数学家、物理学家和军事学家等。我们甚至还可以说，如果泰勒斯是人类科学始祖的话，那么墨子就是中国的科学始祖；若说孔子是“文圣”，关公是“武圣”，那么墨子就是中国的“科圣”。下面就来介绍墨子的一些鲜为人知的科学事迹吧。

作为军事学家，墨子虽反对战争，但总结出了一整套军事理论，意在为弱国建立有效的自卫体系，以战争遏制战争，让强国不敢轻举妄动。墨子的军事思想主要包括“非攻”和“救守”两部分，前者反对强国的攻伐掠夺，后者支持弱国的自卫防守。关于“非攻”，墨子反复强调说战争是凶事。例如，古者万国，几乎都在攻战中消亡殆尽，好战而亡的统治者不可胜数。这无异于当头棒喝，警告强国君主不得企图以侵略战争来开疆拓土和吞并天下。墨子奉劝君王们要以德义服天下，以兼爱消弭祸乱。关于“救守”，墨子主张“深谋备御”，以积极的防御制止非正义战争，并专门著有《备城门》一文，教弱国如何构建以城池为核心的防御体系。简而言之，该体系包括以下三个方面：一是重视预防，力争有备无患；二是守中有攻，必要时可主动歼敌；三是提出了完整的防御战术的作战原则和方法，比如高临法、水攻法、穴攻法等当时颇为先进的防守技术。墨子的防御理论在中国军事史上占有重要地位，以至于后世将一切牢固的防御都统称为“墨守”，这便是成语“墨守成规”的本源。墨子的防御理论恰好与孙子的进攻理论形成互补，对传统军事学的发展做出了不可替代的贡献。

作为逻辑学家，墨子也是中国古代逻辑思想体系的重要开拓者。他自觉地大量运用了逻辑推论方法，并首次提出了辩（推论）、类（分类）、故（根据、理由）等逻辑学概念，还总结出了演绎、归纳、类比等多种推理方法。他指出，思维的目的就是要探求客观事物之间的必然联系以及反映这些联系的形式，并用名（概念）、辞（判断）、说（推理）等方式表达出来。墨子建立的系列逻辑思维方法形成了一套有条不紊、结构分明的体系。更重要的是，墨子还充分利用墨家组织严密的纪律性，在墨家组织中推广该体系，从而使得逻辑思维在墨家组织内形成了基本传统，以至于最终建成了中国第一个逻辑学体系，使得墨家逻辑学与古希腊逻辑学、古印度因明学一起并称世界三大逻辑体系。

作为宇宙学家，墨子认为宇宙是一个连续的整体，个体和局部都是从该整体中分离出来的，都是该整体的组成部分。以此为基础，墨子建立了自己的时空理论，把时间叫作“久”，把空间叫作“宇”，并给出了“久”和“宇”的定义，即“久”为包括古今的一切时间，“宇”为包括东南西北的一切空间。他认为时间和空间都是连续不间断的。墨子认为时空既是有限的也是无限的：从整体上看，时空是无限的；从局部来看，时空则又是有限的。他还指出，连续的时空是由“时空元”组成的。这里的时空元包括“始”和“端”。其中，“始”是不可再分割的最小时间单位，“端”是不可再分割的最小空间单位。如果结合现代物理学中的普朗克常数，那么墨子的这一量子思想莫非真的领先于时代两千多年？难怪墨子被西方科学界称为“东方的德谟克利特”。墨子还建立了自己的运动理论，他统筹考虑时间、空间和物体运动，认为离开了时空的单纯运动是不存在的，在连续统一的宇宙中，物体的运动可表现为“时间的先后差异”和“空间的位置迁移”。很明显，牛顿的“速度”概念在这里又呼之欲出了。

墨子也是第一个从理性高度研究数学问题的中国科学家，他给出了一系列抽象而严密的数学概念、命题和定义。这一点非常重要，因为数学的根基就在于相关概念的严格定义。据不完全统计，墨子给出了“倍”的定义，即原数加一次，这意味着他发现了乘法，虽然只是最简单的乘2；他给出了“平”的定义，即平者同高也，这几乎等于说他发现了欧几里得几何中的“平行线间的公垂线相等”定理，而这又是平面几何中最基本的概念之一；他给出了“同长”的定义，即同长者以正相尽也，这意味着他发现了抽象的长度概念，为随后的抽象数学研究奠定了基础；他给出了“中”的定义，即中者同长也，这意味着他已有了对称形的概念；他给出了“圆”的定义，即圆者一中同长也，这意味着他发现了用圆规画圆的数学本质，这又与欧几里得几何学不谋而合，与现代数学中圆的定义完全一样；他给出了直线的定义，也就是三点共线即为直线，这次他又抓住了本质，几乎提出了现代数学中的直线定义；他给出了正方形的定义，即正方形的四个角都为直角，四条边的长度相等；他指出正方形可用直角曲尺来绘图和检验，这仍然不输于其晚辈欧几里得先生。此外，墨子还发现了十进制数的若干重要奥秘。比如，他明确指出在不同位上的数字的值是不同的。例如，个位上的1当然小于5，但是十位上的1就大于5了。

作为力学家，墨子不但澄清了若干基本概念，而且有不少重大发现，并总结了许多重要的力学定律。比如，他给出了力的定义——力者形之所以奋也，即力是使物体运动的原因，或使物体运动的作用。他还举例说，重物被高高举起就是力的作用。墨子指出，物体受力后也会产生反作用力，并举例说两物体碰撞后，它们都会朝相反方向运动。墨子还给出了“动”与“止”的定义，他认为“动”就是被力推送的结果。更为重要的是，他提出“止，以久也，无久之不止，当牛非马也”，意指运动物体之所以停止是因为有阻力作用，若无阻力，物体就会永远运动不止。该观点分明就是牛顿的惯性定律嘛，这竟然又超越了时代上千年。早在阿基米德之前200年，墨子就发现了杠杆原理，并给出了精辟的表述。他指出，称重时，秤杆之所以会平衡是因为“本”短而“标”长。这里的“本”即为阻力臂，“标”即为动力臂。此外，墨子还对杠杆、斜面、重心、滚动摩擦等力学问题进行了一系列研究，成果颇丰。

作为光学家，墨子是首位进行光学实验并对几何光学进行系统研究的科学家，他奠定了中国几何光学甚至可能是世界几何光学的基础。李约瑟在《中国科学技术史》中也承认墨子关于光学的研究“比我们所知的希腊为早”，“印度亦不能比拟”。墨子探讨了光与影的关系，细致观察了运动物体影像的变化规律，提出了“景不徙”的观点。也就是说，从表面上看，运动物体的影子也在随物体而运动，但实际上这是一种错觉，因为当物体的位置改变后，它在前一刻所形成的影像已经消失，位移后所形成的影像已是新东西了，而不是原有影像运动到新的位置。若原有的影像不消失，那么它就会永远待在原来的位置。墨子的这一观点被后人继承，并由此产生了“飞鸟之影，未尝动也”的哲学命题。墨子还探讨了物体的本影和副影问题，他指出：若光源不是点光源，那么从各点发射的光线就会重复照射，物体就会产生本影和副影；若光源是点光源，则只有本影。墨子还做了小孔成像实验，明确指出光线沿直线传播，物体通过小孔所形成的像是倒像。当光线经物体再穿过小孔时，由于光线沿直线传播，物体上方就变成像的下方，而物体的下方则变成像的上方，因此，所成的像为倒像。墨子还探讨了影像的大小与物体斜正、光源远近的关系。他指出：若物斜或光源远，则影长而细；若物正或光源近，则影短而粗；若是反射光，则其影介于物与光源之间。更出乎意料的是，墨子还对平面镜、凹面镜、凸面镜等进行了相当系统的研究，得出了一系列重要成果。比如，他指出：平面镜所形成的像与物体的大小相同，远近对称，但左右倒换；若两个平面镜相向而照，则会出现重复反射，形成无穷多个像。他还指出：凹面镜成的像在“中”之内为正像；离“中”越远，所成的像越大；离“中”越近，所成的像越小；在“中”处的像与物一样大；在“中”之外，则形成倒像。这里的“中”为

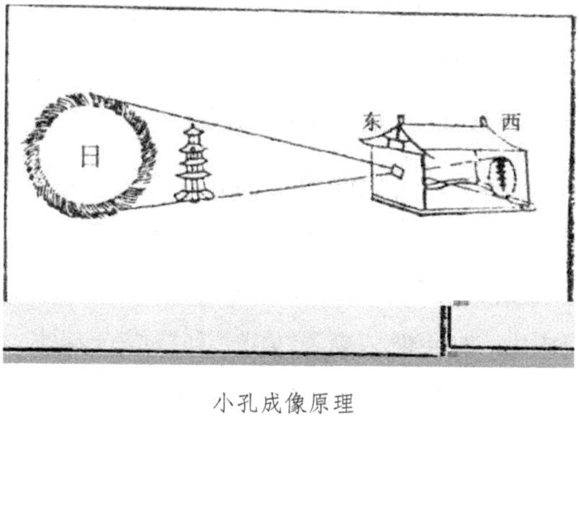

小孔成像原理

球面镜的球心。墨子虽混淆了球心与焦点这两个概念，但其结论与现代球面镜成像原理基本相符。关于凸面镜，墨子发现它只形成正像，且近镜者像大，远镜者像小。

作为声学家，墨子发现井和缸都有放大声音的作用。他还对此巧加利用。比如，他曾教导学生说：守城时，为预防敌人挖地道，可每隔三十尺挖一井，然后置大缸于井中，缸口绷上薄牛皮，让耳聪者伏在缸上细听，以检测敌方是否在挖地道，或在何方挖地道。墨子虽不懂声音共振机理，但这个防敌之法很科学。

作为机械制造专家，墨子精通多种工艺技巧，甚至堪比当时的巨匠鲁班。据说，他曾花费三年时间研制了一种能飞三天的木鸟，成为风筝的创始人。他还是造车达人，能很快造出载重300公斤的大车。他造的车又快又轻，还经久耐用。他利用杠杆原理发明了一种名叫"桔槔"且使用至今的汲水工具，即在井旁架起一长杆，一端系水桶，一端坠大石，一起一落便可轻松汲水。看到山果浸泡后流出的汁液，墨子发明了坑布之法，并引导山民坑染布料。墨子几乎谙熟当时的各种兵器、机械和建筑技术，并有不少创新。比如，他在《墨子》一书中详细介绍了城门的悬吊结构，多种防御设施的构造，云梯、辘轳、滑车、箭弩等攻守器械的制造工艺，以及水道和地道的建筑技术等。

作为墨家创始人，墨子死于隐居之地鲁山县，其弟子遵命将他的遗体简葬于狐骀山，只把一部《墨子》手稿作为陪藏品。终于，墨子成了一个"三无人员"：无准确的出生地点，无准确的出生时间，无准确的去世时间。不过，墨子对自己的学说和事业非常自信，曾慨然而呼："天下无人，子墨子之言犹在。"这句话的意思是本人的语录将传颂千秋万代，直到地老天荒。既然墨子与鲁班有过"华山论剑"，因此，他们应该是同时代的人，而后者生于公元前507年，卒于公元前444年。所以，当墨子正忙于东方中国的维和时，西方的雅典人也正忙于摆脱斯巴达人的控制，建立自己的民主政权。

墨子之所以能取得如此众多的科研成果，归根结底得益于他那科学的认识论。他以"耳目之实"的直观感觉为认识的主要来源，认为判断事物的有无不能凭个人臆想，而要以能重复观察并检验的结果为依据。同时，他也未忽视理性认识的作用。他还把"事""实""利"综合起来，以间接经验、直接经验和社会效果为准绳，尽量排除个人的主观成见。在名实关系上，他主张以实正名，名副其实。墨子还特别强调感觉经验的真实性也有局限，比如不能因为有人“尝见鬼神之物，闻鬼神之声”就肯定“鬼神之有”的结论。墨子认为，人的知识来源有三个方面：闻知、说知和亲知。其中，“闻知”是指“循所闻而得其义”，即在听闻之后要加以思索和研判，以别人的知识为基础，进而继承和发扬。“说知”包含推论和考察，即通过推论获得知识。他特别强调“闻所不知若已知，则两知之”，即由已有知识去推导未知知识，比如由已知“炉火是热的”去推知“所有的火都是热的”。“亲知”是指亲身经历所得到的知识。当然，闻知、说知和亲知三方面还必须有机地结合在一起。

墨子作为科学家的故事讲完了，确实发人深省！

一个正宗的泥脚杆既挑水来又浇田，闲暇时间才做科研，结果却一鸣惊人。看来，《华严经》中的“心中有佛，处处皆是佛，一切众生人人皆是佛”可以修改为“心中有科学家，处处皆是科学家，一切众生人人皆是科学家”。所以，科学家并不神秘。读者朋友，你其实也很有希望成为科学家哟！

另外，还有一点也很有启发意义，那就是与墨子在哲学等方面的成果相比，他的科学成果只不过是九牛一毛而已。区区一个人，为何能如此既“上九天揽月”又“下五洋捉鳖”，而且游刃有余呢？看来，万事万物确实都是相通的，甚至一通百通。因此，各位科学家，特别是青年科学家，其实你们不必在专业上过于束缚自己，也许你正在冥思苦想的难题在另一个领域内早就有答案了。他山之石，可以攻玉。伙计，加油，我看好你呢！

第四十九回 川剧张衡大变脸，文圣科仙随意演

各位看官，告诉你一个大秘密：历史上曾有两位名叫张衡的“大牛”，一个可列入神仙传的头版，另一个则可登上科仙传的封面，而且前者只比后者年轻9岁。

神仙版的张衡可了不得。从俗人角度来说，他乃汉朝开国元老张良之后，张道陵之长子，张鲁、张卫、张愧之父。他们全家好像要承包中华名人榜似的。从“神仙”角度来说，他的父亲是天师道的第一代天师，他自己则是第二代天师，好像神仙传就该是他家的家谱一样。可惜，本书只写科学家，否则你就会看到一篇玄妙绝伦的张神仙简史。

好了，下面言归正传，只关注张科仙简史。

话说，天廷改革后，玉皇大帝不再瞎折腾了，只是一门心思韬光养晦，全面建设仙界。众仙的积极性空前高涨，你追我赶，好像生怕自己落后了似的。文曲星更是深感压力山大，只靠昔日的诗词歌赋，已很难舞文弄墨了。于是，他便主动请缨要下凡到人间，一方面进修科学知识，另一方面促进文理结合。终于，在蔡伦入宫后的第三年，即公元78年，文曲星投胎到南阳县石桥镇的一个世家豪门。他的祖父张堪自幼被称为圣童，从小志高力行，曾被东汉开国皇帝刘秀任命为“四川军区司令员”，并在那里大展拳脚，立下了汗马功劳，被民谣歌颂为“张君为政，乐不可支”。

阎王爷明知文曲星的算术很差——他连父母的寿数都计算不清楚，但始终不点破玄机，只是在一旁阴笑着，斜视着正在认真翻阅生死簿的文曲星。果然，文曲星投胎后，他的爹妈很快就双双早亡了，只留下他这个可怜巴巴的孤儿。在去世前，父母已给他取了一个响亮的名字——张衡。

张衡虽不知父母给自己取名的含义，但下定决心，这辈子要文理双修，全面均衡发展。于是，他以祖父张堪为榜样，刻苦向学，终于成为了一位举世无双的哲学家、数学家、文学家、发明家、天文学家、地震学家、地理学家、制图学家、机械制造专家、画家等。无论琢磨什么，他都会在那个方面取得重大成就。他就像川剧变脸一样，自由切换身份。

幼年时，孤苦伶仃的小张衡从不因天资聪慧而骄傲，始终以高标准严格要求自己，发誓要依靠勤奋努力改变贫困的家境。他埋头学习，不舍昼夜；不但苦干，而且想办法巧干。他没有采用当时盛行的贵族学校“名师一对一”的做法，而是根据自己的经济状况，一边打工，一边游学。大约16岁时，他告别家人，只身闯荡江湖。按常规，他本该直奔当时的政治中心、经济中心和文化中心——首都洛阳，但他再一次剑走偏锋，出人意料地去了西安，并在那里一待就是三年。在此期间，张衡踏遍了广阔的渭河平原，今天登览华山，明天探访终南山，后天考察民情风俗。无论是长安的宫廷建筑还是乡村的牛羊猪狗，任何东西都能引起他的极大兴趣，他甚至声称："一物不知，实以为耻。"游到兴致勃发时，他就会泼墨狂草，宛如已是傲视群雄的大文豪。公元95年，即《圣经·新约》成书的那一年，衣不蔽体的张衡经灞桥路过骊山时突然诗兴大发，张口就来了一篇《温泉赋》："……览中域之珍怪兮，无斯水之神灵。控汤谷于瀛洲兮，濯日月乎中营。荫高山之北延，处幽屏以闲清……"此赋让他一举成名，成了赋坛大家。张衡就这样写写游游，游游写写，走到哪里就把诗词歌赋写到哪里，当然也就把粉丝们吸引到哪里。他这种随时记录切身感受的方法不但锻炼了文字能力，而且提高了观察能力，增强了逻辑思维能力。

张衡博物馆，位于河南南阳

有了足够自信的张衡终于昂首挺胸来到了首都洛阳。可惜，因为缺少县郡衙门的推荐，满腹经纶的张衡仍然不能进入"公办大学"学习。于是，他只好到处拜谒乡野大师，几乎达到了"焉所不学，亦何不师；闻一善言，不胜其喜"的地步。在求知若渴方面，他一点也不逊色于孔子所说的"三人行，必有我师焉；择其善者而从之，其不善者而改之"的情况。经过五六年的精心修业，他早已博览群书，不但"通五经、贯六艺"，在必修课方面已远远超过了当时太学生的水平，而且广泛掌握了天文、地理、气象、历算等课外知识。张衡特别注意提出独立见解，从不轻易被其他因素所干扰，而且敢于啃硬骨头。比如，当时的“院士级专家”扬雄出版了一本高难度的学术著作《太玄》。该书是仿《易经》的体裁而写成的，义理艰深，文字难懂，即使“博导级”的学者也很少敢于问津。张衡却如痴如醉，夜以继日地阅读此书，常常对扬雄在书中所表达的深刻哲理赞叹不已，并从中坚定了自己的信念（必须按事物的本来面目去认识自然，而不是人为地随意增加或减少；事物不是固定不变的，而是会发展的）。

功夫不负有心人，张衡这匹千里马终于被伯乐相中了。当时的“南阳市长”极力举荐，紧接着多地府衙争相邀请他出任官职。一名无依无靠的穷书生能得到如此抬举，实属不易，更是莫大的荣耀。可出人意料的是，张衡竟然婉拒了这些邀请，继续如饥似渴地学习。他认为出山的时机尚未成熟，仍需拓宽知识面。

公元100年，当罗马帝国进入鼎盛时期时，张衡这条卧龙终于开始腾飞了，第一站是出任南阳主簿，负责“市政府”的文秘工作。这对转世的文曲星来说简直易如反掌。他在兴奋之余，那首五言诗《同声歌》脱口而出。这首诗对后世文学的影响很大，至今还在我国的五言诗谱上占有重要地位呢。此后，张主簿的诗兴就一发不可收拾了，搞对象时写《定情赋》，让心上人恨不能马上嫁给他；思念家乡时写《南都赋》，情意绵绵，愁绪万千；歌颂新生活时写《二京赋》，宛若诗歌版的清明上河图，其中“夫水所以载舟，亦所以覆舟也”一句早已成为家喻户晓的警世名言；心怀怨恨时写《怨篇》，令读者也跟着咬牙切齿；郁闷时写《四愁诗》，感情充沛，动人心弦，既有《楚辞》之痕，又留《诗经》之迹，首开我国七言诗的先河；有退隐之意时又写《归田赋》，播下了魏晋时期抒情赋的种子；忧国忧民时写《思玄赋》，用幽深微妙的哲学思辨，讲透了扑朔迷离的福祸相因关系。

东汉的西王母陶器雕像，张衡在《思玄赋》中提到

总之，张主簿这位承前启后的词赋大家嘴巴一张，除了诗就是赋，好像连正常的话都不会说了。后来，张衡与司马相如、扬雄、班固一起被合称汉赋四大家。张衡在大赋方面的成就远超司马相如的《子虚赋》，近取班固的名篇《两都赋》；在骚赋方面，上追屈原的《离骚》，下踪班固的《幽通赋》；在七体方面，与傅毅的《七激》并驾齐驱；在文赋方面，比肩东方朔的《答客难》等。

除了汉赋之外，这位文曲星的绘画水平也十分了得。他与赵岐、刘褒、蔡鱼、刘旦、杨鲁并称东汉六大画家。

《历代名画记》甚至杜撰了这样一个故事。有一次，特别喜欢画怪兽的抽象派画家张衡在深潭旁发现了一头怪兽，其头像人，身子像猪，状貌非常丑陋，鬼见了都害怕，所以名为“骇神”。张画师赶紧掏出纸和笔，正欲写生，那厮却迅速跳进水里，消失得无影无踪了。原来，该怪兽最怕被人画像。第二次，张画师空手来到潭边，见那怪兽又出水面时，便两手相拱，不动声色，却偷偷用脚趾在地上画下了它的尊容。从此，人们将该潭叫作“画兽潭”。

张画师还结合地理学研究，绘制过一幅地形图，标画了全国的主要山川，形象地展现了各地的地理风貌。这幅画不仅在地理学上具有重要价值，而且作为艺术珍品，在绘画史上占有重要地位。500多年后，唐代张彦远在《历代名画记》中还称赞张衡“高才过人，性巧，明天象，善画”，并说“衡尝作地形图，至唐犹存”。

当然，文曲星非常明白，本世投胎之目的绝不是要显摆自己的文采和画技。所以，一旦时机成熟，文艺青年张衡就马上华丽转身，成为科学家了。东汉时期，朝廷设置了一个特殊的官职，名叫太史令，主要负责观察天象、制定历法、占卜吉凶、求医问药等富有技术含量的工作。形象地说，太史相当于今天的科学院加社科院。张衡有幸出任“院长”，并在该位置上前后共待了14年之久，充分发挥了个人才能。

先看数学家张衡。据《后汉书》的记载，张太史令曾写过一部《算罔论》，专述其在数学方面的成就。可惜，此书早已失传，故很难完整恢复他的原创性数学成果。不过，从正反两方面的反应来看，张衡的数学成就还是很有影响的。一方面，900多年后的公元1009年，即契丹萧太后死亡的当年，张衡因其数学方面的卓越贡献而被北宋朝廷追封为西鄂伯。另一方面，约100年后，魏晋时期的伟大数学家、中国古典数学的奠基人刘徽在《九章算术·少广》中对“张衡算”进行了注记与严厉批评。若非很有影响的成就很难在百年后还能进入顶级数学家刘徽的法眼。不过，有一点是公认的，即张衡研究过球的体积、球的外切立方体和内接立方体的体积。他还是中国第一位求得 π 的近似值的学者，虽然其结果是较为粗糙的3.16（即10的开方），比300年前阿基米德的3.14还差。不过，在张衡的一生中，他的数学成就肯定占有相当重要的地位，因为他的墓碑上就刻着“数术穷天地，制作齐造化”。前一句称赞其数学和天文学成就，后一句则称赞其制造水平。

再来看看天文学家张衡。其实，这也是如今确切知道的张衡的主要成果所在领域，甚至可以说张衡始终都将目光投向辽阔的苍穹，一生都在探索宇宙的本原，追问世界的终极存在。也正因为他在天文学方面的卓越表现，国际天文学联合会于1970年将月球背面的一座环形山命名为“张衡环形山”，又于1977年将小行星1802命名为“张衡星”。2003年，小行星中心为纪念张衡及其诞生地，再将小行星9092命名为“南阳星”。

关于宇宙的起源，张衡的观点显然深受道家学说的影响，而且与现代的大爆炸理论真有不少相似之处呢。比如，他认为宇宙并非向来如此，而是有其产生和演化过程。他还很明确地将演化过程分为三个阶段：一是无形无色、幽清寂寞的“道之根”阶段，相当于大爆炸前的阶段；二是无形无速、混沌不分的“道之干”阶段，相当于宇宙刚刚发生大爆炸的粒子汤阶段；三是“元气剖判，刚柔始分，清浊异位，天成于外，地定于内”的“道之实”阶段，相当于大爆炸后开始产生物质的阶段。

在宇宙的无限性方面，张衡早就像爱因斯坦那样把时间和空间联系在一起了，而不是把它们相互割裂。他认为“宇之表无极，宙之端无穷”，即宇宙在空间上没边界，在时间上没起点。该观点显然不同于扬雄的“阖天为宇，辟宇为宙”，即空间是有限的，时间也是有起点的。别忘了，张衡可是扬雄的“铁粉”，他一直在研读扬雄的《太玄经》并深受其影响，但他并未盲从。这是值得肯定的精神，也是科学家必需的独立精神。

在解释月食机理方面，张衡认为：“月，光生于日之所照；魄生于日之所蔽。当日则光盈，就日则光尽也。众星被耀，因水转光。当日之冲，光常不合者，蔽于地也，是谓虚。在星星微，月过则食。”这段话翻译成白话文便是：“月亮本身并不发光，而是太阳光照到月亮上后才产生了光亮。月亮之所以会出现盈缺现象，是因为月亮的某些部分并未被太阳光照射。所以，当月亮和太阳正相对时，就出现满月；当月亮向太阳靠近时，月亮亏缺，直至完全看不见。”从现在的角度来看，该解释显然很科学。

在计算日月的角直径方面，张衡的结果是整个天周的1/736，换算成现代通用的角度单位后即为29′21″。与近代天文测量所得到的平均角直径值31′59″和31′5″相比，误差仅为2′左右。以2000年前的观测条件而论，这个测量值相当精确。

在认识行星运动方面，张衡坚信天体运行是有规律的，并提出了四个极有价值的见解。第一，日月等天体在天地间运行时距地球的远近各有不同。第二，各天体的运行速度不同。第三，他还试图将异速的原因解释为“近天则慢，远天则速”。按现代的观点来看，张衡的解释显然不够严谨。不过，若仅从视觉感知而非物理角度来看，他的解释还是可取的。第四，按照众星的距离与速度，张衡将行星分成两类：一类属阴，包括水星和金星；另一类属阳，包括火星、木星和土星。

关于流星和陨星，张衡认为“星坠至地则石也”，对陨石的本质给出了较正确的解释。同时，他还探讨了陨星产生的原因，认为这与日月及其他天体的衰败有关。该解释虽然比较含糊，但从某种意义上看，流星和陨星确实可以看成其母体分解后的碎片，因此，也可算作某种衰败吧。

在日历的推演方面，张衡发现一周天为365.25度。该结论几乎等同于近代的测量值，即地球绕太阳一圈历时365天5小时48分46秒。张衡还正确地解释了冬季夜长、夏季夜短、春分和秋分时昼夜时长相等的原因。张衡仔细观察的恒星多达2500颗，与今人肉眼所见略近。

撰写张衡小传，当然绝少不了介绍浑天仪和地动仪，因为在老百姓的心目中，它们已成为张衡的代名词。

先说浑天仪吧。

据说，张衡接任太史令后立即登上天文台，仰观星空，但发现仪器太陈旧，不堪应用。于是，他决定新造观天仪。终于，在他的精心研制下，浑天仪真的诞生了。

所谓浑天仪，其实就是天体运行模拟器。细心的读者也许还记得，早在300年前，阿基米德就做过类似的事情。至于他俩到底谁优谁劣，显然无法评判，因为谁都未留下样品和具体设计图纸。不过，张衡的浑天仪在当时的洛阳确实引起了轰动，参观者络绎不绝。有人表示赞赏，更多的人则表示怀疑。于是，张衡邀请大家晚上再聚，并将来客分为两组，其中一组在屋里观看浑天仪，并不断向屋外的人报告仪器所示的天象，比如某星正从某处升起。另一组则在屋外观察实际的星空，验证仪器的报告情况。果然，浑天仪的模拟结果与真实星空吻合，令来者真心佩服这项巧夺天工的伟大发明。

在尚未知晓行星围绕太阳运转的情况下，浑天仪绝对称得上伟大的发明。从工艺角度来看，制造浑天仪也需要相当高的技巧。比如，为解决漏壶驱使浑天仪旋转的力量不均匀问题，张衡发明了两级刻漏法，也顺便提高了当时计时器的准确度。随后的数百年间，他的这种思路不断被后人采纳并改进，从而出现了计时精度更高的三级、四级等多级刻漏。

位于首都机场T3航站楼出港入口的景观原型是张衡创造的世界上第一台自动演示星体和太阳视运动的仪器——漏水转浑天仪

张衡的浑天仪不但实用，而且很美观。它的主体是直径约为四尺的铜球，其上刻有二十八星宿、黄赤道、南北极、二十四节气等。一套转动机械与漏壶相结合，以漏壶流水控制主体，使它与天球同步，以显示星体的视运动。此外，浑天仪还有另一个配件，其名为瑞轮，其实是一种机械日历，从每月初一起，每天升起一个叶片，月半后每天落下一个叶片，于是便形成了“随月盈虚，依历开落”的妙趣画景。

再来看看地动仪。它是由张衡在孙悟空大闹天宫的那一年研制而成的。真的，有书为证。唐玄奘于贞观三年（公元629年）出发去西天取经，于三年后遇见孙悟空。而此时孙悟空已被压在五指山下500年，故大闹天宫应发生在公元132年，刚好是张衡发明地动仪的那一年。当然，这只是玩笑而已。

位于加利福尼亚的空间与科学中心展出的张衡的候风地动仪复制品

无论是否与孙悟空捣蛋有关，反正张衡生活的时代确实地震频发。据《后汉书·五行志》的记载，自和帝永元四年（公元92年）到安帝延光四年（公元125年）的30多年间，共发生了26次大地震，受灾区域有时横跨几十个郡，山崩地裂，房屋倒塌，江河泛滥。这就是作为太史令的张衡研制地动仪的动力。同时，多次地震的亲身体验也有助于激发他的科研灵感。

虽然人类很早就知道了地震是怎么回事（比如发生于公元前780年的地震就有比较可靠的史料记载），但是张衡绝对是第一个真正拿专用仪器来观测地震的人。与1856年意大利人路吉·帕米里的地震仪相比，张衡更是在时间上领先了1700多年。从功能上说，地动仪其实就是一台远程地震监测仪。从外形和原理上说，虽然各种观点争论不休，但有一点是肯定的，那就是张衡的地动仪有8个方位，各对应于一条口含铜珠的龙。在每条龙的嘴巴的下方，又有一只蟾蜍张嘴接珠。若某个方位有地震发生，则该方位的龙珠便会落入其下的蟾蜍口中，从而有助于人们及早采取救灾措施。

张衡的地动仪到底是否准确呢？毕竟地震并不是每天都会发生，更无法像前面的浑天仪那样可以轻易验证。公元134年12月13日，实际考验终于来了。地动仪上的一条龙突然吐出了铜珠，而当天洛阳毫无震感。于是，有人便议论纷纷，讥笑地动仪不灵，只不过“屠龙之技”而已。结果，5天后，陇西（甘肃省天水地区）快马来报，证实了那天确实发生过地震。陇西距洛阳一千余里，地动仪竟能标示无误，足见其灵敏度之高。

张衡的其他科学贡献还有很多，比如造出了带“GPS”的指南车，研制了能计算行驶距离的“计程车”，完成了能模仿鸟类高空翱翔的独飞木雕（墨子也曾做过类似的装置，可见人类多么渴望飞行呀）。只可惜张衡的许多科学著作和成果均已失传，但他的诗歌传下了不少。其中的原因虽多，但有一点值得注意，那就是中国没有一套完整的公共科学体系，科学成果难以传承。这也许是后来中国科学相对落后的另一个重要原因吧。

无论作为科学家、画家或诗人，张衡都是相当成功的。不过，作为官员，张衡是“失败”的。即使为人类做出了众多贡献，他却在太史令这个职位上待了14年之久，始终得不到升迁。对此，他的回答竟然是“君子不患位之不尊，而患德之不崇；不耻禄之不夥，而耻智之不博”。也许1300多年后，王阳明对待功名的态度（“世以不得第为耻，吾以不得第动心为耻”）是从张衡那里学来的吧。

确实，作为下凡的文曲星，张衡何必在乎官位之类的过眼云烟呢？

公元139年，即罗马皇帝哈德良修建圣天使堡陵墓的那一年，已修炼成科仙的张衡返回了天廷，享年61岁。

第五十回

科技干部好榜样，坚持真理不唯上

伙计，请问宋朝为何会出现那么多优秀科学家呢？其原因之一也许与本回主角苏颂这样一批杰出的科技领导干部有关。若科学家只能是“臭老九”，更别妄想像苏颂那样官至宰相，则又有几人愿当科学家？如果科学家连做人最基本的骨气都没有，只是一心唯上，见皇帝的眼色行事，那么能出现世界级的科学成果吗？当然，还有一点必须明示，那就是下面所说的苏颂的科学成就其实不能归功于他一人，而是在他的领导下整个“课题组”的成就。换句话说，苏颂的科学成果许多都是“职务发明”。

好了，闲话少说，还是书归正传吧。

伙计，你说到底是宋朝的运气好，上天源源不断地派来各界超人，还是宋朝人民的运气好，凡人都有大把的机会成为超人？反正，仅仅在公元1020年这一年就诞生了后来宋朝的文理两个支柱性人物。其中，文科支柱便是那位吼出豪言壮语“为天地立心，为生民立命，为往圣继绝学，为万世开太平”的思想家张载，而理科支柱便是本回的男一号，他姓苏名颂，字子容，后来成为了杰出的天文学家、机械制造专家和药物学家，还被李约瑟称赞为“中国古代和中世纪最伟大的博物学家和科学家之一”。细心的读者也许已发现，李约瑟对苏颂的评价确实低于沈括。

人们都说“一个好女人旺三代，一个坏女人败三代”，那么苏颂家族的女人们到底怎么样呢？由于缺乏确凿的证据，咱们不便猜测细节。但是，在那个十分重视人伦和道德的年代里，能得到皇帝赐封的女人肯定是好女人，还是屈指可数的好女人。若按此标准来判断的话，那么苏颂家简直就是“好女人之家”了。你看，苏颂的曾祖母张氏被皇帝封为“代国太夫人”，祖母刘氏被封为“随国太夫人”，祖母翁氏被封为“徐国太夫人”，母亲陈氏被封为“魏国太夫人”，后来苏颂自己的原配夫人凌氏被封为“吴国夫人”，甚至连他的继室辛氏也被封为“韩国夫人”。

生活在如此“好女人之家”，苏颂从小受到的家教之好就可想而知了。比如，早在5岁时，老爸就亲自教他背诵《孝经》及诗赋。结果，这小子一学就会，再学就上瘾，从而养成了终生勤于攻读的好习惯。他一生博览群书，治学严谨，深通经史百家，举凡算学、阴阳、五行、星历等无所不研，地志、训诂、律吕、山经、本草等无所不精。换句话说，他见啥学啥，学啥精啥，还都能“探其源，究其妙”，并“验之实事”，终于成为了一位学识渊博的大学者。在官场上，苏颂也相当成功，他历经仁宗、英宗、神宗、哲宗、徽宗五代皇帝，虽然曾经惨遭贬谪，但仍然笑到了最后，以宰相之职光荣退休。即使退休后，他还被宋徽宗拜为太子太保，加封为“赵郡公”。他在去世后又被皇帝追封为“司空”，而且更加令人震惊的是宋徽宗为悼念他的逝世竟然罢朝两日！这可远比如今的联合国下半旗少见哟！后来，继任的宋理宗又追谥苏颂为“正简”。

苏颂故居，位于厦门市同安区

苏颂23岁中进士，次年就获得了北宋政治家、文学家、唐宋八大家之一的欧阳修的信任。欧阳修认为他办事慎重稳妥，并将重要政务委托于他。他在34岁时任馆阁校勘，开始了校正和整理古籍的生涯，这当然便能接触前人的众多科学成果；38岁任“图书馆馆长”（集贤校理）并负责医书的校正工作；40岁兼任“国家考试院”（殿试）复试考官；从42岁起开始负责编校古籍，历时九载，后来还兼任“诏书起草委员”（知制诰）和“国务院财政监管委员”（三司度支判官）。苏颂在51岁时冒死顶撞皇帝，竟三次拒绝起草诏书，被神宗怒斥（“轻侮诏命，翻复若此，国法岂容”），于是遭撤职查办。后因皇帝实在不舍其才能，次年他被起用，并先后担任过婺州、亳州、杭州、濠州、沧州、扬州、应天府、开封府等地的一把手。58岁时，苏颂被临时抽调到朝廷，参与《仁宗实录》和《英宗实录》的整理工作。67岁时，他第三次正式到朝廷任职，并先后出任“司法部长”（刑部尚书）、“组织部长”（吏部尚书）兼“皇帝读书会成员”（侍读）、“国务院秘书长”（尚书右仆射）、“副总理”（尚书左丞）等职。73岁时，苏颂被任命为“国务院总理”（中书侍郎）。此外，他还数次出使辽国这个当时的超级大国，用友善和巧妙的示弱方法为宋朝的发展赢得了数十年的和平环境；还顺带掌握了辽国的政治制度、经济实力、军事设施、山川地理、风俗民情、外交礼仪等信息，向朝廷做了系统的书面汇报，写成《前使辽诗》《后使辽诗》和《鲁卫信录》等书。第三本书汇集了与辽国往来有关的各种礼仪和文件程式，因而颇受皇帝重视，神宗亲自题写了书名。

作为专家型领导，苏颂一生曾两次领导科研工作。第一次是他在38岁那年领导《图经本草》（以下简称《图经》）的编撰工作；第二次是他在67岁那年领导水运仪象台（以下简称水仪）的研制工作。这两次都取得了圆满成功。500年后，明朝著名医学家李时珍在盛赞《图经》时说："考证详明，颇有发挥。"800年后，李约瑟深入考察了水仪，在《中国科学技术史》中说："我们借此机会声明，我们以前关于'钟表装置……完全是14世纪早期欧洲的发明'的说法是错误的……中国在许多世纪之前就已有了装有另一种擒纵器的水力传动机械时钟。"换句话说，这位洋老李承认水仪不仅是杰出的天文仪器，而且是最古老的天文钟。

厦门市同安区苏颂公园里的水运仪象台

为啥苏颂的科技领导工作每次都能取得重大胜利呢？其实，除了朝廷的正确决策之外，在很大程度上应该归功于苏颂极高的情商和智商。

首先，他特别重视人才。一方面，他重视发挥现有人才的潜力。比如，在编撰《图经》时，他就发动广大医师和药农呈送标本和药图，并附上详细说明，从而避免了药物的混乱与错讹。另一方面，他更重视延揽各方英才。比如，在研制水仪时，他发现吏部令史韩公廉精通数学、天文和历法，于是立即奏请皇上，迅速把老韩挖了过来，还为他组建了一个完整的"攻关小组"。此外，苏颂还鼓励"课题组"成员大胆创新。比如，某天韩公廉突发灵感完成了论著《九章勾股测验浑天书》，苏颂立即支持他制成原理样机，并经严格考察后赶紧替老韩向皇帝请功，获得了重大科研专项经费。

其次，苏颂领导科研时不但统筹全局，而且亲自动手，不惮繁巨，不畏劳苦，毫不马虎。他既重视书本知识，也重视模型实验，更重视实际观测。比如，在编撰《图经》时，来自四面八方的标本和文档堆积如山。于是，他亲自制定了详细而明确的处理流程，使得素材的整理工作有条不紊地进行下去。对于相关的疑难问题，他都要开展专项研究，不急于下结论。又如，在研制水仪时，他要求几乎所有重要部件都要经过反复实验，再做成仿真的“小木样”，然后进行实测，确实满意后才正式进行制造。

再次，苏颂领导科研时总是努力钻研业务，力求精通主管的项目，避免外行领导内行的情况。比如，在编撰《图经》时，他研读了从《黄帝内经》到《外台秘要》等历代医药著作，亲自校订了《神农本草经》等多种典籍，使自己也通晓了本草医药知识。在领导水仪的研制工作时，他认真研究了两汉、南北朝、唐、宋各代的天文著作和仪器，随时向下属学习，与部属一起亲量圭尺，和学生一起躬察漏仪。

那么，作为领导型专家，苏颂的水平又如何呢？客观地说，他的水平也是相当不错的，否则本书就不可能为他撰写科学家小传了。

在天文观测设备的研制方面，苏颂等创造性地把浑仪、浑象和报时装置综合在一起，建成了一个以水为动力的巨型高台建筑仪器，即水仪。这其实就是一个兼有观测天体运行、演示天象变化和准确计时三种功能的天文台，也是世界上最早出现的集测时、守时和报时为一体的综合性授时天文台。它的上层是观测天体的浑仪，中层是演示天象的浑象，下层是使浑仪和浑象随天体运动进行报时的机械装置。浑仪部分的工作原理已接近现代天文台的跟踪装置，李约瑟评价道：“苏颂把时钟机械和浑仪相结合，在原理上已完全成功。因此，他比罗伯特·虎克先行了6个世纪，比夫琅禾费先行了7个半世纪。”此外，水仪的顶部可以开合，这又与现代天文台的圆顶完全一样。特别奇妙的是，水仪中还含有一套名叫“天衡”的系统，它其实就是现代机械钟表的关键组件——锚式擒纵机构。所以，李约瑟又惊呼道：现代钟表的先驱原来在中国呀！

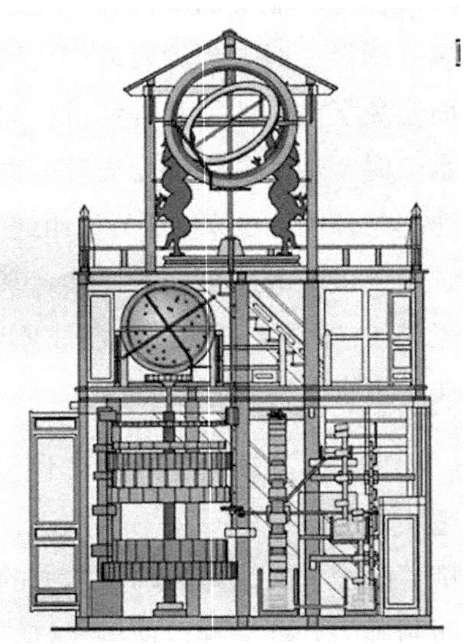

水运仪象台侧面图

除了水仪外，苏颂等还研制了一台独立的水力浑天象。观测者甚至可以钻入天球内观看天象。该天球“凿孔为星”，十分逼真。这是中国历史上第一台有明确记载的假天仪，即天体运行仿真设备。

在机械设计方面，苏颂等编撰了《新仪象法要》一书，其中绘制了有关天文仪器和机械传动装置的全图、分图、零部件图等50多幅，绘制机械零件150多种，并且这些图多为透视图和示意图。这是世界上保存至今的最早的机械图纸，而且相当完整。我们甚至可以根据这些图纸较准确地复制出能够运行的水仪，它还真能与地球运动大致保持同步！因此，《新仪象法要》还有一个重大价值，那就是其中所附的机械图是破解张衡、僧一行、张思训等人的同类著作的钥匙。

守山阁丛书《新仪象法要》

在星图绘制方面，苏颂等完成了14幅重要星图，即《浑象紫微垣星图》《浑象东北方中外官星图》《浑象西南方中外官星图》《浑象北极星图》《浑象南极星图》《四时昏晓加临中星图》《春分昏中星图》《春分晓中星图》《夏至昏中星图》《夏至晓中星图》《秋分昏中星图》《秋分晓中星图》《冬至昏中星图》《冬至晓中星图》。这些图（特别是前5幅）不但本身极具科学价值，而且其绘制方法也是一种创新，因为苏颂解决了长期以来把球面上的星辰绘制到平面上时一定会失真的难题。实际上，苏颂巧妙地把天球沿赤道一分为二，再分别以北极和南极为中心画两个圆图。这种绘图法便是著名的圆横结合法。

从所观测星体的数量上来看，苏颂星图的先进性也很明显，其所记录的星体数量甚至比400年后欧洲记录的1022颗星还多出422颗。能与苏颂星图相媲美的古代星图只有现存于大英博物馆的敦煌星图。不过，这两种星图各有特色。比如，敦煌星图更早，绘于唐朝；苏颂星图更细致、更准确；敦煌星图包含1350颗星，而苏颂星图包含的星体更多，达1444颗；敦煌星图主要依据《礼记·月令》一书绘制而成，苏颂星图则是实测结果。此外，苏颂星图还去掉了敦煌星图中有关分野问题的非科学成分。

在药物学方面，苏颂等的成就主要体现在专著《图经》（20卷）中。该书系我国第一部流传至今的配图本草著作，共收录中草药1082种，载药图933幅，比以前的《开宝本草》多了103种新药，对动、植物的形态进行了准确生动的描述。该书记述了食盐、钢铁、汞、银、汞的化合物、铅的化合物等多种物质的制备方法。它还把从野外采集到的动、植物标本绘制成图，并以木刻方式印刷成书（提请读者注意，此处的“以木刻方式印刷”字样表明当时毕昇的活字印刷术还未出现，至少还未普及）。在前人的《新修本草》《天宝单方药图》和《蜀本草》等同类书籍已经失传的情况下，《图经》填补了若干重大空白，不仅对药性配方提供了依据，而且纠正了历代本草的谬讹，使一些过去无法辨认的药物得以确认。为编写《图经》而进行的全国性普查还意外地扩大了药源，比如发现过去需要从朝鲜等地购买的许多药物原来国内也有出产。《图经》中的许多记载颇具历史价值。比如，在矿物学方面，它记载了丹砂、空青、曾青等105种矿物药的产地、开采过程和特点等信息；在冶金技术方面，它记载了三种钢铁冶炼方法的工艺过程，也记载了最早最详尽的“灰吹炼银法”；它关于动物化石、植物标本的绘制等在相应学科中居领先地位。此外，苏颂等还编辑补注了《惠佑补注神农本草》，校正出版了《急备千金方》等典籍。

对了，别以为苏颂只是科学家、政治家和外交家，其实他还是文学家和收藏家，特别是在文献学、诗歌、散文、史学等领域，他更是行家里手。比如，作为一位高产诗人，他常与著名诗人欧阳修、苏东坡等一起和诗。《全宋诗》中收录有他的多篇代表作，仅收录在《苏魏公文集》中的诗歌就有587首之多，大部分都是律诗和绝句，其中有长达1400字的长律，可谓“律诗之最”。在他的诗作中，名言警句比比皆是。比如，《和土河馆遇小雪》中的“人看满路琼瑶迹，尽道光华使者行”生动地描述了为使者送行的盛况，以及使者高尚而又复杂的心理；《和就日馆》中的“戎疆迢递戴星行，朔骑奔驰束火迎”和“每念皇华承命重，愧无才誉副群情”则形象地记述了辽国使者迎接宋使的情形，反映了诗人忧国忧民、唯恐任务完成得不好的心情。此外，描绘北国风光的“青山如壁地如盘”，描述劳动景象的“牧羊山下动成群”，描述异域风情的“依稀村落见南风”等都让人赞不绝口。

苏颂一生的著述颇丰，不计已经失传的书籍，他至少还著有《鲁卫信录》、《苏颂集》(72卷)、《图经本草》、《略集》、《苏魏公文集》、《新仪象法要》、《本草图经》、《魏公题跋》、《苏侍郎集》、《魏公谈训》等。

光阴似箭，日月如梭，转眼就到了公元1101年。这一年好像是“名人扎堆去世之年”。苏轼去世了，清水祖师圆寂了，辽国第八位皇帝、辽道宗耶律洪基也去世了。在这一年的6月18日，朝廷郑重发出讣告：

我朝官民十分敬爱的伟大科学家、支持王安石变法的政治家、成功出使辽国的外交家、无所不通的博物学家、爱民如子的青天大老爷、人民的好“总理”苏颂终因病情恶化，医治无效，于今天在家中逝世，享年81岁。

苏颂是一位出色的科技领导干部，他善于集中群众智慧，组织集体攻关；善于发现人才，并大胆加以提拔任用；勤于实验，设计多种方案，反复进行研究；勇于实践，大胆进行全国性药物普查；尊重科学，实事求是，对于一时研究不通的问题，宁可存疑，也决不附会。此外，更重要的是他还富有科研必需的开拓进取和创新精神。

第五十一回

官场失意隐梦溪，柳暗花明留笔谈

伙计，如果我告诉你唐朝未出现过世界一流科学家，你相信吗？

别说你不信，当初我也不信，打死我也不敢相信，而且绝对不愿意相信，因为持续时间长达约300年的李唐作为我国历史上最强盛的王朝，一直就是各地华人的骄傲，怎么可能没有世界一流科学家呢？再次重复一下，此处的“科学”是不包括“技术”的。换一种读者更容易接受的说法，那就是唐朝的科学水平与其前面的隋朝和后面的宋朝相比都不在同一档次上，而且差得不是一星半点！就算把“科学”与“技术”混淆在一起统称为“科技”，那么诞生于唐朝的顶级科技人物也只有僧一行（公元683—727，因编制《大衍历》而靠近天文学家，但每个朝代都会编制自己的历法，因此他的成就谈不上世界影响）、宇陀·云丹贡布（生于公元708年，藏族医学家，其影响显然有限）、贾耽（公元730—805，作为中国第一幅世界地图的绘制者而靠近地理学家，但是早在他之前约1000年的公元前3世纪，古希腊数学家埃拉托色尼就已绘制出了世界地图）、陆羽（公元733—804，因著《茶经》而靠近农学家，但若与北魏末年《齐民要术》的作者贾思勰相比，他又大逊其色了）。

为啥上面要有那么一大段开场白呢？因为我们确实无法从唐朝发现世界一流科学家！因此，若考虑欧洲的黑暗中世纪，那么在唐朝存续期间，全世界的科学家几乎集体休眠了，仅阿拉伯地区出现了花拉子密、阿尔哈曾、阿维森纳等屈指可数的几位科学家！更令人惊奇的是，全球一流科学家消失400多年后，又突然从谷底蹿上巅峰，出现了一个被李约瑟称为“中国整部科学史中最卓越的人物”，他就是本回的主角沈括。

不过，首先申明，我们不认可李约瑟的这个评价，因为作为科学家，墨子和张衡都不比沈括差。当然，这丝毫不影响本回将隆重推出一位伟大的数学家、物理学家、化学家、天文学家、地理学家、水利专家、医药学家、经济学家、军事家、艺术家。总之，他确实是欧洲中世纪的千年期间全球最卓越的科学家。1979年7月1日，中国科学院紫金山天文台将他们在1964年发现的小行星2027命名为“沈括星”。这对沈括来说是受之无愧的。

还有一点必须指出，那就是沈括其实主要是一位政治家，更准确地说，他是一位失败的政治家。他的科学成果大都只是在晚年隐居梦溪园时的业余创作而已。

公元1031年，沈括生于宋朝的一个官宦之家。他的曾祖父曾任吴越国的“国土资源部部长”（营田使），在吴越国归属宋朝后被任命为大理寺丞。他的外祖父担任太子洗马。沈括家族最大的特点就是盛产进士，他的舅舅是进士，伯父是进士，父亲是进士，他也是进士。

能生于如此“进士之家”，沈括的智商肯定不低。果然，小沈括像高速扫描仪一样，4岁时就把家里几辈子积攒的几库房图书全都给读完了。实在没书可读后，可怜的父亲只好带着他“行万里路”了。于是，小沈括借老爸出差之机游遍了泉州、润州、简州和汴京等地，既深入接触了社会，增长了见识，又培养了对大自然的浓厚兴趣和敏锐的观察力。由于沈括沉溺于读书，再加上自幼体弱，所以他需要经常服用中药调理，长辈们也就自然会不时翻阅家传药书《博济方》。哪知此举竟然又勾起了小沈括的“学医瘾”，于是这个小书虫便开始啃医书，搜集医方，研究起医学来了。后来，他还真的撰写了多部医学专著。19岁那年，父亲去外地当官，沈括暂居舅舅家，无意中又读到了老舅的兵书。哇，这下黄河又决口了。只见沈括不容分说，一个猛子就扎进了军事学的海洋中，后来不但写出了自己的兵书，而且在战场上亲身付诸实践，并取得了不少战绩。在他20岁时，父亲去世。三年后，沈括接替父亲出任海州沭阳县主簿，负责治理沭水，开发农田，并将其水利经验传授给了主持“芜湖万春圩工程”的哥哥。这为自己后来成为水利专家打下了坚实的基础。32岁那年，沈括毫无悬念地考上了进士，并于两年后被调入京师，参与编校昭文馆书籍，详订浑天仪，并在闲暇时研究天文历法等。37岁时，沈进士升任馆阁校勘。从此，他便有机会接触皇家的大量藏书。这对一个未来的科学家来说，简直就是如鱼得水。

沈括雕像

40岁那年，是沈进士的命运转折之年。本来在“学术圈”里春风得意的他，在为母亲守丧期满后回京述职，却鬼使神差地进了“政治圈”，从此便一发不可收拾地坐上了“未系安全带的过山车”。他一会儿是皇帝的宠臣，一会儿是宰相的战友，一会儿被投进监狱，一会儿再被重用，一会儿被贬谪，一会儿又被平反。总之，起起伏伏，冰火两重天，令人眼花缭乱。客观地说，他既光明正大地弹劾过别人，也偷偷摸摸地陷害过政敌；既被对手坑过，也曾罪有应得；既在军事和外交等方面为朝廷和民族立过功，也曾损人利已有过罪。据不完全统计，他早先是王安石变法的得力干将，后来被王安石骂为“小人”。传说他故意将昔日同事、今日政敌苏轼的诗句“根到九泉无曲处，世间惟有蛰龙知”歪解为“皇帝如飞龙在天，苏轼却要向九泉之下寻蛰龙”。于是，他作为始作俑者，害得苏轼以“愚弄朝廷”“无君臣之义”的罪名差点丢了性命，并牵连了苏轼的30多位亲友。由于本书是科学家小传，所以不想在这些事情上浪费过多的笔墨。总之，我们的主人公经过10年挫折后，结束了失败的政治生涯，隐居到了梦溪园。从此，他便重新做起了青年时代的“科研梦”。幸好，沈老先生宝刀不老，在去世前的短短十几年里，为人类留下了众多不朽的科学成果。

在数学方面，沈括首创了“隙积术”和“会圆术”。前者其实就是求“1+2+3+…n”的通用公式。该公式现在看来很简单（700年后，神童高斯在5岁时就会计算了），但在当时确实促进了等差级数研究，甚至开辟了高阶等差级数研究的新方向。沈括的求解方法已具有了用连续模型解决离散问题的思想。他基于类比和归纳方法，以体积公式为基础，把不连续个体的累积数化为连续整体数值来求解。后者实际上就是由弦求弧的方法，其主要思路是局部“以直代曲”，对圆的弧矢关系给出一个较实用的近似公式。该方法不仅促进了平面几何和球面三角学的发展，而且在天文计算中也发挥了重要作用。

沈括在物理方面的成就涵盖了磁学、光学和声学等领域。在磁学方面，他给出了人工磁化的方法，并用人工磁化针做指南针试验。他还发现，在水浮法、碗沿法、指甲法和悬丝法中，基于悬丝法的指南针的性能最优。特别重要的是，他在世界上最早验证了指南针“能指南，然常微偏东”。这句话翻译成现代科学术语便是地磁的南北极与地理的南北极并不完全重合，即存在磁偏角。在光学方面，他首次发现了小孔成像、凹面镜成像等原理，指出了光的直线传播和凹面镜成像的规律，揭示了现代光学中的等角空间变换关系，给出了表面曲率与成像之间的关系。他甚至发现，若将小平面镜磨凸，就可“全纳人面”。如今防盗门上的窥视孔便是例子。沈括正确地得出了透光铜镜的原理，推动了后世的“透光镜”研究。他还给出了首个滤光应用例子，即刑侦中的“红光验尸”手段。在声学方面，他发现音调的高低由振动频率所决定，并记录了声音的共鸣现象。他还用纸人来放大琴弦的共振，首次形象地说明了应弦共振现象。他提出了“虚能纳声”的空穴效应，并以此来解释士兵用皮革箭袋作为枕头便可听到远处的人马声的原因。

在化学方面，沈括利用石油不易完全燃烧而生成炭黑的特点，首先用石油炭黑来代替松木炭黑，从而制造出了一种新的“烟墨”，并得到了苏轼的好评（“在松烟之上”，即用它磨出来的墨比过去使用的“松烟”更好）。他已经注意到石油资源丰富，“生于地中无穷”，还预料到“此物后必大行于世”。另外，“石油”这个名称也是由他首先提出并使用的。他首次清晰地记录了“湿法炼铜”的例子，这其实就是当今利用化学置换反应的冶金方法。

在天文方面，沈括的成就主要有以下几点。

（1）改进仪器。浑仪是用于测量天体方位的仪器，经过历代的发展演变，到北宋时，其结构已十分复杂，使用起来很不方便。沈括对此做了很大的改进：取消了浑仪上不能正确显示月球公转轨道的月道环，放大了窥管口径，使其更便于观测极星，同时提高了观测精度。漏壶是当时测定时刻的仪器，沈括也对漏壶进行了改进，把曲管改成直管，并将它移到壶体下部。于是，流水更畅，壶嘴也更坚固耐用了。

（2）天象观测。沈括发现了“真太阳日”有长有短。经现代科学测算，一年中“真太阳日”的极大值与极小值之差仅为51秒。为了测量北极星与北天极之间的驱离，他专门设计了窥管，并每夜观测三次，连续观测三个月，绘图200多幅，得出了当时北极星“离天极三度有余”的结论。

（3）改革历法。他修成的《奉元历》得以颁行，还进一步制定了《十二气历》，以代替阴阳合历。沈括不用闰月，不以月亮的朔望定月，而参照节气定月；他将一年分为12个月，每年的第一天定为立春。这样既符合天体运行的实际情况，也有利于农业活动的安排。

在地理方面，沈括的成就涵盖了地形学和地图学。他正确论述了华北平原的形成原因。根据太行山的山崖间有螺蚌壳和卵形砾石的带状分布，他断定这一带是远古时期的海滨，而华北平原是由黄河、漳水、滹沱河、桑乾河等河流所携的泥沙沉积而形成的。根据雁荡山诸峰和西北黄土地区的地貌特点，他分析了其成因后，明确指出那是水流侵蚀作用的结果。沈括奉旨完成了《天下州县图》的绘制。此图又叫《守令图》，其图幅之大，内容之详，前所罕见。全套地图共有20幅，包括全国总图和各地区分图，比例为900000∶1。在制图方法上，沈括提出了分率、准望、互融、傍验、高下、方斜、迂直等方法，并按方域划分出了24个方位，从而提高了地图的科学性。他还首创了一种类似于航拍的“飞鸟图”，从而提高了地图的精度。为了使地图更加形象，沈括在木板上制成了相关山川、道路等的立体地理模型。此外，在自然地理方面，沈括还科学地记述了虹的大气折射原理，以及龙卷风的生成原因、形态和破坏力。他用月亮的盈亏来论证日月的形状以及海潮与月球之间的关系。

在医学方面，沈括的贡献主要有四点：一是他提出的视疾医病的许多理论与观点至今仍有重要的应用或借鉴价值；二是他在其医著《良方》和《灵苑方》中搜集、亲为应用、长期验证了很多医方；三是详细论述了中药材的药用价值将如何受到地域、时令、采制方法等方面的影响，这些见解至今仍为中医药界广为应用；四是他在药学方面有多项首创成果，比如秋石阴阳二炼法的程序要诀，这可能是世界上最早的制备“甾体激素”的方法。他还发明了磁化水、矿化水的制备方法。此外，还有一件趣事，那就是流传至今的一本医书《苏沈良方》竟然是后人把苏轼的医药杂说并入沈括的《良方》后而成的，莫非后人想以此让这两位冤家在书中重修旧好？

在生物学方面，他关于动植物的分类和形态的记述、关于动植物地域分布的记述、对一批药用植物进行的考辨与记述、对古生物化石的研究与记述，以及对生物的相生相克现象的观察与分析等都具有极高的价值。比如，他在分析了许多形似竹笋、桃核、芦根、松树、鱼蟹等的化石后，明确指出它们是古代动物和植物的遗迹，并且根据化石分析了古代的自然环境。

在军事方面，沈括与他的舅舅一样，也是文武双全。他将自己精心研究城防、阵法、兵车、兵器、战略、战术等的体会编成《修城法式条约》和《边州阵法》等军事著作，把一些先进技术成功地应用在军事科学中，比如制造出了更好的弓弩、甲胄和刀枪等武器装备。更难能可贵的是，他还亲身在战场上验证了其兵法的正确性，并取得了若干场胜利，当然也吃过败仗。

在艺术方面，沈括撰写了《乐论》《乐器图》《三乐谱》《乐律》等著作，研究并阐述了古代音乐的音阶理论，探讨了燕乐起源、燕乐二十八调、唐宋大曲的结构和演奏形式、唐宋字谱等，并考证了部分乐器的形制、用材、流布与演变。他还以诗歌方式对两晋至宋代的50多位著名画家的作品及风格进行过品评。

沈括的著述至少有22种155卷。除了其代表作《梦溪笔谈》之外，还有综合性文集《长兴集》《志怀录》《清夜录》等；医药著作《良方》《灵苑方》等，科学著作《浑仪议》《浮漏议》《景表议》《熙宁奉元历》《圩田五说》《万春圩图记》《天下郡县图》《南郊式》《诸敕格式》《营阵法》，音乐类著作《乐论》《乐律》《乐器图》等。这些著作不但介绍了沈括本人的众多科学成果，而且揭示了许多重要奥秘。

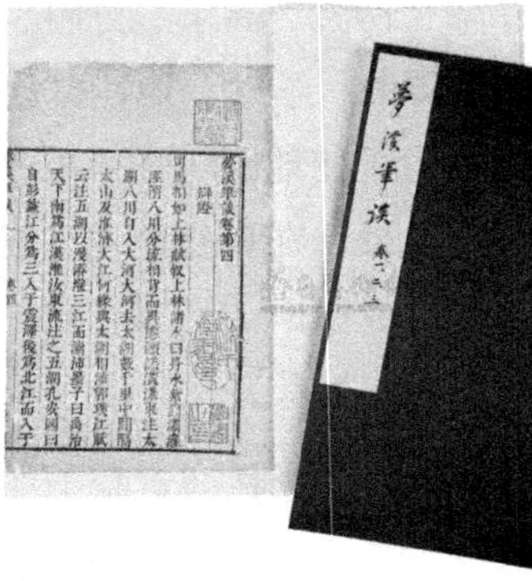

《梦溪笔谈》26卷

（1）详细记述了庆历年间布衣毕昇发明活泥字印刷术的全过程及字印的下落，否则作为中国古代四大发明之一的活字印刷术也很可能会像火药和指南针那样变成无主发明，只可惜沈括未详细介绍毕昇的其他情况。

（2）记录了能工巧匠喻皓的高超建筑技术，尤其是摘抄了其著作《木经》的部分内容。这就为中国建筑史留下了极为宝贵的史料。

（3）记述了治理黄河水患时河工们巧妙地开合龙门的三节压埽法等。

沈括在科学研究的宽度方面几乎无人能出其右，但在科学研究的深度方面稍逊于墨子和张衡。而评价一位科学家时，显然深度比广度更重要。这也是我们不同意李约瑟评论的主要原因。

人们常说一个成功的男人背后站着一个伟大的女人，但是沈括的情况与众不同。这并非指他的背后站着两个女人（原配和继室），而是指他的背后站着一个母老虎——继室张氏。也许张氏的眼中只有失败的政治家，而没有成功的科学家。据说张氏骄蛮凶悍，经常责骂沈括，甚至拳脚相加。有一次，张氏发飙，竟将沈括的胡须连皮带肉扯将下来，吓得儿女们抱头痛哭，跪求母亲息怒。由于悍妇的虐待，沈括在隐居梦溪园后大病一场，于是身体越来越弱，他常自叹命不久矣。张氏暴病而亡后，友人都向沈括道贺，恭喜他从此摆脱了家暴折磨。而此时的沈括终日恍惚，精神已濒临崩溃。一次乘船过江时，他竟欲投水，幸好被旁人阻拦。

熬到公元1095年，沈括终于支撑不住了，以64岁的享年在其隐居地和亲人们永别了。同样也是在这一年，被贬的苏轼却在悠闲地醉游西湖，并写下了著名的

《江月五首》（“一更山吐月，玉塔卧微澜。正似西湖上，涌金门外看。冰轮横海阔，香雾入楼寒。停鞭且莫上，照我一杯残”）。

唉，若是人们都把精力用在科研上，何愁中国没科学家，更何愁中国的科学不领先？

沈括故居梦溪园，位于江苏省镇江市

第五十二回

让他干啥就干啥，他若干啥就成啥

唉，给两类科学家写小传最难：一类是信息太少的，不知该写什么；另一类则是信息太多的，不知该不写什么。本回主角郭守敬属于后一类，他的成就实在太多，哪一方面都很突出，哪一方面都舍不得少写，更舍不得不写。但是，若面面俱到的话，就成了流水账式的事实堆砌，这显然既不是本书风格，也不是读者感兴趣的内容。仅仅从科学家角度看，由于那时欧洲正处于黑暗的中世纪，故郭守敬至少是当时世界顶尖的数学家、天文学家、水利专家、历法专家、设备制造专家等。比如，在数学方面，他发现了三次差内插公式，从而解决了悬疑300多年的数学难题，取得了计算数学的重大进步。他还发明了弧矢割圆术这种今天属于球面三角学的著名公式。

在天文学方面，他首次较准确地测量了全国各地的日出日落时间、昼夜长短、各地时差等天文数据，首次提出了“海拔”这一重要的地理概念。与现在的测量值相比，他测出的北极海拔高度的平均误差只有0.35米；他测出的二十八星宿距度的平均误差小于5′；他测出的黄赤交角新值的误差仅为1′多一点；他测出的回归年长度为365.2425日，与地球绕太阳公转的实际时间只差26秒，与现今通行的公历值完全一致。此外，他还编撰了105卷天文学著作。

在水利方面，他的贡献最为突出，共提出过20多项大型水利工程，治理河道、沟渠数百处，是整个元代水利建设的重要支柱。他在宁夏、甘肃一带建成了纵横相连的灌溉水网，使9万多亩稻田喜获丰收，以至在他生前，当地百姓就为他建了郭氏祠。当然，他最伟大的水利成就体现在北起北京、南至杭州、全长1800公里的京杭大运河的建设中。他创造性地以闸坝来调节河水流量，从而实行了逆水行舟，成功地解决了船只的高落差通航难题。现在的葛洲坝、三峡等水利工程仍在运用这一原理。在水利理论方面，他提出了沿用至今的“灌溉、防洪、漕运三位一体”指导思想。

在历法方面，他制定了通行360多年的《授时历》，成为当时全球最先进的一部历法，也是古代使用时间最长的一部历法，达到了历法巅峰。《授时历》还是古代影响范围最广的一部历法，它的受益者还包括现在的日本、朝鲜、韩国和越南等。

在设备制造方面，他研制了至少12种当时最先进的天文台设备，发明了至少4件便携式野外观测仪。他反复利用针孔成像原理，充分体现了高超的光学应用能力。这些仪表大多设计科学，结构巧妙，制造精密，使用方便。难怪约200多年后明朝的学术权威、著名传教士利玛窦在称赞他的仪器时，还认为“其规模和设计之精美，远超欧洲同类设备。虽经受了250多年的风吹雨打，也丝毫无损于原有的光荣”。元世祖忽必烈在称赞他时说：“任事者如此，人不为素餐矣。”元朝第二任皇帝铁穆耳也说：“郭太史神人也！”1977年3月，小行星中心将小行星2012命名为“郭守敬小行星”。1981年，在郭守敬诞辰750周年之际，国际天文学联合会将月球背面的一座环形山命名为“郭守敬环形山”。至于为他发行的各种纪念邮票、纪念币，以他的名字命名的街道、公园、纪念馆等就更多了。如今，郭守敬之名可谓妇孺皆知。

此外，给郭守敬写小传还有另一个难点，那就是他出生的年代太乱，如果不说清相关时代背景，就很容易产生误会。确实曾有人理直气壮地骂他是“大汉奸”，因为一方面他是汉人，另一方面他又在帮助蒙古人消灭南宋的过程中起到了非常关键的、不可替代的作用。对于这段历史，有些传记采取了故意忽略的办法，反而欲盖弥彰。本回干脆单刀直入，让读者全面了解真相。其实，郭守敬的父亲、爷爷、祖爷爷甚至上溯104年的老祖宗都是“金国人”或者说是金朝的汉人，只有更早的祖宗才是北宋人。因此，郭守敬当然不会认为自己是南宋人。但郭守敬本人出生时是哪“国”人呢？这还真不好说，因为他的出生地是现在的邢台市，而按金朝的地图，此地本该是金朝的边疆地带，但当时的金朝已摇摇欲坠。实际上，在郭守敬出生后的第二年，蒙古就与南宋达成“联合灭金”的口头协议。在他3岁时，金朝就被正式消灭了。另外，在郭守敬出生前4年，元朝已把现在中国版图上的另一个王朝西夏给灭了。所以，在本回后面也会谈到他在那里负责的相关水利建设。在郭守敬48岁那年，蒙古人最终把南宋给灭了，从此中国再次统一。综合而言，郭守敬一生中所从事的工作都是他的职务发明。下面不再考虑任何政治因素，只重点介绍郭守敬在“他若干啥就成啥”方面的业绩。

郭守敬，字若思，其父母的情况史料未载，他们可能均已早逝。他由爷爷抚养长大。他的爷爷学识渊博，爱好广泛，通晓五经，擅长数学、天文、历算和水利等，而且颇有名望。郭守敬从小勤奋好学，沉默寡言，不贪玩乐，好读书，好思考，善观察，史书说他“生有异操，不为嬉戏事”。郭守敬的事业成功主要得益于爷爷，因为交友甚广的爷爷不但为孙子提供了良好的早期教育，而且让孙子很早就与许多社会名流保持了密切联系，其中就有后来对郭守敬帮助最大的三位奇才：刘秉忠、张文谦和王恂。原来，在郭守敬10岁左右，爷爷的好朋友刘秉忠回乡葬父，丁忧三年，并借机在家乡讲学论道。于是，爷爷就把郭守敬送到刘秉忠门下学习数学、地理和水利等。在此期间，郭守敬的知识长进自不必说，关键是他还结识了另外两位同门师兄张文谦和王恂。书中暗表，这里提到的刘秉忠可不得了，他是忽必烈特别赏识的核心谋士之一，是元代的大政治家、文学家。他不但精通《易经》、天文、地理等，而且对元朝的政治体制、典章制度的确立起到了关键作用，后来更成为元大都的总设计师，确立了北京的雏形。

郭守敬头脑聪明，早在少年时代就具备了很强的动手能力。15岁时，他根据古书中的浑仪图，以“竹篾为仪，积土为台”仿制了一个天文观测站，并在爷爷的指导下，开始仰望星空，洞察星宿的运行轨迹。真正让郭守敬首次表现出超人科学才能的事情，是他凭一己之力制作了一种先进的计时设备莲花漏。其实，莲花漏本是北宋科学家燕肃发明的计时仪器，它能保持漏壶中的水流均匀，故能准确计时；但它太复杂，未引起北宋朝廷的重视。于是，燕肃到处奔走，宣传莲花漏的优点，甚至把莲花漏的图样刻在石头上，让群众了解其功能。100多年后，人们早就忘了莲花漏的构造和原理。大约16岁时，郭守敬偶然被一份模糊的《石本莲花漏图》给迷住了。于是，他废寝忘食，潜心钻研，终于复制出了一台莲花漏。正是这台准确的报时设备使他成了本地的名人，以至20岁时，他就被任命为当地的一项大型水利工程的总负责人。结果，他又让时人领教了他的卓越才华。原来，在邢台城外本有一条古河，河泥长年淤积，河堤滑落，致使河道堵塞，形成了一个大湖。古河上原有一座桥，后来也被洪水所毁，桥身被冲走，桥墩淹没在一片汪洋中，不仅交通不便，还常闹水灾。由于时间久远，再加上战争造成的人员流动，当时的本地人早已不知桥址与河道走向了。但又因湖面太宽，找不到合适的建桥新址，许多建桥高手只能望湖兴叹。这时，郭守敬自告奋勇，要承担这个重任。刚开始，大家并不相信他，后来他运用巧妙的测量技术，认真考察现场，审度上下游的地形地貌，查看水流方向，经仔细计算，竟真的在泥地深处挖出了近百年前就已消失殆尽的桥基，还找到了河道遗址。至此，大家终于口服心服。在他的领导下，400多位民工利用冬季农闲的短短40天时间，不但建好了新石桥，而且清除淤泥，疏通河道，修筑堤岸，重新变湖为河。这既便利了交通，又灌溉了周围几百亩农田。此项工程深得好评，以至当时正隐居在此、曾写出千古名句“问世间情是何物”的著名文学家元好问在听说了郭守敬的事迹后，专门为新桥写了一篇《邢州新石桥记》，记下了郭守敬初露头角时的水利业绩。从此，郭守敬便名扬天下了。

大约在郭守敬30岁时，经刘秉忠推荐，刚登基的元世祖忽必烈邀请张文谦出任高官。于是，张文谦便带师弟郭守敬一同赴任。自此，郭守敬开始进入政坛。一年后，忽必烈广招天下英才，张文谦又借机力荐郭守敬。在受到忽必烈的接见时，郭守敬趁机将自己研制的那个莲花漏献给了忽必烈。天子大喜，遂将它作为司天台的官方计时工具。从此，郭守敬不负朝廷厚望，成了元朝科技界的一员猛将，基本上做到了“召之即来，来之能战，战之必胜”。当然，他深得忽必烈器重，以至在水利方面，他每奏一事，忽必烈都点头称是。由于他的科研业绩太多，这里只能挂一漏万。

先说说他在西部治水的情况。早在西夏末年，因连年征战，西夏的水利设施遭到严重破坏，田地荒芜，百姓四处逃难，久负盛名的塞北江南满目疮痍。33岁时，郭守敬奉命前往那里修浚古渠。他沿黄河两岸勘察地势水情，走访百姓，绘制地图，然后提出了“因旧谋新，更立闸堰”的方案并经忽必烈审批后付诸实施。不到一年，他就建成了长达400多里的唐徕渠、长达250多里的汉延渠以及十余条正渠、68条大小支渠等，同时还建立了闸坝，有效地控制了进渠水量，圆满地完成了任务。

再说编制《授时历》的情况。大约在郭守敬45岁时，忽必烈根据刘秉忠生前的建议，命张文谦等主持修订新历。于是，郭守敬与王恂便受命率各地历法官员进行实测，提出了“历之本在于测验，而测验之器莫先仪表”的正确主张，并研制了若干先进测量仪器。郭守敬在48岁时领导并实施了全国范围的大型天文测量工作。历经4年，在解决了众多计算难题后，《授时历》终于大功告成。忽必烈大喜，遂取《尚书·尧典》中的一句话“钦若昊天，敬授民时”，将这部新历命名为《授时历》。在郭守敬50岁那年，同门师兄王恂去世，他继任师兄职务，开始整理《推步》《立成》等著作。56岁那年，他把这些著作献给忽必烈，忽必烈高兴地将它们珍藏进了翰林国史院。这些著作一直流传至今。

郭守敬的人生巅峰出现在60岁至62岁期间。那时，南宋已灭亡十余年，京杭大运河的战略重要性越来越显著，但它有一个致命缺点，那就是其北端通州到北京之间没有水路，全靠陆路运输，效率极低。而通州地势低洼，又缺水源，因此，长期以来，人们无法打通通州至北京的水路。正当大家无计可施时，郭守敬找到了一种神奇的方法，即如今三峡工程还在使用的闸坝法，能让“水往高处”走。于是，忽必烈大笔一挥，立即启动该项运河工程，并命郭守敬全权负责。开工之日，忽必烈命丞相以下的所有官员一律到工地上劳动，听从郭守敬的指挥。此举虽然

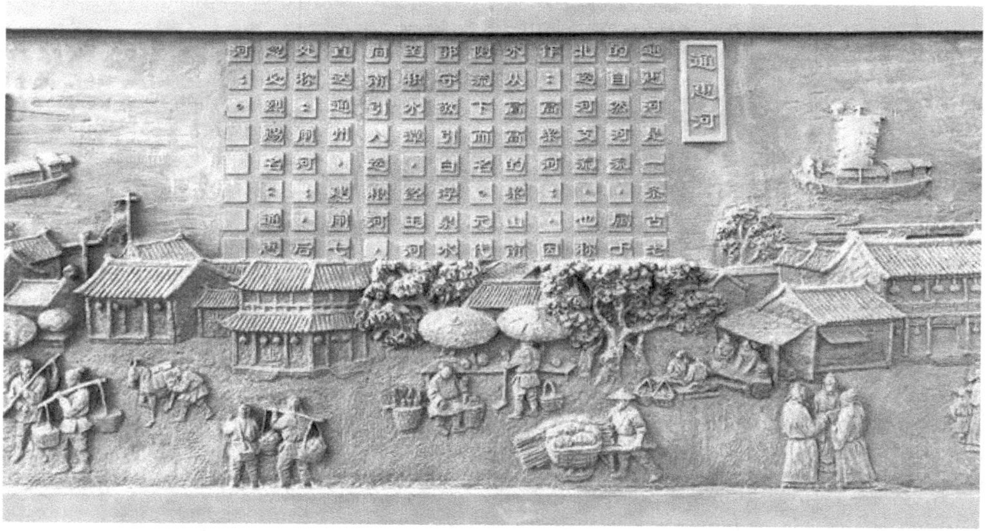

郭守敬主持修建通惠河

只是一个象征，但反映了忽必烈对该段运河的重视和郭守敬在水利方面的权威。约三年后，工程完工。忽必烈又是大喜，不但亲自将该河段命名为通惠河，还重奖了郭守敬。

郭守敬的治水神迹出现在67岁那年。当时，朝廷计划在元上都西北开挖一条泄洪渠。为此，元朝第二任皇帝元成宗铁穆耳把郭守敬召到元上都商议。在考察地势和查阅历年山洪资料后，郭守敬建议该渠的宽度至少要达到100米。但工程负责人认为这太离谱，擅自将渠的宽度缩减了三分之一。谁知次年山洪暴发时，果因渠道太窄，泛滥成灾，甚至险些冲及元成宗的行帐。于是，元成宗在避水的同时叹道："郭太史真神人也，可惜没听他的话！"

简仪

郭守敬一直关心水利事业，甚至在81岁时还对京杭大运河的改造提出了许多建议。1316年，"让他干啥就干啥，他若干啥就成啥"的郭守敬安然去世，享年86岁。遗憾的是，郭守敬的后代至今不知去向，这可能是改朝换代所致吧。

第五十三回

布衣王子朱载堉，十二音律谱神曲

不懂数学的音乐家不是好的历法学家，不懂文学的物理学家不是好的乐律学家，但这类说词对本回的主角朱载堉来说全都无效，因为他同时是出类拔萃的音乐家、美术家、舞蹈家、数学家、文学家、哲学家、历法学家、物理学家、天文学家、乐律学家和乐器制造专家等。他的科学成就之多，简直数不胜数，哪怕每个领域只说一句话，也会让人眼花缭乱。比如，作为数学家，他发明了算盘的开平方计算方法，率先给出了在已知首项、末项和项数的前提下构造相应的等比数列的方法；作为乐器制造专家，他提出了“异径管说”，给出了一系列管口校正的计算公式，设计并制造了全球首个定音乐器——弦准；作为美术家，他绘制了大量精美绝伦的舞谱和鼓谱等；作为舞蹈家，他创作的舞蹈《高抬火轿》至今仍保留在《国家非物质文化遗产名录》中；作为天文学家，他首次精准地测出了北京的地理位置与地磁偏角；作为历法学家，他编制了《黄钟历》和《圣寿万年历》等先进历法，精确地算出了回归年的长度，与今天的测量值仅相差17秒；作为文学家和哲学家，他在《醒世词》等中撰写了大量思想深邃且脍炙人口的散曲，至今还在网上流传；作为音乐家，他提出了较为完整的音乐教学体系，他的集体教唱、乐器伴唱、识谱学唱等方法在今天的音乐教学中仍被广泛采用；作为物理学家，他成功地测出了水银的密度。当然，最主要的是，作为乐律学家，他首创了十二平均律，从而解决了音乐史上困扰人类两千多年的世界难题。十二平均律已成为今天全球公认的标准音律，所有现代乐器都得用它定音。因此，朱载堉被音乐界奉为“律圣”。至于他的那20多部科学著作，所涉及的内容就更广泛了。比如，仅《乐律全书》就超过百万字，难怪英国著名学者李约瑟夸他为“中国文艺复

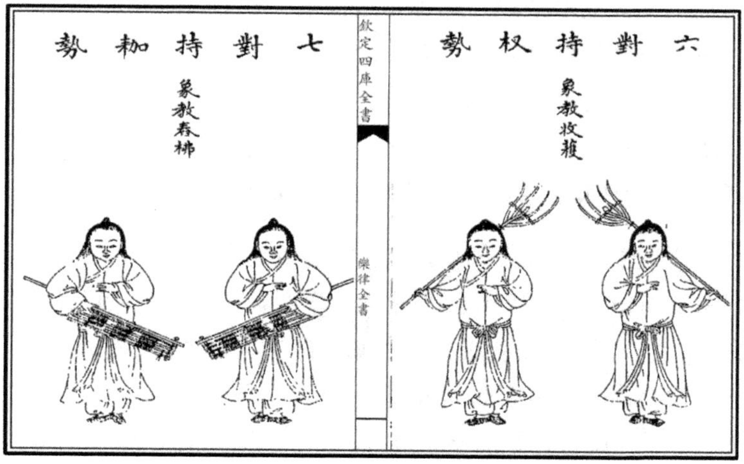

《乐律全书》插图

兴式的圣人”。

猛然一看，朱载堉的这些成果好像杂乱无章，其实它们的关联结构非常清晰，那就是以音乐为主，以历法为辅，以数学为工具，再配以其他各种“边鼓”。具体说来，朱载堉凭借自己超人的乐感和罕见的数学才能，设计了著名的十二平均律，并用弦准等乐器来加以实现（其中当然离不开物理学知识），再用乐舞等文艺形式加以验证。可见，朱载堉的成果构建了一个横跨科学、艺术与哲学的逻辑严密的完整体系。他的事迹再一次说明：科学和艺术是一座山峰的两面，它们彼此融合，不可分割；只有在这两方面都精通的人才能站在山峰的顶端。那么，朱载堉这位百科全书式的科学家到底是如何站在山峰顶端的呢？且听下面分解。

话说明朝嘉靖十五年好像是一个多震之年。先是年初2月28日凌晨1点左右，四川西昌发生7.25级大地震，但见山崩地裂，城室尽塌，烈风可畏，路陷三四尺，井泉河水尽皆黄浊，五昼夜雷声不绝，震声如吼者数次，卫城内外频落浮块，直至3月6日震犹未止。10月8日，通州发生6级地震，房屋城垣多塌，井径震声如雷，三日后复震，八日后又大震。也是在这一年，即公元1536年，在明朝皇族的封地河南沁阳诞生了一位后来引发音乐界大地震的人物，他就是明太祖朱元璋的九世孙、明仁宗的六世孙、郑恭王朱厚烷的长子朱载堉，字伯勤，青年时自号狂生、山阳酒狂仙客等。作为王妃，他的妈妈高氏自然是才貌双全，万里挑一。

朱载堉出生时虽无异象，但从小对音乐特别敏感。据说，刚出生时，他常在夜间哭闹，弄得父母茶饭不香、坐卧不宁。在一个晴月当空之夜，朱载堉又开始哇哇大哭。他的父亲满心烦躁，顺手拿过洞箫，坐在窗下吹奏起来。月明人静，箫声洪亮，哪知朱载堉听到箫声后竟破涕为笑。夫妻二人又惊又喜。从此以后，只要朱载堉哭闹，父亲就给他吹箫，从而在无意中使儿子受到了良好的音乐熏陶。幼时的朱载堉不但喜欢听箫，还喜欢玩箫，一天到晚箫不离手，连睡觉时也要抱着洞箫。可惜，3岁那年，妈妈不幸因病去世，朱载堉不得不由奶娘照料。

在人品方面，朱载堉深受父亲影响。父亲虽贵为郑恭王，但始终坚持修德讲学、布衣素食、折节下士，而且能书善文，精通音律乐谱。所以，朱载堉自幼就立志“述家学，承父志”，且俭朴敦本，聪颖好学。他在8岁时能吟诗，尤其喜欢音乐，经常独自在房里摆弄各种乐器。《河内县志》记载道：“朱载堉儿时即悟先天之法，稍长，学无师授，辄能累黍辨黄钟。”在学识背景方面，朱载堉深受外舅祖何瑭的影响，少时师从何瑭，学习天文、算术等知识。书中暗表，何瑭可不一般，他也是明朝政界的风云人物，不但正直敢谏，而且满腹经纶，更是一位精通诗词、文学、医学和散曲的全才。

10岁时，朱载堉通读了难度奇大的《尚书》等史书，并被皇帝封为世子，即郑恭王王位继承人，成了名副其实的大明王子。可仅仅5年后，朱载堉的世子头衔就惨遭剥夺，他本人成了平民，父亲更被贬为庶人，被含冤囚禁于中都凤阳。原来，嘉靖皇帝迷信道教，热衷于修炼长生不老之术，整日在寝宫中炼丹，荒废朝政。而诸王争先恐后进献炼丹秘籍，极尽所能拍马屁。这又推波助澜，将朝廷搞得不成体统。为人刚直的郑恭王不但不跟风讨好皇帝，而且三番五次冒死上书，劝谏皇兄修德讲学，不要大兴土木，更不要相信神仙之术，尤其不要乱服丹药。后来的事实也证明，郑恭王的劝谏非常正确，因为嘉靖皇帝后来正是死于长期服用丹药而造成的慢性中毒。但是，当时早已走火入魔的嘉靖皇帝哪里肯听苦口良言，他不但执迷不悟，而且增加了丹药的服用剂量。郑恭王生性耿直，眼见皇帝越陷越深，他给皇兄的奏折难免越来越直白，用词也越来越生硬，终于惹得皇兄不悦。心胸狭窄的嘉靖皇帝憋了两年后，总算找到一个借口封住了那张不唱赞歌的嘴。原来，郑恭王的伯父“求复郡王爵，怨郑恭王不为奏，乘帝怒，杜撰其四十罪，以叛逆告”。皇帝顺水推舟，立马派人查勘，虽“叛逆之罪”被否定，但郑恭王仍被削去爵位投进监狱。

与父亲同样耿直的大孝子朱载堉一见皇帝如此霸道，当然不爽，毕竟父亲并没犯错，既无大逆不道也未贪赃枉法，只是没像其他藩王那样投其所好而已。况且直言谏上本该是皇族兄弟的应尽义举，可皇帝不但不嘉奖，反而轻信谗言将父王治罪，这就更不像话了。为了给父亲伸冤，刚开始时，未成年的小王子朱载堉寄希望于各位皇亲国戚，希望大家能看在血缘的份儿上，出面做一些调停工作。尽管朱载堉四处呼号，但没人敢替父亲说半句公道话，旧日同僚和亲朋好友也都避而远之。身为皇族的朱载堉满腔愤恨而又无处发泄，只好以尽孝道为由，毅然搬出王宫，在句曲山上临时搭建了一间小茅屋，在此过起了苦行僧般的隐居生活，自号“句曲山人”。他以此抗议父亲受到的不公平待遇，并发誓父王一天不出狱，他就一日不回宫。

朱载堉的这一惊世之举吓坏了所有族人。好心者悄悄劝他不要再触怒皇帝，否则后果不堪设想。但他早已看透世态炎凉，知道“至亲人说的都是隔山话，虚情儿哄咱，假意儿待咱”，所以，他淡然一笑，仍然住着小茅屋，吃着粗茶淡饭，卧着土炕草席。这样，他顶住各方压力，竟在小茅屋中独居了整整19年。在此期间，他拜结贤哲，出入俗理，“越祖规，破故习”，甚至拒绝了媒人的多次提亲，以追逐日月的精神，注重理论联系实际，专心攻读音律、历算等“非主流”学问。24岁那年，他在这间小茅屋中写出了处女作《瑟谱》。该书摆脱了传统儒家体系，研究如何用瑟来表达美妙动听的乐曲。从此，他的异禀天赋开始在若干边缘学科得以充分展示。

朱载堉31岁那年，不死仙丹终于让嘉靖皇帝提前升了天。继位的隆庆皇帝赦免了其叔父郑恭王的“罪状”。在接下来的几年中，父亲不但得以平反昭雪，还恢复了王位，甚至“增禄四百石”。朱载堉的世子身份也得以恢复。在35岁那年，朱载堉终于搬回了王宫，娶回了理想的媳妇——何瑭的孙女何月仙，很快喜得贵子。可就在这连连的喜事中，他突遭横祸。好不容易熬到中年才成婚的他却又中年丧妻，这对朱载堉的打击太大了。从此，他便一心从事科研。10年后，在45岁那年，他终于完成了自己的第二部著作《律历融通》。他再接再厉，又花三年时间，于1584年完成了举世闻名的科学巨著《律学新说》，首次提出了十二平均律的理论及计算方法，树起了世界音乐史上的一座丰碑。

朱载堉55岁那年，父亲因病去世。按惯例，他本该顺理成章地继承郑恭王之位。但是，19年的平民生活改变了他的价值观，他看清了名利的虚伪。妻子的早逝让他参透了人间冷暖，特别是父亲的直谏风波更让他懂得了皇室的凶险，所以，面对他人趋之若鹜的王位，朱载堉又做出了一个让众人大跌眼镜的疯狂举动。他竟然主动向皇帝上书，请求放弃王位。皇帝大惊，当然不肯，毕竟“郑王已三世，无中更理”。但是，朱载堉非要请辞。后来，有大臣提出折中方案——由其儿子继承郑恭王之位，可朱载堉仍不同意，非要裸辞。这样，双方僵持了整整15年，朱载堉7次上书“坚辞王位”，深受感动的神宗皇帝最终勉强同意，不过仍“令载堉及其儿子分别以世子世孙的身份禄终其身，后世子孙仍封东垣王”。当然，神宗皇帝也没忘记趁机对该壮举给予褒奖，大赞道：“载堉恳辞王爵，让国高风，千古载见，朕嘉尚不已。业有赐敕建坊，彰皇室之美。”

71岁才总算辞掉王位的朱载堉迫不及待地迁出王宫，住进了九峰山的怀庆府，自号“九峰山人”。从此，他过上了纯粹的科学家生活，成天访友论道，与艺人、乐工等切磋技艺，专心著书立说，把余生献给了科学研究。1611年4月6日，朱载堉无疾而终，享年75岁，树无字碑葬于九峰山，皇帝赐号“端清”。

不过，朱载堉的故事并未完结，甚至才刚刚开始。

一方面，大约在17世纪初，他的十二平均律由传教士通过丝绸之路带到西方，立即引起了轰动。欧洲人据此原理，迅速编制出了许多流传至今的、引人入胜的交响乐。后来，著名音乐家巴赫受此启发，制造了全球首架钢琴。因此，有人在称巴赫为“钢琴之父”的同时，也称朱载堉为“钢琴理论之鼻祖”。难怪德国著名物理学家亥姆霍兹无限感慨地称赞道：“在中国，有一位布衣王子倡导七声音阶，并把八度分成十二个半音及变调。他才是真正的音乐天才。”

另一方面，与国外的热闹场面相反，由于朱载堉的成就与当时国内的主流太不合拍，所以他不但生前无人问津，死后也无啥波澜。更为讽刺的是，在100多年后的乾隆年间，朝廷竟然还组织专家声讨早已作古的朱载堉，将十二平均律斥为“臆说”。直到20世纪30年代，国内学界才终于开始重新评价朱载堉。即使在今天，他的功绩也远未被充分认可。幸好，朱载堉的伟大正越来越深刻地被国人所理解。不愿当王爷的科学家才是真正的科学家，才是永垂青史的科学家！

第五十四回

当官难为民做主，不如回家种红薯

伙计，考你一道题：徐光启是干什么的？你肯定脱口而出：“科学家呀！”咋说呢，这个答案最多算及格，肯定不能得高分。其实，徐光启的第一职业是政治家，可惜是一个失败的政治家，一辈子几起几落，在官场上跑了几趟龙套后就谢幕了。徐光启的第二职业是军事学家和历法家，可惜也不能算成功，至少是英雄没派上用武之地。作为军事学家，虽然他确实在军事思想、练兵技法、武器制造、军规军纪等方面取得了许多成果，但非常遗憾的是，这些成果都被其政敌以各种方式巧妙地抹杀了，不但没能发挥明显的积极作用，反而有些成果还被后来的清朝给用歪了。比如，在军事思想方面，他凝练出了“求精”和“责实”两大要点；在练兵技法方面，他主张“选需实选，练需实练”，总结出了“八无敌”和“四预敌”之法，还提出了“极求真材以备用，极造器械以备守，极行选练精兵以保胜，极造都城炮台以为永远无虞”等可行措施。在武器制造方面，他积极探索火器与防御、火器与攻城、火器与步兵和骑兵的配合等实战技巧，因此，他是中国提出火炮战的第一人。然而，事实是清军仅依靠金戈铁马的冷兵器就把装备热兵器的明军打得丢盔弃甲，结果清朝忽略了热兵器的威力，并在八国联军面前吃了大亏。在军纪军规方面，他完成了我国近代首批体系化的条例和法典。比如，他撰写了《选练百字诀》等兵书。

作为第二职业的历法家，徐光启虽与著名传教士汤若望等合作在1634年编译了《崇祯历书》，这是当时国内最先进、最准确的历书，但是该历书惨遭两大不幸，徐光启也因此蒙冤。第一大不幸是，汤若望等西方传教士并不是当时西方先进科技的代表，特别是在天文和历法方面，他们反而代表着落后和保守。早在《崇祯历书》诞生半个世纪前的1582年，如今全球通用的公元历法就已正式颁行，并被全球许多国家使用。若《崇祯历书》以公元历法为蓝本进行编译，中国在历法制定方面将少走300多年的弯路。另外，《崇祯历书》的基本宇宙模型不正确，其准确性当然也会受到影响，而汤若望等其实对此心知肚明。此前90年，哥白尼就提出了更先进的“日心说”。在此前34年，罗马教皇还大张旗鼓地烧死了坚持“日心说”的布鲁诺。此前25年，伽利略已通过望远镜事实上否定了“地心说”。因此，除宗教界之外，西方其实早已普遍承认了“日心说”。若《崇祯历书》基于“日心说”，而不是基于第谷的“改良版地心说”，那么随后中国的历法水平将提升一大截儿。第二大不幸是，徐光启等千辛万苦才完成的《崇祯历书》却因朝廷内部的政治斗争等因素而被闲置10年之久。待到1643年正式颁行后仅仅半年多，明朝就灭亡了。但是，不知是徐光启的幸运还是中国的不幸，清政府竟然不知更先进的公元历法，却捡起《崇祯历书》的删减版，将其改名为《时宪历》后又沿用了200多年。至于因历法不准、耽误农时而造成了多大损失，可能永远也算不清了。

总之，若论职业或半职业成果，徐光启都算不上成功。好在徐光启在官场失意之时做了许多业余科研工作，并取得了许多辉煌成就，终于成为了中国历史上罕见的数学家、农学家、翻译家、水利专家等。限于篇幅，本回显然不能逐一论述他的众多科学成就，只简要介绍其农学家和数学家身份。前者最为国际学术界认可，后者最为国内认可。作为农学家，他撰写了许多重要的农学著作，比如《农政全书》《甘薯疏》等。《农政全书》被称为“中国四大农书之首”，它在中国农学史上的地位如同《诗经》之于古典诗歌，《本草纲目》之于古代医药，已成为我国古代农学的代名词。作为数学家，他很重视数学知识的应用，曾详细论述了数学在天文历法、水利工程、音律等10个方面的应用，还撰写过《勾股义》等数学专著。他与传教士利玛窦合作翻译的世界名著《几何原本》（前6卷）彻底改变了中国数学的发展方向。如今大家熟悉的几何、点、线、面、角等数学名词其实都是他的匠心独创。毫无疑问，他是我国现代数学的奠基者之一。作为一位官场败将和科研猛将，徐光启的一生到底都经历了什么风吹雨打呢？下面就来给出答案。

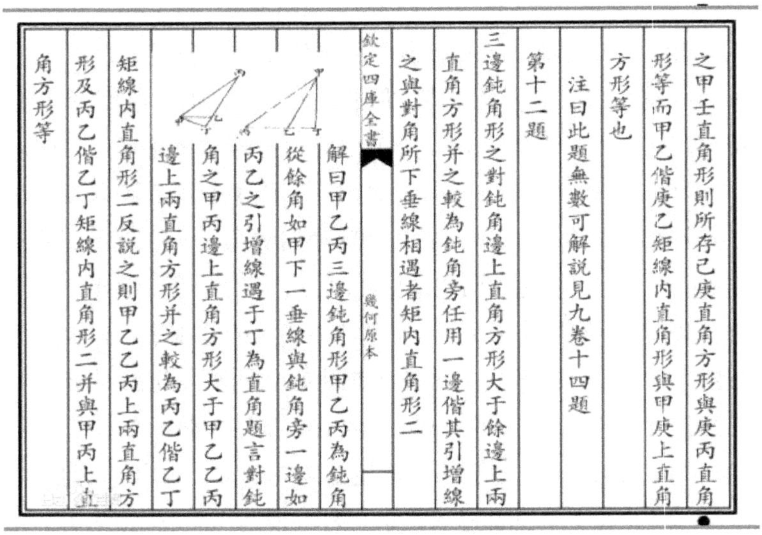
之甲壬直角形則所存己庚直角方形與庚丙直角形等而甲乙偕庚乙矩線內直角形與甲庚上直角方形等也

注曰此題無數可解說見九卷十四題

第十二題

三邊鈍角形之對鈍角邊上直角方形大于餘邊上兩直角方形并之較為鈍角旁任用一邊偕其引增線之與對角所下垂線相遇者矩內直角形二

欽定四庫全書　幾何原本

解曰甲乙丙三邊鈍角形甲乙丙為鈍角從餘角如甲下一垂線與鈍角旁一邊如丙乙之引增線遇于丁為直角題言對鈍角之甲丙邊上直角方形大于甲乙乙丙邊上兩直角方形并之較為丙乙偕乙丁矩線內直角形二反說之則甲乙乙丙上兩直角方形及丙乙偕乙丁矩線內直角形二并與甲丙上直角方形等

《几何原本》节选

明嘉靖四十一年又是一个瘟疫之年，泉州府城“人死十分之七，市肆寺观死尸相枕，甚至全家无一存者”，“市门俱闭，至无敢出”。也是在这一年，即公元

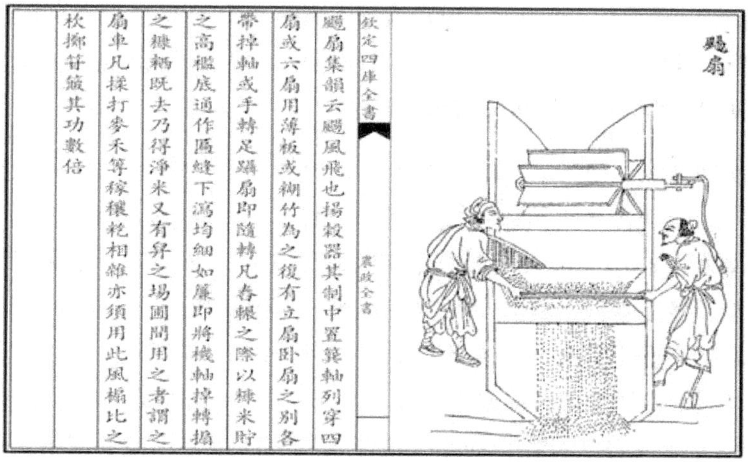

《农政全书》插图

1562年4月24日，在上海徐家汇的一个正在迅速衰落的家庭里诞生了一个大胖小子。当家的老祖母高兴得合不拢嘴，一锤定音给大孙子起名为徐光启，字子先，号玄扈，期望孙子长大后能为徐家光大门庭，重振祖辈雄风。徐氏祖居苏州，后迁上海。徐光启的祖父因经商而致富，但及至父亲一辈时就已家道中落，不得不以务农为生，全家仅靠几亩薄田勉强度日，所以，天赋聪颖、身体强壮且很淘气的徐光启从小就是父亲的“农尾巴”。父亲本为读书人，“博识强记，于阴阳、医术、星相、占候、二氏之书等，多所通综”。但迫于生计，父亲不得不半路改行当农民，力气自然不足，所以在劳作之余或腰酸背疼时，他总喜欢寻找一些省力高效的窍门，经常拜访各地老农，请教相关种田知识。这时，徐光启就会跟着前往开眼界，或看雏鸡争食，或看鹅鸭戏水，或听老农诉说水旱蝗灾等惨状，或似懂非懂地倾听耕耘、播种、施肥等经验。母亲“性勤事，早暮纺绩，寒暑不辍”。总之，儿时贫困而丰富的经历不但使徐光启养成了勇敢、坚毅的品德，也培养了他的求实精神，更对他后来的农学研究有很大影响。

尽管很穷，但在徐光启7岁那年，家里还是咬牙送他上了学。为此，年迈的祖母和妈妈不得不起早贪黑地纺纱织布。全家人含辛茹苦，让徐光启醒事很早。他虽顽皮依旧，但敏而好学，特别是在长辈言传身教的激励和影响下，他更加奋发向上。19岁那年，首次穿上新衣的他怀揣妈妈准备的干粮，铭记奶奶的重托，挑着行李赶到县学考场，一举考中了秀才，从而获得了一定的社会地位和经济补贴，享受到了部分免粮免役的优待。这对急欲摆脱困境的全家人来说无疑是莫大的安慰。同年，徐光启成了家，他的妻子也是读书人家的女儿，“操家有方，节俭自持”。他的妻子既贤惠又能干，还是心灵手巧的纺织能手，后来更成了他事业的贤内助。第二年，徐光启喜得贵子，真可谓好事不断。

但从秀才到举人，徐光启可就遭老罪了。20岁那年，他第一次考举不中，只好一边务农一边兼任村里的私塾先生，当了孩子王。22岁时，祖母去世，又赶上水患，更遭倭寇洗劫，各种天灾人祸让家境每况愈下。26岁时，他第二次考举，仍然不中。为了多挣点钱，31岁的他只好远赴广东韶州教书，并偶然结识了第一位贵人——耶稣会会士郭居静。从此，他的命运开始出现转折。他在郭居静的教堂里第一次见到了世界地图，原来中国并不等于“天下”；他第一次知道地球是圆的，因为麦哲伦环球转了一圈；他第一次听说伽利略用望远镜看清了星体运行。所有这些都让他惊讶不已。从此，他开始有意接触西方近代自然科学，并热情地邀请郭居静到家乡传教，于是西方传教士正式进入当时还只是个小渔村的上海。

35岁那年，徐光启第六次咬牙冲刺考举，这次他真可谓砸锅卖铁花了血本。仅仅为了筹措路费，妈妈就把家里的粮食全都卖了。他走出考场时仍觉得不理想。正当他万念俱灰之时，突然间喜从天降，他竟以乡试第一名的成绩考中了举人！这是咋回事儿呢？原来在发榜前，徐光启的第二位贵人——主考官焦竑复查落选考生的试卷时，偶然看到徐光启的答卷，顿时拍案而起，惊喜交加。焦竑赞叹道：“此名士大儒无疑也！”于是，这份答卷就被编入随后的“高考指南”，一直被秀才们当作范文诵读。

徐光启与利玛窦

38岁那年，徐光启按当时习惯赴南京拜谢恩师焦竑时，碰到了第三位贵人——意大利传教士利玛窦，在其帮助下接触了自鸣钟、三棱镜等更多的西洋科技。至此，他深深地被科技所吸引，简直走火入魔了。41岁时，他在南京接受洗礼加入了天主教会，并获教名保罗。42岁时，徐光启终于考中进士，开始了为期三年的翰林院学习生活。可此时的他作为一名虔诚的天主教徒，对功名利禄早已不太感兴趣了，反而更青睐天文历法和先进的西洋科技，并希望借此改变大明王朝岌岌可危的命运。此时利玛窦也到北京传教，于是徐光启经常布衣徒步找到利玛窦，向他请教数学、天文、历法、火器、水利等知识。对于利玛窦所懂的有实用价值的一切知识，徐光启都想学习和掌握。44岁那年，徐光启在利玛窦的书架上发现了《几何原本》，于是多次强烈建议将该书翻译成中文。从此，两人精诚合作，数易其稿，终于在第二年将《几何原本》前6卷翻译完毕并刻印刊行。这不仅表现了徐光启对科学的渴望，也表明他独具慧眼。他发现中国传统数学所缺乏的严密理论刚好可由《几何原本》来弥补。也是在45岁这年，徐光启的三年翰林院学习期满，他被分配到朝廷工作，从此正式进入仕途。这一年，他的父亲去世，他按当时的习惯回乡丁忧。在此期间，他断绝一切交往，埋头致力于科研，运用《几何原本》的原理和方法，深入系统地研究了中国古代数学，写成《测量法义》等三部数学著作，把中国的数学向前推进了一大步。

回乡守孝的第二年6月，江南遭遇特大洪灾，无处安身的难民挤满大街小巷，乞讨者、饿死者数不胜数。如何才能让老百姓有粮可吃呢？能否找到某种产量更高、抗洪能力更强的农作物呢？科技知识能否发挥重要作用呢？经深思熟虑后，徐光启开始大胆尝试在上海引种红薯。凭借自己从《几何原本》等科学著作中感悟出的科研方法，依靠自己青年时的务农经验，徐光启不但成功地引种了红薯，而且将其种植细节撰写成了通俗易懂的小册子《甘薯疏》，还努力将其经验推广到外地。后来红薯等薯类作物成了南方人的主食，红薯甚至被推广到了全国。其中到底有多少功劳归徐光启，我们恐怕永远也说不清了。更重要的是，种植红薯的成功使徐光启信心大增，也为他后来完成农学巨著《农政全书》奠定了坚实的基础。

48岁时，徐光启丁忧期满回到北京，也开始了自己的跑龙套生涯。据不完全统计，从48岁开始到71岁死在任上，在23年中，徐光启进进出出跑了十余次龙套，平均每次在任时间不足两年，甚至有时一年之内几上几下。这是咋回事儿呢？当时朝廷上的改革派和保守派水火不容，农民起义此起彼伏，清军不断攻城略地，欲置明朝于死地。

51岁时，徐光启与朝中重臣意见不合，告病去天津开渠种稻，并撰写了《宜垦令》等多部农书，将《农政全书》的编写工作向前推进了一大步。55岁时，他官复原职，次年又升了一级，但仍因受不了排挤，很快再次托病回天津，又写了一部农书《粪壅规则》。56岁时，他再次被星夜召入京城委以军事重任。57岁时，他关于练兵的军事建议总算勉强被批准，但由于军饷、器械等供应困难而被搁置。59岁那年，他再次托病回天津。同年6月，辽阳失陷，他又奉诏返京，坚决主张研制并使用红衣大炮助战，却又因与兵部尚书意见不合，12月再次辞归。62岁时，他又被官升一级召回朝廷，但仍与政敌不合，次年惨遭弹劾。这次他终于回到上海，并将积累多年的农业素材编撰成了举世名著《农政全书》。66岁时，他再次奉诏回京，官复原职，次年又升一级，并再次遵旨修订历法。67岁那年，皇太极兵临城下，徐光启再次转入军事研究。68岁时，他再官升一级，次年陆续进献《崇祯历书》书稿数卷。71岁时，徐光启终于升到正一品，出任太子太保，兼任文渊阁大学士。可惜，同年，即1633年11月8日，他病逝于任上。

作为明朝的一品官员，徐光启去世后留下了多少家产呢？《明史》披露了8个大字："盖棺之日，囊无余赀。"他的家里竟没钱将其下葬，只好请求朝廷抚恤。

第五十五回

天工开物宋应星，封杀百年获新生

如今提起宋应星之名，也许有人略感陌生，但若提起他的代表作《天工开物》，可能就无人不知，无人不晓了。本回当然没多余篇幅过多介绍《天工开物》的内容。总之，它是全球首部关于农业和手工业的高级科普著作，被公认为“中国17世纪的工艺百科全书”，广泛涉及机械、冶金、生物、化学、物理、自然和哲学等方面。不过，该书对世界的长期影响必须说说，毕竟如此火爆的著作在中国虽不敢说绝无仅有，但肯定屈指可数。《天工开物》首印于1637年，随后很快传入日本。早在1694年，日本出版的《花谱》一书就多次引用该书的内容。1771年，日本开始翻刻该书。后来，日本的实派学者依据该书的思想，甚至参照书名提出了富国济民的“开物之学”，将该书奉为兴业指南。书中介绍的造船、冶炼、纺织等技术使日本的生产力提升了一大截儿。大约在18世纪，《天工开物》传到朝鲜后，受到当时朝鲜知识界的高度重视。1783年，朝鲜著名思想家极力向朝野各界推荐该书，以至引发了至少持续到1857年的热潮。大约在19世纪，《天工开物》传入欧美。据不完全统计，1830年它的部分内容被译为法语，1832年再由法语转译成英语，1833年又由英语转译成德语。至今，法、英、德、意、俄、美等国的各大图书馆中还珍藏着包括中文版在内的12个不同语种的版本。至于该书对欧美等国的振兴到底起到了多大作用，恐怕很难说清。书中有关农具的内容直接推动了欧洲的农业革命；书中的一整套养蚕经验在1837年左右几乎拯救了欧洲的蚕丝业；书中介绍的以树皮等代替破布造纸的技术在1840年左右大大缓解了当时英、法、德

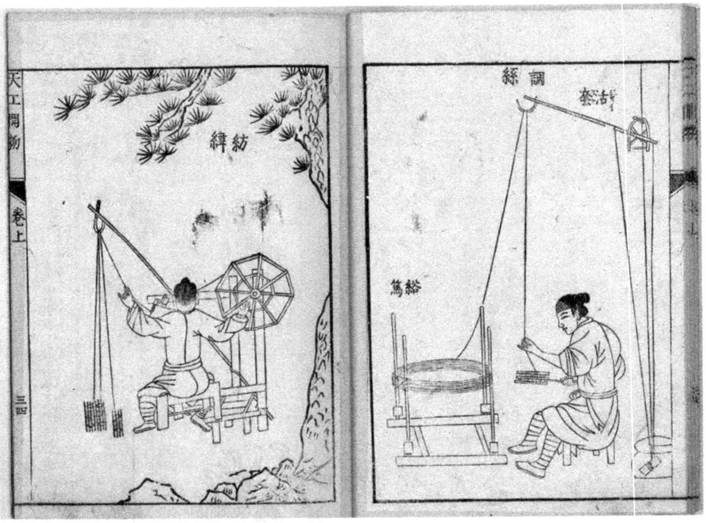

《天工开物》插图

等国的造纸原料危机，因为当时欧洲人只会用破布造纸。1868年，达尔文在其代表作《动物和植物在家养下的变异》中也引用了《天工开物》的养蚕部分。总之，自问世以来，《天工开物》在全球几乎不间断地影响了人类300多年。

但非常遗憾的是，《天工开物》在国内的遭遇令人心酸。大约在1773年，《四库全书》的编撰人员偶然发现在此前约130年出版的《天工开物》中包含了“北虏”和“东北夷”等词语，于是他们不但未将《天工开物》收入《四库全书》，还毫不留情地将样书销毁，随后将所能收集到的《天工开物》全部销毁。更要命的是，《天工开物》竟被列为禁书，从此人们不敢再保留和印行该书了。随着岁月的流逝，《天工开物》及其作者也就湮灭于尘世。1912年左右，有位学者在《云南通志》里查阅古代冶铜方法时，意外得知该法出自一本名叫《天工开物》的古书。于是，该学者试图查找原书，结果搜遍全国各大图书馆，也没发现任何踪迹。他又咨询了多位藏书家，也没人听说过该书。后来，该学者访问日本，偶然在一位日本朋友的家中发现了该书的日文版。接着，他又在日本国家图书馆中发现了该书的英语、德语、俄语和法语等版本。再后来，这位学者终于在法国的国家图书馆里找到了《天工开物》的中文版，而且是300年前明朝最初的原刻版。从此，在国内被封杀100多年的宝书总算重见天日了，本回主角宋应星才重新焕发光芒。

明万历十五年，即公元1587年，宋应星诞生于江西奉新的一个根源复杂的汉族家庭。早在元朝时，他的祖先本姓熊，还是南昌府的高官。但在元末明初，为避兵乱，这家人便改姓宋。进入明朝后，他的家族也经历了数次大起大落。他的曾祖父宋景是明弘治十八年的进士，官至正二品，是明朝中期的核心阁臣，对后代很有影响。他的祖父少有大才，志向宏伟，可惜其志未酬，青年夭卒，这时他的父亲刚出生一周，便由其母靠祖产抚养长大，家境自然不富裕。这时他的父亲成年后总不甘心，想通过科举再次翻身，可惜终生碌碌无为，只考了个秀才。对他父亲更大的打击是，虽已结婚数年，年过三十，却仍膝下无子。无奈之下，他父亲只好再纳一妾，从此经济开始紧张；后来家里又遭火灾，家业折损大半，从此日子更苦，妈妈也更加勤俭持家。家里越穷，不服气的父亲对后代寄予的希望也就越大，越盼望家里能再出几个科举明星。作为家中老三的宋应星有两个同父异母的哥哥。同母大哥宋应升比他年长10岁，对他也最关心。后来，这哥俩还一起创造了若干奇迹。此为后话，暂且按下不表。

宋应星从小就有三个特点。第一个特点是喜欢读书，见啥读啥，读啥会啥，会啥想啥。他在幼时读诗文，童年能写诗，常使大人惊叹不已，后来又爱上了声学、农学、哲学、数学、地理、技艺、音乐及天文等方面的书籍，且能活学活用。比如，他后来撰写《天工开物》的灵感来自早年熟读的《本草纲目》。又如，他对实用科学感兴趣主要受益于北宋名人张载的“为天地立心，为生民立命，为往圣继绝学，为万世开太平”的思想。后来的事实表明，他确实在某种程度上面向全人类实现了张载的这一理想。坊间至今还流传着这样一个名叫“宋应星买书”的有趣故事。据说，15岁时，宋应星听说宋代沈括的《梦溪笔谈》很值得一读，但总也得不到该书。他问遍亲朋好友，查遍所有书店，仍一无所获。有一天，他一边想着《梦溪笔谈》一边埋头赶路。突然，只听“哐当”一声，待他回过神来时，早已将对面老者的一个纸包撞落在地。他吓得赶紧连声道歉，并弯腰拾起纸包归还对方。突然，他眼前一亮，这纸包竟然是用《梦溪笔谈》的封面包的！他赶紧向老者请教纸包的来历，原来这是几里以外的一个店铺正在使用的包装纸。他二话不说，撒腿就跑到该店铺，上气不接下气地买下了这本《梦溪笔谈》的后半部分。

宋应星的第二个特点就是爱好广泛，尤其喜欢游山玩水，而且能在玩中学，在学中玩。少年时，他就与大哥等一起几乎玩遍了方圆数十里内的狮山、百丈山和越王山等风景名胜。他们常在游玩中相互催诗，相互激励，纵谈天下大事。成年后，只要有机会，哪怕是在紧张的赶考路上，他与大哥都不愿放过任何可玩之处。他后来在《天工开物》中所记述的许多农业和手工业生产技术和知识来自他与大哥在16年间先后5次从家乡到京师参加科举考试的路上的见闻，而这些内容在当时的任何一本书中都不曾有过。换句话说，每一次失败的科举对宋应星来说都是一次成功的科考，是名副其实的“读万卷书，行万里路”。

2018年发行的《中国古代科学家及著作》之宋应星

宋应星的第三个特点是聪明伶俐，过目不忘，过耳能诵。据说，在与大哥一起读私塾时，先生经常在放学前布置家庭作业，要求大家背诵若干篇课文，第二天一早再逐一检查。大哥每次都老老实实地背诵到深夜，直到滚瓜烂熟后才肯上床睡觉。而宋应星回家后照玩不误，天一黑倒床便睡，一觉到天明。更神奇的是，每次先生检查时，宋应星都能倒背如流，很受老师喜爱。大哥颇为不解，追问后才恍然大悟。原来，每当大哥苦苦背诵课文时，他则在床上一边听大哥背诵，一边慢慢进入梦乡，这些课文自然就存储到他的大脑中了。

成功之路千万条，但在父亲的眼里只有科举考试这一条。为了尽孝，宋应星虽然极不乐意，但仍与大哥一起像当时其他读书人一样去参加科举考试。刚开始时，兄弟俩频传捷报，让父母高兴得合不拢嘴。兄弟俩不费吹灰之力，一举双双考中秀才。在宋应星17岁那年，兄弟俩各自成家，准备冲刺下一个目标——考中举人。宋应星28岁那年是他父亲最得意的一年，他们兄弟俩一起前往省城南昌参加乡试。那一年是考生最多的一年，上万人黑压压的一片，挤满了考场。那一年也是录取人数最少的一年，发榜时只有区区109个幸运儿。结果，宋应星高居第三名，他大哥名列第六！哇，不得了，一家人同时考中两个举人！喜讯传到家里，父母热泪盈眶。喜讯传到乡里，街坊四邻奔走相告，纷纷鼓掌。喜讯传到县里，县太爷脸上瞬间放光，并下令用两匹高头大马把兄弟俩风风光光地接回家。从此，宋应星与大哥就成了全县有名的“奉新二宋”，成了当地读书人的榜样。意气风发的兄弟俩一高兴就决定来年上京城考进士，再展雄风，为家族争光。可哪知老父亲再也笑不出来了。1616年，兄弟俩名落孙山。1619年，兄弟俩榜上无名。1623年，兄弟俩未被考官看中。1627年，别人挤满了榜单。1631年，结果与前四次一样。

这样，16年宝贵的时光被白白浪费掉了，宋应星也被耗成了一个44岁的半大老头。要不要再考第六次、第七次，甚至“活到老，考到老”呢？这是一个问题！经过长时间纠结后，他终于一咬牙下定决心。从此，宋应星开始做真正的自己，从事自己真正感兴趣的事业。1634年，他在江西分宜县学谋到了一个相当于班主任的“教谕”职位，并在这里待了四年。这四年是他一生中最重要的四年，是他实现“鲤鱼跳龙门”的四年，也是山沟里飞出金凤凰的四年。原来教谕职位很清闲，不但业余时间多，还能接触不少图书资料，各方面的写作条件都很好。于是，在这短短的四年里，宋应星先后完成了众多学术著作，包括属于自然科学的《天工开物》《观象》《乐律》等，属于人文科学的《野议》《画音归正》《杂色文》《春秋戎狄解》等，属于交叉科学的《原耗》《卮言十种》等，属于文学的《思怜诗》《美利笺》等。可惜，这些著作大都失传。《天工开物》一书于1637年在时任县令的支持下首次印行。

教谕期满后，宋应星因考核成绩为优等，于1638年升任正八品的福建汀州府推官。可仅仅两年后，他就觉得官场无趣，便在1640年任期未满时辞官归乡。1643年，他第二次当官，出任正五品的安徽亳州知州。此时已值明亡前夕，宋应星赴任后发现公堂都因战乱被烧毁了，官员大多早已溜号。老实巴交的他坚守职责，还捐资在城内修建了书院。1644年初，衙门实在冷清，他只好再次辞官返回奉新。当年三月，李自成攻陷京师，明亡。宋应星兄弟俩对明朝的感情颇深，清朝建立后的第三年，即1646年，大哥竟服毒殉国，以示对明朝的忠心。清朝年间，宋应星一直隐居不出，在贫困中度过了20年的晚年生活。1666年，宋应星逝世，享年80岁，《明史》对他的评价只有两个字：廉洁。临终前，宋应星告诫子孙：一不参加科举，二不做官，只以耕读传家。

第五十六回

同步研制照相机，孤军奋战郭伯奇

本回主角邹伯奇，幼名汝昌，字一鹗，又字特夫，还字征君，是公认的“中国相机之父”和“中国摄影之父”，甚至连“摄影”二字都是他首创的。因此，本小传也将以摄影为意境展开。众所周知，无论用啥相机，摄影都无非是调整角度、聚焦和按快门三步骤。所以，下面按部就班地给邹伯奇“摄影”。

第一步，调整角度。从纯学术角度看，邹伯奇所涉猎的领域非常广泛，而且他的许多科研成果在当时都算得上“全国先进水平”。在物理学方面，他著有《求重心说》《格术补》等著作，分别论述了不规则物体的重心计算和几何光学中的某些问题。他还制造过望远镜、显微镜等设备。在数学方面，他著有《乘方捷术》，分别对乘方、开方、对数及其应用给出了若干创新见解，并研制了对数表和刻算板。在天文实践方面，他绘制了《赤道南恒星图》等，研制了天球仪、浑圆水准仪等天文设施，特别是基于哥白尼的日心说制作的“太阳系表演仪”演示效果形象生动，甚至包含了此前仅仅10年左右（1846年）才发现的海王星。这在当时来说是相当前卫的。在天文理论方面，他利用西方近代成果考证了中国古籍中的相关正误，完成了十几篇当时很有价值的科学论文。在地理方面，他率先采用国际通行的经纬法绘出了全国地图，并将经过北京的一条经线定为本初子午线。但是，本回在为邹伯奇“摄影”时，我们选择的角度都不考虑这些，理由很简单，这些与当时的国际水平相差太远！实际上，从1370年明朝在航海时代禁海算起，到邹伯奇那时为止，整个中国已对外封闭了约500年之久，而此间西方世界已完成了文艺复兴，科技突飞猛进。如此一涨一落，中国的科技水平在整体上当然无法与西方相提并论。但是，当我们把“摄影”角度调整到相机研制这个角度时，情况就大为改观了，因为邹伯奇研制出中国首台相机的时间只比西方晚了区区5年。

实际上，翻开相机的发展史，不难发现：从摄影原理上看，早在公元前450年左右，战国时期墨子的《墨经》中就记载了针孔成像原理，因此，只要将合适的感光材料放置在针孔的颠倒成像处，就能得到相应的照片，从而完成摄影过程。每个带针孔的黑箱子其实就是一台相机。不过，这种暗箱太古老、太粗糙，成像太模糊，不能算作真正的相机。14世纪中叶，元代科学家赵友钦在《革象新书》中对小孔成像进行了更详细的研究，不过此时仍没考虑其应用。16世纪，欧洲人将针孔替换为合适的凸透镜后，把箱外景物的像投射到暗箱里的平板纸面上，然后用手描出纸面上的投影，这样就能得到最真实的西洋画投影透视图。如此绘出的“照片”最早出现在公元1550年。当然，这样的绘画暗箱也不能叫相机。人类的首张照片出现在1825年，首张实景照片出现在1826年。它的拍摄原理是，将感光板置于暗箱的成像处，再经长达8小时的感光，最终把目标影像成形在白锡感光板上，但此时还没出现相机。史上公认的首台相机诞生于1839年，它是由法国画家达盖尔制作的。把涂有特殊感光材料的玻璃板置于焦距可调整的伸缩风箱式木质暗箱中，用这种相机能拍摄出清晰的照片。这种相机的核心部件有两个：一是涂在玻璃板上的感光材料，虽然其感光时间仍长达半小时；二是可伸缩的暗箱，虽然它的形态笨重，结构复杂。1840年，全球首个专业照相馆在伦敦开业，其曝光时间为1～4分钟。同年，美国光学设计师沃柯特制造出了一台使用凹面镜成像的相机，它的感光时间已缩短到90秒之内。1841年，光学家维哥兰发明了第一台全金属机身的相机并在当年上市销售，其首次安装了经数学计算设计的先进镜头，光通量是当时其他相机的19倍，从而使得感光时间更短，甚至能拍摄某些缓慢运动的物体。在全球竞争如此激烈的情况下，邹伯奇竟然孤军奋战，用凸透镜和暗箱，在1844年研制出了中国首台相机，并用它拍摄了多张清晰的照片。可惜，邹伯奇未做相关商业化工作，以至仅仅在两年后的1846年，西方相机就进入中国，并拍摄了时任两广总督、中国近代史上首个不平等条约《中英南京条约》的签订者耆英的照片，这也是中国的第一张照片。

其实，邹伯奇早在16岁时就开始研究相机，其灵感来自他在用透镜取火时被烫的事故。不过，他的目标是研究相关几何光学理论，而相机实物则只是其副产品而已，所以他在研制出相机后的第二年就撰写了《摄影之器记》这本世界上最早的摄影文献之一，接着就转向了摄影术的应用研究，特别是用摄影术来绘制地图。至于邹伯奇当初到底是如何研制相机的，目前已成了一个谜，因为邹伯奇有一个特点，也是中国古代许多学者的共同缺点，那就是未详细记录各种实验数据及相关成败过程，让别人很难重复和验证。难怪史书上说他“好覃思而懒著述”，他留下的成书寥寥，大量遗稿只是为了备忘而记，很不系统。这可能与他生前并不富裕，没钱出书有关。比如，邹伯奇的感光材料的配方是什么？不知道！各相关化学原料的比例是什么？不知道！这些配料中的哪些是在市场上购买的，哪些是他自己研发的？仍然不知道！当时配制感光材料所需的硝酸、盐酸、醋酸等都可在他家乡附近的澳门购买，无须邹伯奇自行研制。不过，邹伯奇在其感光材料的配方中至少采用了一种自己发明的东西。他将玻璃板浸泡在用蛋清及其他化学原料制成的液体中，捞出后便制成了“感光胶片”，并用这样的“感光胶片”拍摄了许多保存至今的照片。在一张清晰的自拍像中，他头戴瓜皮帽，右手持书卷，左手握烟杆，目光深邃，平视远方。在该照片的下方，他还风趣地留下了一首自我介绍的诗："平常容貌古，通套布衣新。自照原无意，呼之如有神。均瞻留地步，觉处悟天真。樵占鳌峰侧，渔居泌水滨。行年将五十，乐道识纤尘。"看来，这张照片是他在研制出相机十余年后的作品。

邹伯奇自拍像

在摄影术的应用方面，邹伯奇非常看好自己的发明，坚信它"变而通之,其用不穷"。他最成功的应用案例是：将摄影术与当时国际最先进的地球经纬线表示法相结合，研制出了一种全新的地图绘制方法，从而也使自己成了我国现代地图绘制的先驱 。他先后用该方法改绘了当时最权威的66幅全国地图《皇舆全览图》，还率领众弟子绘制了家乡地图《广东省地图》《南海县地图》《浔冈州地图》等。民国初年北洋政府在编修《清史稿》时如此评价邹伯奇："能荟萃中西之说而贯通之，静极生明，多具神解。"梁启超在其著作《中国近三百年学术史》中称邹伯奇为"豪杰之士"。

邹伯奇遗留下来的玻璃底片

好了，给邹伯奇"摄影"的第一步"角度调整"就到此为止了，下面进入第二步"聚焦"。所谓聚焦，无非是对背景进行整理，该去掉的就尽量去掉，该突出的就尽量突出，最终使主角邹伯奇的形象更清晰。1819年8月5日，邹伯奇生于现在的佛山市南海区，于1869年5月逝世，享年仅50岁。用史学家的话来说，邹伯奇几乎刚好生活在可悲的“嘉道中衰”期间。在他出生前20年，乾隆皇帝去世，嘉庆得以亲政，此时的清朝已开始衰落。邹伯奇1岁时，道光继位，此君更无进取之心，执政风格日趋保守和僵化。官场中，结党营私，相互倾轧，卖官鬻爵，贿赂成风；军队里，装备陈旧，操练不勤，营务废弛，纪律败坏；财政上，国库亏空，入不敷出。国内矛盾激化，吏治腐败，民变四起，海关走私严重，鸦片贸易猖獗。邹伯奇21岁那年，也就是在他研制出中国首台相机前四年，鸦片战争爆发，清朝大败，被迫签订丧权辱国的《中英南京条约》，从而开启了耻辱的中国近代史。邹伯奇32岁那年，洪秀全领导太平军在广西起义，两年后攻陷并定都江宁，随后开始北伐和西征，一度打到天津附近，直逼北京。邹伯奇37岁时，第二次鸦片战争爆发，四年后英法联军相继强迫清政府签订《天津条约》和《北京条约》。俄国也趁火打劫，先后鲸吞我国北方150多万平方公里的领土。邹伯奇去世前8年，同治继位，随后才总算有人开始吸取两次鸦片战争失败的教训，呼吁“师夷长技以制夷”，洋务运动开启。若对照国际国内大形势，邹伯奇生活的年代其实是中国最不适合产生科学家的年代，也是中西科技差距最大的年代之一，然而让人意外的是这时偏偏产生了邹伯奇这样的伟大科学家，他还是一位全才式的科学家。

最后，该进入为邹伯奇“摄影”的第三步，即“按快门”了。既然是按快门，那就得快。而对邹伯奇的小传来说，按这个“快门”还真慢不了，因为他留下的生平事迹非常简单，几乎没啥实质内容。这也许是因为他生前只是一个典型的民间科学家，既没科举功名，也无官场经历，所以，他虽被本地百姓称为奇人，但未留下任何官方记载，也没啥民间传说。目前有关他的传记信息主要来自两个渠道：其一，《南海县志》和《清史稿》等史料中对他的一些结论性评价，比如“聪敏绝世”等，而这些材料显然也是若干年后才勉强补上的；其二，可以从邹氏家谱中挖掘出来若干流水账式条款，但若从其中去掉出生去世、结婚生子等常规内容，余下的信息就很少了。邹伯奇的父亲是一位教书先生，外祖父是一位学养深厚的数学迷，因而作为家中的老大，邹伯奇从小就受到了当时少有的数理启蒙教育。10岁时，他到外祖父家学习《周易》和《九章算术》等经典，为日后研习西方科技埋下了种子。11岁时，他又拜另一位数学迷为师，在承教儒家经典的同时，学习了大量古代数学知识。邹伯奇主要以教书为生，在38岁那年当上了一所名叫“学海堂”的学校的校长。据说，他发明的那台相机就一直保存在该校，直至20

世纪50年代后才去向不明。按家谱中的记录，他的人生巅峰出现在46岁那年，当时的广东巡抚在这一年聘他为《广东沿海地图》测绘项目的负责人。此外，邹伯奇还曾两次托病拒绝当官。邹伯奇在生前只是一个默默无闻的、生活在乡间的清贫人士，谁也没想过要为他写传。

后来的历史剧情却突然发生了反转。邹伯奇去世若干年后，他的部分书稿在亲朋好友的资助下终于得以印刷流传。特别是其中那本名叫《格术补》的几何光学著作竟然被公认为“清末中国科技代表作之一”，但此时再回头填补邹伯奇的生平事迹时已经很难了。后人虽花费了不少力气，但也只是补充了一些不痛不痒的资料，比如说他从不讲究衣食，许多科研思路都来自《梦溪笔谈》。他的好友说他读书非常认真，以至“遇名物制度必究，昼夜探索，务得其确”。另外，他还曾考究出本村所有邹氏的祖先都是宋朝大臣邹浩。当时的广东学政见他精通训诂之学，便将他破格提拔为秀才，虽然他不曾参加过任何科举考试。

地理学篇

张　骞　裴　秀　法　显　郦道元　唐　僧　贾　耽
窦叔蒙　朱思本　郑　和　徐霞客　刘献廷　魏　源

第五十七回

丝绸之路拓荒牛，出使西域博望侯

本回主角是张骞。对，没错，就是你熟悉的那位常被称为汉代杰出外交家、旅行家、探险家、丝绸之路开拓者的民族英雄张骞。许多人肯定马上会产生怀疑：张骞是科学家吗？坦率地说，刚开始我们也很惊讶。为此，我们还进行了广泛的网络搜索，发现几乎没人说张骞是科学家。但由中宣部、教育部、科技部联合推出的、由时任中国科学院院长亲自写序的《中国古代100位科学家故事》（人民教育出版社，2006年）和《中国古代科学家画像》（学习出版社，2006年）都明确认定张骞是科学家，而且位居前100位之列。既然是给科学家写小传，就必须坚持科学态度，靠事实说话。所以，本回的第一任务就是解决张骞到底是不是科学家的问题。

为此，首先请出两位直接证人和一位间接证人。第一位直接证人是汉武帝，他是给张骞布置科研任务的“领导”，虽其本意不在科研而在军事，但事实上张骞最后提交的考察报告中确实涉及许多重要的科研成果，准确地说是地理考察成果。第二位直接证人是司马迁，他是张骞科考成果的记录者和发表者，而且与张骞生活在同一时代。司马迁31岁时，张骞才去世。仅仅3年后，司马迁就接替其父成了专门记录历史的太史令，张骞的科考成果的可公开部分被司马迁详记在《史记·大宛列传》中。因此，我们有理由认为该书的地理考察成果全归张骞。换言之，张骞数次奉命完成考察后，向汉武帝提交了详细的机密考察报告，该报告经脱密后，再由司马迁整理成《史记·大宛列传》发表并传世至今。间接证人是东汉著名史学家班固，他虽在张骞去世146年后才出生，但班固的《汉书·西域传》记录了更多有关西域的科考成果。为啥只拿班固的著作当间接证据呢？一方面，这时张骞开辟的丝绸之路已初具规模，班固书中的内容已很难断定哪些归张骞，哪些归后人了。另一方面，这时张骞的原始机密考察报告中能被公开的内容肯定更多了，毕竟此时已从西汉变为东汉了。

好了，现在就当着三位证人之面，从直接证据中精选三项代表性的地理考察成果，它们足以证明张骞确实是当之无愧的地理学家。成果之一是，张骞断定黄河之源在阗，东流至盐泽，再潜行地下，南出为河源。虽然从今天的角度来看，这个科考结果并不准确，但“黄河之源”确实是一个重大科学问题，也是今天科学家们仍在借助包括卫星等在内的高科技手段试图努力解决的超级难题。

成果之二是，张骞发现和田以东的河水都向东流，和田以西的河水都向西流。从今天的角度来看，虽然这一结果不够严谨，但相当不简单。一方面，在我国境内，包括长江和黄河等在内的绝大部分河流都向东流，而在少有的几条向西流的大河中，的确多数都在新疆和甘肃境内，比如新疆的额尔齐斯河、伊犁河和甘肃的疏勒河等。另一方面，判断大河的局部流向非常容易，但判断其九曲十八拐的整体流向相当困难，特别是在没任何有效工具的古代更是如此。

成果之三是，在当时西域各国地理位置、特产、人口、城市、兵力等的考察方面，张骞的成果中自然包含大量的科学内容。用当时的地名来说，他不仅亲自考察了西域的大宛、康居、月氏和大夏诸国，而且间接考察了乌孙、奄蔡、安息、条支、身毒等国。用现在的地名来说，他直接或间接地考察了帕米尔高原、中亚、西亚，以及伊朗和印度等。总之，张骞的考察是人类对这些地区首次进行的最翔实、最可靠的记载，是后人研究这些地区的古地理和历史的珍贵资料。

综上所述，张骞确实是一位科学家，但他到底能否位居前100名？这就得请大家自行判断了，毕竟“文无第一，武无第二”嘛。不过，张骞的考察成果对中华民族的贡献绝对巨大无比。且不说它帮助汉武帝把统治区域扩大了几乎一倍，仅是在经济方面，由于张骞等的友好沟通，此后汉朝和西域便开始了频繁的交流。天马、汗血马等良马传入中原，葡萄、核桃、石榴、胡萝卜等传入内地，丰富了人们的生活。同时，内地的铸铁、开渠、凿井技术以及丝织品等传到西域，促进了那里经济的发展。至于随后形成的丝绸之路对人类文明的促进作用，更是大得难以描述。许多文献都对此进行了专门论述，无须本回赘述。下面总算能理直气壮地请科学家张骞闪亮登场了。当然，随后的描述将不再限于科考方面。

张骞，字子文，陕西汉中博望村人。他的出生时间众说不一，不过他的去世时间是确定的，即公元前114年，所以下面就以该时间进行倒叙。

张骞首次进入史料的时间是他去世前的25年。这一年，他奉汉武帝之命，由长安出发，开始了著名的“首使西域”之旅。此前，他在朝廷担任名为“郎”的侍从官。据史书的记载，张骞“为人强力，宽大信人”，既具有坚忍不拔、心胸开阔的气度，又具有以信义待人的优良品质。他可以像后来的唐僧那样，只要是为了“取经”，就敢于不顾任何困难，勇往直前，一心向西，再向西。不过张骞要取的“经”不是佛经，而是与一个名叫月氏的国家缔结的盟约，要联合匈奴北面的、与匈奴有血海深仇的月氏国一起行动，同时南北夹击匈奴，将其消灭。张骞在“取经”路上所遇到的困难一点儿也不比唐僧少。张骞有100多名随行人员，携带了大量金银珠宝和丝织品等，准备献给月氏国的国王。他们还得穿过匈奴控制的区域。

敦煌壁画《张骞出使西域》

果然，刚刚进入匈奴的控制区，张骞的队伍就毫无悬念地被匈奴骑兵包围，然后被押送到单于的帐前。单于一听张骞欲出使月氏国就哈哈大笑，他说："月氏在吾北，汉何以得往？使吾欲使越，汉肯听我乎？"这段话的大意是说："我怎会让你们借道跨境去北面联合月氏国来攻打我呢？正如你们也不会让我们跨越汉境与南越联盟攻打你们一样。"不过，聪明的单于为了避免激怒汉武帝，防止汉武帝再派其他"取经"队伍绕道而行，所以他并未立即杀掉张骞，而是将他们扣留下来。为了软化、拉拢张骞，打消其出使月氏国的念头，单于软硬兼施，甚至给张骞娶了一个媳妇。他们还生下了孩子。不过，张骞始终"不辱君命""持汉节不失"。他仍然保留着汉朝使节的任命书，随时准备逃出匈奴，继续完成其出使任务。张骞在匈奴待了整整10年，当监管有所松弛时，他果断离开妻儿，带领随从逃出了匈奴的控制区。

可惜，在这10年间，形势早已大变。月氏国已被匈奴打败，被迫西迁到更远的地方。张骞听此噩耗后仍不死心，继续千方百计要到达新的月氏国。书说简短，在随从严重减员的情况下，张骞终于到达了一个名叫大宛的小国，得知该国与月氏国交往频繁。于是，张骞以外交使臣的身份大胆向大宛国国王承诺，大宛国若能帮助他联系上月氏国国王，今后汉朝皇帝将给予重重酬谢。本来就听说汉朝富庶、很想与汉朝通使往来的大宛国国王一听此言，就很爽快地答应了张骞的请求。在一番热情款待后，大宛国国王立即分派向导和译员，经多次辗转，终于将张骞等人送到了月氏国。不料，这时的月氏国国王已无心对抗匈奴了，便以“汉朝离月氏国太远，若联合攻匈，难以相互配合”为由，婉言谢绝了张骞的联盟建议。张骞当然不肯就此放弃，便留在月氏国软磨硬泡，辛辛苦苦地折腾了一年多，但月氏国国王始终不动心。张骞无奈返身回国。在归途中，张骞等虽千小心万谨慎，甚至昼伏夜行绕了一个大弯子，但结果再次被匈奴骑兵所俘，又被扣押了一年多。在张骞去世前12年，由于匈奴内讧，张骞和甘父才终于趁机逃回长安。至此，历时13年的首次出使无果而终。出发时的100多人中也仅剩张骞和甘父二人。不过，张骞沿途的众多考察结果对后世的影响很大。比如，张骞在大夏国时竟然看到了四川的土特产，追问后才知道它们是本地商人从一个名叫身毒的国家那里买来的，而身毒国位于大夏国的东南方。据此，张骞猜出了身毒国和大夏国的大概地理位置。仅仅这一条消息就帮助汉武帝打通了汉朝与西南各国的通道，避开了匈奴的控制区域。雄才大略的汉武帝在听取了张骞的汇报后非常满意，特封张骞为太中大夫，封甘父为奉使君，以表彰他们的功绩。

出使西域的经历使张骞成了汉朝攻打西域的活地图。每次有重大作战行动时，都得让他前往当向导。在张骞去世前9年，大将军卫青两次出兵攻打匈奴。汉武帝命张骞以校尉身份跟随大军出击漠北。果然，张骞发挥了关键作用，他“知水草处，军得以不乏”。汉军大胜凯旋后，张骞被汉武帝以其出生地为名封为博望侯。去世前7年，张骞又奉命与飞将军李广一起攻打匈奴。可这次李将军被围，伤亡惨重，张骞也因为耽误了军机而被判死刑。后来，张骞花钱赎罪，虽免了死罪，但被削去了博望侯的爵位，成了平民百姓。

在张骞去世前5年，汉武帝又任命他为中郎将，率300多名随从，携带金银丝帛等财物数千巨万和牛羊万头，第二次出使西域。此番与上次完全不同，因为汉朝已将匈奴赶出了河西走廊，匈奴向西北退却。所以，张骞第二次出使西域的目的就变成了招抚与匈奴有矛盾的乌孙国，宣扬汉朝国威，劝说西域诸国与汉联合，使之成为汉朝的外臣。可惜，张骞到达乌孙国时，恰逢该国内乱，招抚目的没达到。不过，张骞让副使访问了中亚的众多国家，扩大了西汉王朝的政治影响，增强了双方的相互了解，并偕乌孙使者数十人返抵长安。张骞回来后被任命为大行，专门负责接待各国使者，官位也高居九卿之列。

公元前114年，张骞病故，归葬故乡博望村。此后，汉朝和西域各国经常互派使者，甚至形成了“商胡贩客，日款于塞下”的盛况。

第五十八回

地图之父大裴秀，误食寒散小命丢

三国迷们注意了，本回是老人新故事的《三国外传》，将聚焦于三国后期的风云人物、魏晋名臣、政治家、军事家、官场不倒翁裴秀。李约瑟在《中国科学技术史》中称裴秀是“中国科学制图学之父”和“世界科学绘图的创始者之一”。

为了说清裴秀的成果到底有多伟大，先来回顾一下此前整个人类的地图学简史。所谓地图学就是探讨地图的绘制技术和使用方法的科学。早在4500年前，人类就开始借用各种方式，对周围环境的空间图像进行原始记述。当时，地图的制作材料包括陶片、纸草、铜板、椰枝、石块、兽皮等。现存最古老的地图是公元前25世纪左右巴比伦人绘制的陶片地图。据《左传》的记载，大禹铸九鼎，分九州，并将各州山川分铸于鼎上，此即“九鼎图”。这恐怕是中国最早的“地图”了。先秦时期的《山海经》中也出现了远古地图，公元前11世纪的《尚书》中记载了不少地图故事。从荆轲刺秦王的故事中不难看出，早在春秋战国时期，地图就已成了国家主权的象征。人类最早的地图专著是公元前400年左右的《管子·地图》。由马王堆出土的文物可知，公元前200年左右西汉已有了大型地图。公元150年左右，托勒密编著了《地理学指南》，并附有27幅世界地图。仅仅百年后，本回主角就树立了中国地图学的首个里程碑，那就是裴秀在编制《禹贡地域图》和《地形方丈图》的过程中提出的地图绘制六原则，即所谓的制图六体。原则一："分率"，用以反映面积、长宽之比例，即现在的比例尺。原则二："准望"，用以确定地貌、地物彼此间的方位关系。原则三："道里"，用以确定两地间人行道路的距离。原则四："高下"，即相对高度。原则五："方邪"，即地面坡度的起伏。原则六："迂直"，即实地高低起伏与图上距离的换算。在此后的1300多年中，裴秀提出的这六条原则竟成了中国古代编制地图的基本原理，直至明末才被西方传入的地图投影法所替代。所以，裴秀是当之无愧的中国地图学鼻祖。好了，下面有请裴秀闪亮登场。

在三国末期曹丕称帝的第五年，准确地说是公元224年，在山西闻喜县的一个被称为河东裴氏的名门望族中，一位地位卑贱的妾室生下了一个小男孩，他就是本回主角裴秀，字季彦。这裴家的门第之高简直让人羡慕，裴秀的祖父当年是东汉的正一品高官，他的父亲在曹魏朝廷中也官至正一品，其他亲友中也不乏朝廷命官。总之，除了在家里跟着妈妈一起受嫡母欺负外，只要走出家门，他就备受众人仰慕。

裴秀自幼好学，既有风度又有良好的品德，8岁就会写文章。由于他叔父的名望很高，家中常有宾客来往。许多宾客听说过裴秀的天才事迹，所以在拜见完

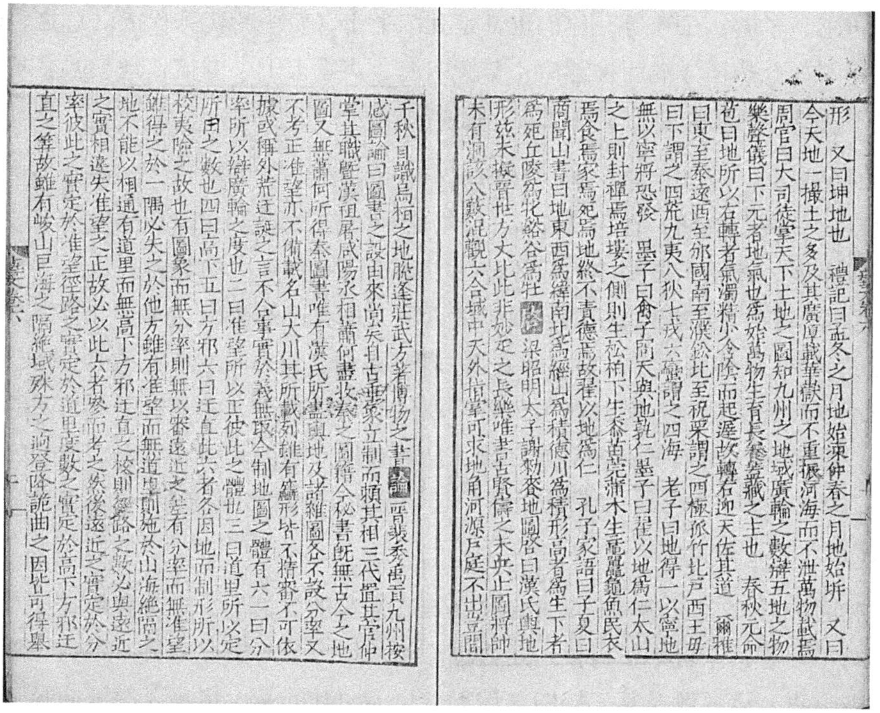

《艺文类聚》中关于裴秀《禹贡地域图》的记载

他的叔父后，总要找裴秀交谈几句，听听他的奇思妙想。那时的裴秀只有十几岁。裴秀的妈妈虽贵为官太太，但在家里被大太太当作丫环使用，甚至让她给客人端茶送水。客人见后立刻起身致礼。为此，妈妈自豪地对裴秀说：“我本来非常微贱，客人之所以向我致礼是因为你太优秀了！”从此，裴秀更加努力学习，发誓要出人头地。大太太知道此事后也不再轻视他妈妈了。时人甚至称赞裴秀为“后进领袖”。果然，很快度辽将军就将裴秀推荐给了当时的实权人物大将军曹爽，推荐词简直把裴秀捧上了天，说道：“生而聪慧，崇尚自然，虚静守真，性入深奥之道。博学强记，无文不通，孝敬尊长，友善兄弟，美名著于乡里，高声闻于远近。确实应为圣明天子之辅臣，登三公之位，参赞于大府，功德昭化天下。”至此，推荐者还觉得没赞够，又搬出此前的几乎所有天才和贤能之士来比拟裴秀，说他不只是子奇、甘罗之类的人物，更兼有颜回、冉求、子游、子夏的美德。书中暗表，这里的子奇是指战国时期齐国的神童，今人干脆用“子奇”两字来统称少年天才。甘罗12岁任秦国宰相并成功出使赵国，让秦国轻松获得11座城邑。颜回是孔子最得意的弟子，被后世称为孔门十哲之一、孔门七十二贤之首、儒家五大圣人之一。

至于冉求、子游、子夏等，他们也都是孔门七十二贤中的优秀代表。总之，听罢度辽将军如此热情洋溢的推荐后，势倾四海、声震天下、专擅曹魏朝政多年的曹爽迫不及待地把裴秀聘为了自己的心腹顾问。

20岁那年，父亲去世，裴秀按惯例承袭了清阳亭侯的爵位，并被升为皇帝近侍之臣——黄门侍郎，官居从二品。5年后（公元249年），司马懿发动了著名的高平陵事变，谋杀了曹爽本人，还清除了曹氏宗室在朝中的势力。从此，司马氏得以掌握实权，控制曹魏朝政，逐步消灭了支持曹氏的势力，向篡夺曹魏政权又迈进了一步。既然裴秀曾是曹爽的心腹，理当被司马懿免职。但是，在这次突变中，裴秀不仅保住了性命，而且在不久后又被任命为廷尉正，成了权臣司马昭的重要幕僚，甚至参与谋划了不少军国之政，且其意见大多被采纳。后来，他升任散骑常侍，相当于皇帝顾问，经常与皇帝一起“谈论学问，切磋文章”，还被皇帝赞为“儒林文人”。

裴秀33岁那年，诸葛亮的族弟诸葛诞在东吴的支援下，在寿春起兵反对司马昭。司马昭赶紧亲自率军讨伐，裴秀也一起从征，参与出谋划策。不到一年，寿春就被攻克，诸葛诞及其三族皆被诛灭。更为悲壮的是，诸葛诞麾下的数百人被俘后都坚决不降，声称“为诸葛公死，不恨”。行刑时，众人排成一列，虽然司马昭规定每斩一人都可免死招降下一人，但始终无人投降，直至全部被杀。平叛后，34岁的裴秀因功劳卓著，升任尚书，进封为鲁阳乡侯，还增加了食邑一千户。仅仅一年多后，司马昭杀掉了当朝皇帝。但接下来又该怎么办呢？正当司马昭不知所措时，裴秀又帮主子谋立定策，成功地将曹操之孙曹奂立为曹魏的末代傀儡皇帝，从而巧妙地帮司马昭解了套，于是36岁的裴秀再被进爵为鲁阳县侯，增加食邑七百户，又升任尚书仆射。大约在40岁时，裴秀再因“修改官制”有功，被封为济川侯，封地六十里，食邑一千四百户，并以高苑县的济川墟为侯国所在地。裴秀就这样官运亨通，一升再升。

可严峻的考验马上就来了。司马昭一天天老去，但谁来接班的问题始终没能最后敲定。这对司马昭的儿子们和朝中大臣来说，无异于一次生死选择。站错队伍可能招致杀身之祸，反之则会飞黄腾达。其实，司马昭本来有意立司马攸为接班人，这自然就急坏了他的另一个儿子司马炎。司马炎赶紧前来求助父亲的心腹裴秀，并启发式地寻问道：“人有贵贱之相吗？”他接着就把自己身上的奇异胎记展示给裴秀看，并极力拉拢裴秀。裴秀后来在关键时刻对司马昭说：“中抚军（司马炎）在世人中有德望，又有这样的天生胎记，一定不是人臣之貌啊！”自此，司马炎终为晋王接班人。41岁的裴秀再因扶王有功，又获得丰厚回报，被晋王司马炎任命为尚书令、右光禄大夫。仅仅几个月后，好不容易接了晋王之位的司马炎干脆一不做二不休，把早已是“聋子耳朵”的曹魏皇帝赶下了台，并美其名曰“禅让”。而在司马炎的“受禅”过程中，精通儒学、多闻博识而又热衷政事的裴秀及时会聚了群臣力劝司马炎受禅的要领，合理合规地裁定了相关事项，让任何人都挑不出半点瑕疵。他创制的朝廷礼仪和刑法等还被当成范例。成为晋武帝后的司马炎当然要重奖各位开国元勋，42岁的裴秀又被加任左光禄大夫，还被封为钜鹿郡公，食邑三千户。

裴秀深得晋武帝的器重甚至包庇。有一次，安远护军郝诩酒后胡言道：“我之所以要与裴秀交友，是想从他那里得到好处。”于是，此话被正义的大臣解读为“裴秀滥用人情”，并一纸奏折就告到了朝廷，请求免去裴秀之职。对此，司马炎却下诏道：“谁不会被恶意利用呢？在这件事上，错在郝诩，裴秀怎能防范呢？不必追究其责吧。”再后来，又有人上奏说：“刘尚替裴秀多占了官家稻田，应追究裴秀之责。”司马炎又赶紧出面打圆场，下诏说裴秀有功于皇室，不能因小错而掩其功，故只追究了刘尚之罪。裴秀不但未受处分，反而在44岁时升为司空，即宰相。

正当裴秀春风得意时，却突然发生了惊天意外。公元271年4月3日，乐于赶时髦的裴秀服用寒食散，在本该饮用热酒时却阴差阳错地误饮了冷酒，中毒死亡，享年仅47岁。得知此噩耗后，晋武帝马上下诏称：“裴秀聪敏而有德，举止儒雅，佐皇室而辅国政，功勋宏大。朕正欲依赖他阐行相关法制，为世人垂范时，他却不幸去世，朕甚为痛惜。现赐给棺木朝服一具、衣一套、钱三十万、布百匹，谥号元。”后来，司马炎读到裴秀在中毒后写给自己而未能呈上的奏折后，再一次下诏说：“裴秀之死，让朕痛悼不已。他在危困时刻还不忘皇室，尽忠忧国。朕看到该奏折后更加伤怀，应立即与诸贤商议此事。”

细心的读者也许要催问，裴秀的一生都写完了，为啥还未提及他作为地图学家的事呢？是呀，裴秀其实压根儿就没想过要当科学家，他的科研成果也纯属意外。裴秀在去世前三年被任命为司空后，负责掌管全国的地图测绘工作，这就迫使他临时学习了一些地图理论知识。再加上他曾多次随军征讨，具有丰富的地图使用经验，所以他很快就发现了现行地图的若干严重问题。当时的全国地图已沿用几百年，不但残破不全，而且地图中的山川地名等因改朝换代等原因而被更换了数次，以至常常含混不清，使用时不得不牵强附会。于是，裴秀稍微动了动他那聪明绝顶的小脑筋，就制订出了流传千古的绘图六原则，并组织人力，在不足三年内就制成了军用地图《禹贡地域图》和民用地图《地形方丈图》。前者上呈给晋武帝后被收藏于秘府，可惜由于改朝换代等因素，很快就失传了，后者则是前者的简略版，流传了数百年，对社会发展产生过巨大影响。其实，裴秀的主要成就不是绘制了具体的地图，而是制定了著名的绘图六原则，还以实例验证了这些原则。他基于这些原则，“以一分为十里，一寸为百里”的比例尺（相当于1：1800000的比例）把全国的名山大川、城镇乡村等地理要素都清楚地标在了地图上，使阅览和携带都很方便。可见，裴秀确已掌握了巧妙的缩放技术。

最后，除地图学外，裴秀在文学方面也相当了得。他不但著有《平吴表章》《奏事》等文集，而且至今网上都还流传着他的《大蜡诗》等作品。

第五十九回

有意栽花花猛发，无心插柳柳成荫

“盲人摸象”一直被当成贬义词，其实它也该有一定的褒义之处。因为对于同样一个东西或同样一个人，当从不同角度去考察时，自然会得到不同的局部结果，而整体结果只是各个局部结果的有机组合而已。科学地说，观察者既不能因整体而否定局部，也不能因局部而否定整体，更不能以局部A去否定局部B。比如，一提起本回主角法显和尚，几乎所有明眼人所看见的都是东晋名僧，比唐僧还早200多年的第一位到西天取经的大师，杰出的佛学家、旅行家、探险家和翻译家，甚至还可称为文学家等。但若闭着眼睛，用心仔细摸索这头“大象”的那条隐蔽着的“小尾巴”，那么你将意外地发现法显和尚还是科学家，准确地说是伟大的地理学家！

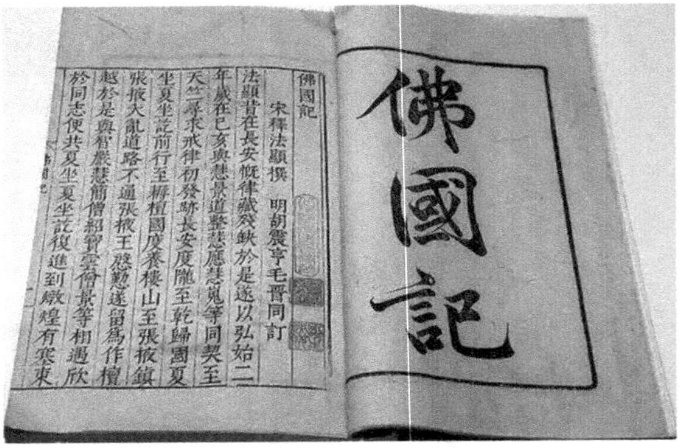

《佛国记》

实际上，法显是中国经陆路到达印度，然后由海上回国并留下完整记载的第一人。他的俗家代表作《佛国记》在热闹的旅行游记背后更隐藏着众多地理大发现。它记述了中亚、印度、南洋等32个古国的里程、方位、山川、气候、人口、语言、风俗、物产、政治、宗教、地理、交通、文化等情况，它是关于中印陆海交通和中国南海交通的最早记录，是中国和南亚地区地理学史和航海史上的重要里程碑。他首次发现并记载了海洋信风（在低空从副热带高压带吹向赤道低压带的海风）。只有区区万言的《佛国记》对后世的影响非常大，除了科学成分之外，还广泛涉及文学、哲学、建筑、美术和逻辑学等方面。单单该书在历史上的众多版本和曾用书名就让人眼花缭乱，也从侧面显示了它的巨大影响。该书的名称有《法显传》《佛游天竺记》《释法显行传》《历游天竺记》《释法显游天竺记》《佛游天竺本记》《释法明游天竺记》《法明游天竺记》等。由于该书中所载的西域古国都早已灭亡，典册罕存，所以该书便成了研究这些古国历史的不可替代的稀世珍宝，因而备受中外学者重视，以至各种译本层出不穷，比如英文、日文、法文等译本。

当然，必须承认，法显和尚意外成为科学家的事实绝非他本人最初的愿望，而是他的无心之举。

公元334年，山西诞生了两大名僧，一是在临汾西南诞生的本回主角法显和尚，二是在代县诞生的、后来被尊为净土宗初祖的释慧远大师。此前18年，统一的西晋王朝已灭亡，中国再次四分五裂，史称“东晋十六国”。生活在如此动荡的环境中，老百姓的日子当然不好过。法显本来是俗家人，姓龚，但由于三个哥哥都没能活过童年，父母担心他也会重蹈覆辙，便在他三岁时请高僧做了剃度，使其成为一名俗家弟子。后来他生了一场奇怪的大病，经多方医治都无效。就在生命垂危之际，他的父母将他送进寺院，正式当了一名和尚，法号为法显。随后法显的病情迅速好转，小命总算保住了，但他的父亲在他10岁那年去世了。叔父担心法显的母亲寡居太难，便极力劝说法显还俗。可是在以往数年中，在晨钟暮鼓的陪伴下，年幼的法显已经慧识早开，对佛教产生了浓厚的兴趣。这位虔诚的小和尚断然拒绝叔父的提议，他说道：“我并非因父亲健在才出家，我只想远离尘俗尽早入道。”叔父无言以对，只好摇头作罢。不久，母亲也去世了，法显回家办完丧事后，就了无牵挂地返回寺里继续修行。从此，他更加用心念佛，并在20岁那年受了大戒，被称赞“志行明敏，仪轨整肃”。

据说，法显的性情纯厚。有一次，他与同伴数十人在田中割稻，突然冲来一群饥民要抢粮食。沙弥们都吓得争相奔逃，而法显则纹丝不动。他双手合十对饥民说：“阿弥陀佛，你们若需粮食，就随意拿吧！你们如此贫穷，正是因为过去舍不得布施。若再抢夺他人粮食，恐怕来世会更穷。贫僧真为你们担忧啊！”说完，他便从容离开。饥民们听后纷纷弃粮而去。

闲话少说，转眼间法显就度过了62个春秋。他越来越深切地感到佛经体系严重残缺，特别是由于缺乏戒律经典，许多方面无法可循，以致一些上层僧侣穷奢极欲，无恶不作。为了维护佛法尊严，矫正时弊，65岁的法显毅然决定前往古印度寻求戒律原著。他说干就干，很快就联络了另外四位志同道合的僧人。他们一起从长安起身，向西进发，开始了漫长而艰辛的取经之行。一年后，他们穿过西秦与南凉，到达北凉王统治下的张掖。在这里，他们的壮举又吸引了另外六位同道。他们顺利到达敦煌，还获得了敦煌太守的资助。

伙计，别高兴得太早，因为“九九八十一难”这才正式开始，其艰苦程度绝不亚于《西游记》中的虚构神话。

第一难便是西出阳关必经的“流沙河”，即今天的白龙堆大沙漠。在这里等待他们的当然不是受观音之命前来护送他们去西天取经的沙僧，而是要取他们小命的滚烫流沙。沙漠气候非常干燥，时有沙尘暴侵袭，不知有多少人都在这里被流沙掩埋。关于“流沙河”的实际情况，法显在《佛国记》中写道：“上无飞鸟，下无走兽，遍望极目，欲求度处，则莫知所拟，唯以死人枯骨为标帜耳。”怎么样，它远比沙僧的流沙河更恐怖吧。但法显等人哪管这些，只是一门心思向西进发。他们冒着生命危险，在“流沙河”里跋涉了整整17个昼夜，行程1500里，终于有惊无险地渡过了“流沙河”，来到了白龙堆大沙漠以西的首个绿洲城市鄯善，即汉朝时的楼兰。这里早已物是人非，成了欧亚各色人等混居和争夺之地。书中暗表，为保留法显取经的神秘性，以下古国之名将被如实描述，不再做今昔对比，大家只需知道它们是地名就行了。

若上述第一难是天灾的话，那么接下来的第二难就增加了人祸。法显等人经鄯善和高昌到达焉夷后，发现这里的人相貌奇特，鹰鼻蓝眼，是典型的印欧人种。他们信仰南传佛教，与法显等人信仰的大乘佛教不一样，所以法显他们在这里并不受待见，甚至连食宿都无着落。无奈之下，取经队伍只好一分为三：一部分人返回高昌筹措行资，一部分人改道前往克什米尔，而以法显为首的少数几人则继续向西南进发，准备穿越塔克拉玛干大沙漠。

与“流沙河”不同的是，塔克拉玛干大沙漠不但异常干旱，而且昼夜温差极大，天气变化无常。行经此处凶险莫测，或被热死，或被冻死。用法显的原话来说就是“行路中无居民，沙行艰难，所经之苦，人理莫比”。更麻烦的是，这里的国家都很穷，国库空虚，化缘困难，而且经常有人仗着勇力劫掠过往商旅。法显等又在生死线上挣扎了一个月零五天，总算活着走出了这片大沙漠，到达了西域佛教圣地于阗，在这里休整了三个多月。为啥要待这么久，难道法显不急于前往西天吗？当然不是，其原因主要有三。一是当时的于阗国泰民安，奉养的僧人多达数万，大乘佛教和南传佛教在这里都很流行，法显等人自然也受到热情接待，因此，他们正好借此休养已很虚弱的身体。二是当时正值佛诞节，法显等人正好在这里观摩许多与内地完全不同的佛教仪式，眼界大开。更重要的是，这里还有许多他们闻所未闻的经书手抄本，足够他们长时间学习消化。当然，法显很清楚，要想求得原版真经，就必须翻越帕米尔高原，但是此举谈何容易，不但要胆大，还要心细，更要等待合适的季节，否则无异于白白送死。这也是法显等人在于阗久待的第三个也是最重要的原因。

终于，翻越帕米尔高原最危险的季节过去了，法显等三人迫不及待开始挑战人类的生存极限。限于篇幅，此处无法详述他们所遭遇的全部劫难，只举两例。其一是风魔，在翻越某些大山时，若时间把握稍有差池，就会赶上风头，被大风卷走。在途经众多鸟道时，即使小风也会致命，因为鸟道大都悬挂在陡峭的山崖上，脚下就是万丈深渊，行者若敢往下探望一眼，定会吓得迈不动腿。其二是冰魔，途经冰川时寒冷无比，尤其在夜间更是如此。此时即使围着火堆，也不由得浑身瑟瑟发抖。在翻越贾拉拉巴德和白沙瓦以西的雪山时，寒风骤起，慧景和尚竟被活活冻死了。法显抚摸着同伴的尸体悲哭道："取经的愿望未实现，你却早死了，命也奈何！"然后，他与道整奋然前行，翻过了雪山。

长话短说，法显和道整经过6年多的时间，相继穿越子合、那竭、宿呵多、犍陀卫、弗楼沙等国后，最终到达乌苌，总算进入印度境内。啥叫取经呢？原来并不是像《西游记》中描写的那样，从书架上搬走一堆书，然后挑回家就完事了，而是在今天的印度、斯里兰卡和巴基斯坦等国境内的许多寺庙里拜访高僧，请教诸多问题，研读并抄写大量佛经原著。为此，年逾古稀的法显从零起步，克服重重困难，学会了撰写经书所需的梵文。法显和道整就这样在印度待了7年。由于道整决定留在印度，所以在77岁那年，法显孤身一人带着多年来抄写的众多经书，开始了回国之旅。

在公元411年8月，法显坐上了载有200人的大船，循海东归。可起航不久，即遇暴风，船破水入。商人们为减轻船只载重，竟将法显数年收集的部分佛像和佛经丢入海中，后来甚至还想把法显本人也扔入海里。幸好这时遇到一个小岛，大船总算安全靠岸，补好漏洞后又继续前行。他们在危难中漂泊了100多天，甚至一度被海盗盯上，最终到达了耶婆提国。法显在这里住了5个月，接着再转乘另一条商船向广州进发。不料又遇大风，船失方向，随风漂流。在风浪中，法显被同船的印度教徒视为灾星，险些又被抛入大海。这时有一位汉人见义勇为，法显才逃过这一劫。在78岁那年，法显终于完成了史诗般的13年取经之旅，在山东半岛登陆。至于沿途之艰辛，法显也感到后怕。他回忆道："顾寻所经，不觉心动汗流！"

取经回来后，法显更忙了，他必须将带回的经书尽快翻译成中文并广泛传播。他与几位同道很快就译出了众多经书，但此时的法显其实还只是佛学家。80岁那年，法显突然华丽大转身，瞬间就变成了伟大的地理学家，因为在这一年他完成了流芳千古的《佛国记》。可惜6年后，也就是在东晋灭亡时的公元420年，法显以86岁高龄圆寂。

第六十回

地理学家郦道元，误入魏书酷吏传

唉，都说家家有本难念的经，其实给科学家写小传时，更是人人都有本难念的经。这不，本回给北魏地理学家郦道元写小传时，我们也遇到难题。在初中语文课上，我们都学过他写的《三峡》，他对三峡之美的描述简直令人叫绝，甚至在300多年后还激发了唐朝诗仙李白的灵感，写下了脍炙人口的《早发白帝城》。君若不信，咱们就一起摇头晃脑，重新背诵一下白话版的《三峡》吧，其曰："自三峡七百里中，两岸连山，略无阙处。重峦叠嶂，遮天蔽日。若非午夜时分，难见皓月。夏洪汹涌至襄陵，断绝航道。若王命急召，便可朝发白帝，暮到江陵，其间千二百里，虽乘奔御风，不以疾也。春冬之时，则素湍绿潭，回清倒影，绝峰多生怪柏，悬泉瀑布，飞漱其间，清荣峻茂，良多趣味。每至晴初霜旦，林寒涧肃，常有高猿长啸，好生凄惨，空谷传响，哀转久绝。故渔者歌曰：巴东三峡巫峡长，猿鸣三声泪沾裳。"怎么样，美哉吧，壮哉吧，险哉吧，悲哉吧，惟妙惟肖吧！

郦道元塑像

若你还想阅读更多如此诗般经文，那就请看地理学巨著。对，你没听错，是地理学巨著《水经注》。顾名思义，"水经"就是"水之经"，要把"水"写得像"经"那样美。事实上，《水经注》确属中国古代最全面系统的综合性地理学著作，详细记载了我国境内外1252条大小河流及相关历史遗迹、人物掌故、神话传说、碑刻墨迹和渔歌民谣等。全书文笔绚烂，语言清丽，具有重要的地理价值。在自然地理方面，它从河流的发源到入海，详细记载了干流、支流、潜流、急流、水量、水位、瀑布、滩涂、湖泊、冰期、含沙量、河谷宽度、河床深度及其季节变化等，所记地貌包括山、岳、峰、岭、坂、冈、丘、阜、崮、障、矶、原、川、沃野、湿地、溶洞等，所记自然灾害包括水灾、旱灾、风灾、蝗灾、地震等，所记植物和动物等更是难以计数。在人文地理方面，它所记述的许多政区建置甚至能补充正史地理志的不足，大型城邑和古都等自不必说，若干微小聚落更是五彩缤纷，包括镇、乡、亭、里、聚、村、墟、戍、坞、堡等。《水经注》还记载了不少外国城市，比如印度境内的波罗奈城、巴连弗邑、王舍新城、瞻婆城等。在交通地理方面，它记载了桥、渡等水陆运输情况。在经济地理方面，它记载了堤、塘、堰、堨、覩、墱、坨、坡湖、水门、石逗等大量农田水利资料。在军事地理方面，它记载了各类战役300多次，生动地描述了地形在军事上的重要性。至于矿产、能源和生产等方面的地理情况，那就更多了。总之，《水经注》的内容不仅在数量上惊人，在质量上更是罕见，特别是它那绘声绘色的文学描述更让人脑洞大开，其遣词造句之丰富简直难以言表。比如，仅仅“瀑布”这一种东西就被它形容为泷、洪、悬流、悬水、悬涛、悬泉、悬涧、悬波、颓波、飞清等。《水经注》在写水时着眼于动之美，写山时致力于静之幽，堪称山水散文之集锦、神话传说之荟萃、名胜古迹之导图、风土民情之访谈。

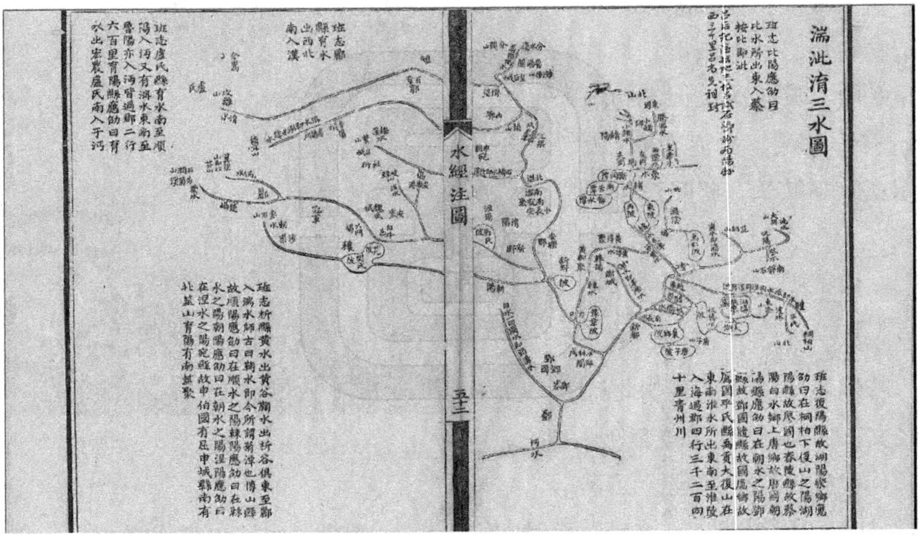

《水经注》插图

伙计，你猜猜，请使劲猜，大胆猜，能写出如此神奇之作的郦道元会是何等奇才呢？从科学角度看，应该是徐霞客的逆向穿越吧；从文学角度看，应该是李白的逆向穿越吧。面对如此神人，该怎样为他写小传呢？小传的内容应该像《水经注》那样丰富多彩吧，小传的语言也该像《水经注》那样清新秀美吧，小传的人设更应该儒雅潇洒或文质彬彬吧？当我们摩拳擦掌，准备为郦道元写一篇能配得上其文雅的小传时，却惊讶地发现郦道元竟然是“酷吏”！酷吏，酷吏，狼心狗肺的恶官才是酷吏，“请君入瓮”者才是酷吏，草菅人命者才是酷吏！酷吏无不让人毛骨悚然，无不让人深恶痛绝。伟大的科学家郦道元怎么可能是酷吏呢？能写出如此优美诗篇的人怎么可能是酷吏呢？

难道“酷吏说”是出自民间的野史传闻吗？非也！它出自北齐皇帝亲自下旨编写并审阅的官方史料《魏史》，郦道元的传记被明明白白地编撰在《魏史·酷吏传》中。《魏史·酷吏传》在当时前后200多年中共收录了包括郦道元在内的9位酷吏，其中某些酷吏的恶行确实令人发指。比如，有一位名叫于洛侯的酷吏，他对某位死囚的行刑过程竟然是：“拔其舌，破其睾丸，捅其胸腹二十余刀。囚犯不堪苦痛，随刀颤栗。后又立四柱，尸裂其手足。就在命将气绝时，才斩其首，支解四体，分悬道路。”又如，另一位名叫张赦提的酷吏更是禽兽不如，他的行刑过程竟然是“斩其首，射其口，刺其脐，引肠绕树而共射之，以为戏笑”。如此恶毒的酷吏，无论如何都不可原谅！

难道郦道元的“酷吏说”是同朝政敌的抹黑吗？非也！实际上，郦道元生活在北魏，而《魏书》则是北魏灭亡后进入东魏，东魏又灭亡后进入北齐时的官方史书。《魏书》成书时已跨越了两个朝代，至少北齐皇帝没必要故意抹黑郦道元。难道“酷吏说”是因年代太久而出现的误会吗？非也！《魏书》是在郦道元去世仅仅36年后就开始撰写的，甚至《魏史》作者魏收20岁时，郦道元才去世，因此，魏收应该很了解郦道元，没准儿他们还见过面，至少有可能知道彼此的存在，毕竟他们都是当时的著名才子嘛。

现在问题来了。面对郦道元是酷吏这个板上钉钉的铁案，该咋办呢？过去许多传记都选择了有意回避，而有些传记则采取了辩解的策略，比如引经据典地攻击《魏书》如何不靠谱。但这样做难免有狡辩之嫌，毕竟《魏书》是距郦道元最近的一部官方史书，是著名的二十四史之一。虽然历史上确有不少人将《魏书》称为“秽史”，虽然其中也确有不靠谱之处，但是这也不足以否定郦道元是酷吏这个结论，除非有新的考古证据。还有人使尽浑身解数攻击《魏书》的作者魏收，说魏收如何公报私仇，如何品行低劣，如何写史不公。虽然魏收的历史污点确实不少，而且最后没能善终，但这仍不足以否定郦道元是酷吏的事实。咋办呢？本回采用了不回避问题、以事实为依据的态度，即充分肯定《魏书》中有关郦道元的内容是客观且真实的，然后再来看看到底会发生什么奇迹。

《魏书·酷吏传·郦道元传》的原文很短，只有区区309个字，因此，我们不妨将全文照搬下来。当然为避免文言文带来的阅读困难，此处进行了简单的白话翻译，约有400字。酷吏传曰：“郦道元，字善长，范阳人，青州刺史之子。太和年间，任尚书主客郎。御史中尉李彪因郦氏秉公执法，清廉勤勉，荐其为侍御史。

历任辅国将军、东荆州刺史。郦氏为政严厉威猛，当地人告其苛刻严峻，以致被定罪免职。很久后，郦氏代理河南尹并转正。后来，肃宗调整行政区划时，任命郦氏负责新区人事工作。很快，郦氏升任安南将军、御史中尉。郦氏素有严厉威猛之称。汝南王宠爱其侍官丘念，常与丘念一道寝卧，且在选任州官时，听信丘念之词。丘念常隐匿于汝南王府第，一次在丘念回家途中，郦氏将其逮捕。汝南王赶紧奏请太后救丘念，朝廷果然下令赦免之。郦氏尽忠职守，向朝廷弹劾汝南王。那时，雍州刺史已有反意，汝南王等便借故劝说朝廷，派郦氏就任关右大使。果然，郦氏被造反者抓住，在阴盘驿亭遇害。郦氏一生好学，博览奇书。撰《水经注》40卷、《本志》13篇和《七聘》等文章。但他与兄弟不和，喜欢猜忌，当时的舆论都轻视他。"

各位，当你读完这段"酷吏传"后，还觉得郦道元是酷吏吗？我们好像读到了一个铁面包公，一个徒有酷吏之名而无酷吏之实的"酷吏"。看来，"标题党"古已有之呀！果然，在约100年后的唐高宗显庆年间，这个错误就得到了及时纠正。后人在编写同样属于二十四史之一的《北史》时，将北魏初年以来各朝官方史料《魏书》《北齐书》《周书》《隋书》等进行了整合，且不动声色地给郦道元平了反。在《北史》中，郦道元的传记不再属于"酷吏传"，而且内容进行了许多补充，特别是对《魏书》中反复强调的"为政严厉威猛"进行了更清晰的注解。比如，景明年间（公元500—503），郦道元任冀州镇东府长史。当时，冀州刺史是皇后之父，他正在外地打仗，冀州之事皆由郦道元全权负责处理达三年之久。在此期间，由于郦道元行政严酷，不仅官吏畏惧，奸诈小人和强盗也都纷纷逃离冀州，到别处作恶去了。后来，郦道元又被调往鲁阳郡代理太守，他向皇帝上奏，请求在鲁阳建立学校，崇尚并奖励教育。皇帝下诏说："鲁阳曾为南方边陲，故不立学校。如今情况已变，可以办学，使鲁阳也成王化之地。"郦道元在鲁阳郡期间，百姓佩服其威名，不敢违法。延昌年间（公元512—515），郦道元任东荆州刺史，他的作风仍像在冀州一样威猛。当地百姓就向皇帝告状，说他苛刻严峻，请求前任刺史回来复任。可待到前任回来时，郦道元和前任都因犯事而被罢了官。孝昌初期（公元525年左右），敌国梁朝攻打扬州，当时扬州刺史在彭城平叛，于是孝明帝命郦道元持节，指挥各路军马。他很快就在涡阳击退了梁朝军队，歼敌颇多。

关于郦道元与汝南王之事，《北史》描述得更清楚。原来丘念是汝南王的男宠，且经常干政，所以向来行事威猛的郦道元便侍机抓捕了丘念，并像包公斩陈世美那样，赶在朝廷的赦令下达之前，打了一个时间差，竟把汝南王的男宠给杀了，还不依不饶，竟以此为由检举汝南王。此外，郦道元生前的负面形象还有两个原因：其一，他行事过于严猛，以至众皆畏惧；其二，他在遵旨纠风时，未取得显著成绩，故声望大损。

好了，本该写成一篇郦道元小传，却被“酷吏门”给搅黄了。幸好，最终结果还算满意，毕竟在未做任何狡辩的情况下，让大家见证了一个伟大的地理学家。这无论是对他本人还是对后世读者来说都是幸事。不过，按常规，本回还得走马观花，介绍一下《魏书》和《北史》之外的郦道元。

非常奇怪，作为显赫的贵族后代，郦道元的出生时间竟然不详，我们只知道他是河北涿州人，从小与父亲一起经常游历各地山川风物，先后到过秦岭、淮河以北和长城以南的广大地区，考察过河道沟渠，搜集过风土民情等。郦道元的官场生涯始于公元489年继承其父爵位，但他的仕途并不顺利，首次被罢官就实属无辜。原来举荐他的李彪遭弹劾后，他就成了附带的牺牲品。几起几落后，郦道元在公元515年再次被长期罢官，长达9年之久。而正是在这宝贵的9年中，他结合数十年收集的现场资料和文字资料，完成了那部举世闻名的《水经注》。

公元524年，郦道元再次复出，可很快又不可避免地陷入了皇室内部的争权夺利之中，被搞得两面不是人。公元527年，皇室成员借刀杀人，命郦道元前往安抚叛军，他被杀身亡。最遗憾的是，一辈子爱水如命的郦道元最后竟因严重缺水而死。郦道元被叛军围困山顶，即使掘井十余丈，也没找到水源，自然不战而败。据说，在临死前，郦道元怒目而视，大斥叛军。可怜呀，郦道元的两个弟弟和两个儿子也一起被叛军所杀。直到一年后叛军被灭，郦道元才归葬洛阳。

第六十一回

唐僧秒变科学家，八戒悟空惊掉牙

神话小说《西游记》最大的特点就是“变”，几乎人人都会变。但若问你到底谁最会变，可能你就会猜错，哪怕你是《西游记》的铁杆粉丝。你也许首先猜到是孙悟空、二郎神或六耳猕猴等，因为他们都会七十二变。抱歉，不对，请再猜，往上猜！你也许猜到是菩提老祖，毕竟孙悟空的法术是由他传授的。抱歉，也不对，请再猜！你也许猜到是观音菩萨、玉皇大帝或如来佛祖等神仙大佬。但仍然抱歉，答案还是不对！告诉你吧，在整个《西游记》中，最会变的人物远在天边，近在眼前，他就是孙悟空的师父唐僧！真的，没瞎说，有事实为证。你看，其他人的变化都只是形变而神不变，悟空变小鸟后，那小鸟仍是悟空。但唐僧的变化则是神变而形不变。在取经前，他本是佛学家；在取经过程中，他变成了旅行家、探险家和哲学家；在取经回来后，他又变成了翻译家、思想家和外交家。最出人意料甚至足以惊掉众人下巴的是，在接受了唐太宗的任务后，唐僧口中念念有词，然后连身体都不用摇，就变成了科学家，准确地说是地理学家。

真的，没开玩笑，唐僧确实是一位名副其实的科学家。公元646年，由他口授、弟子辨机整理的《大唐西域记》至今仍是我国最著名的地理学巨著之一。该书体例严谨，文笔绚丽，简扼流畅，记载了他在取经途中的所见所闻，横跨两百多个国家和城邦，涉及从自然环境到社会概况的若干综合信息，特别是气候、物产、农业、商业、政治、经济、文化、语言、文字、货币、风俗、宗教、建筑、交通、婚丧、医疗、音乐、舞蹈、人物和事件等内容，从不同层面、不同角度和不同深度反映了西域的风土人情。该书是研究我国西北、古代中亚和南亚，特别是印度、

中国邮政发行的《玄奘》纪念邮票

尼泊尔、巴基斯坦、孟加拉国、斯里兰卡等历史的重要文献，甚至是研究古印度的必备经典，所以备受各国学者重视。除了众多中文版外，这部著作的英语、法语、德语、日语等译本也一直流传至今。即使在1300多年后，考古学家们还凭借该书，在印度境内陆续发现了鹿野苑、菩提伽耶、拘尸那迦、蓝毗尼等佛教圣地和古迹。印度的象征——阿育王柱也是根据该书的指引而发掘出来的。从科学角度看，该书把印度的天文、历算、医学、逻辑学等传入中国；从文学角度看，无论是记事还是写景，该书都妙趣横生，特别是其中的若干传说构思精巧，想象奇特，引人入胜，对后世文学产生了重要影响，以至激发明朝小说家吴承恩写出了四大名著之一的《西游记》。

看来，神话小说《西游记》中最大的神话不是各种神灵鬼怪故事，而是唐僧秒变科学家。欲知唐僧的科学家身份到底是如何炼成的，请读下面的《西游外传》。

隋文帝仁寿二年，即公元602年，在洛阳偃师的一个传奇之家诞生了一个传奇人物，他名叫陈祎，或陈炜，或陈袆。至今专家们还在为其俗名而争论不休，公说公有理，婆说婆有理。不过，其法名倒是准确无误，叫玄奘。为啥说唐僧的家族很传奇呢？这个家族在历朝历代都出了不少传奇人物。他的先祖是东汉名臣陈寔，素以“清高有德行”而闻名于世，成语“梁上君子”就出自陈寔感化小偷的故事。他的曾祖父曾任后魏山西长治太守。他的祖父以学优出仕北齐，任国子博士，食邑在洛阳，因此其子孙都在洛阳定居。他的父亲身高体壮，美眉朗目，博览群书，为时人景仰，曾为江陵县令。后来隋朝衰亡，他的父亲厌恶官场上的尔虞我诈，便立志隐居乡间，托病不出。父亲的这种厌世情绪也许在潜意识中对唐僧和其二哥都产生了重要影响。

唐僧从小就跟父亲学习儒家经典，“爱古尚贤”，养成了良好的品德。可人生无常，在他5岁那年，妈妈去世；在他10岁那年，爸爸也忧郁而亡。于是，二哥在第一时间就出了家。紧接着，唐僧也破格获批为和尚。其实，当时出家的门槛很高，朝廷规定的名额也很有限，只有特别聪明者才能考取“出家许可证”。出家后的唐僧随二哥一起在洛阳念了6年经。在隋朝灭亡的前一年，为了逃避战乱，也为了寻访名师，唐僧随二哥离开洛阳，在四川待了5年左右，研习佛学经典，学业大进，为人钦慕，更闻名于吴蜀荆楚等地。大约从20岁起，唐僧就开始游历全国各地，拜访名师，讲经说法。24岁那年，他在西安偶遇了一位来自印度的名僧波颇。此人不但教会了唐僧许多佛经，还激发了他的宏愿，他发誓要去印度求取真经，直探原典，以求统一中国佛学思想。可当唐僧上书朝廷时，却被无情拒绝，因为当时唐朝初建，边境管制很严。唐僧当然不死心，一直在寻找机会。三年后，由于西安连遭旱灾，朝廷准许灾民外出乞食。于是，唐僧就混在灾民中溜出西安，开始了漫长的取经之旅，其间所经历的各种艰难曲折虽不像《西游记》那样魔幻，但在某些方面比《西游记》更难。

仅仅是出国过程就让唐僧吃尽苦头。按规定，他的西行属于违法偷渡，甚至是死罪。所以，他到达甘肃武威时就被官方扣留，勒令返京。在本地和尚的帮助下，他连夜逃走，从此昼伏夜行，继续向西。当他到达瓜州时，官方通缉令早已先至，他果然又被扣押。但意外的是，当扣押者得知其想法后深受感动，竟暗中放他西去。原来这位扣押者也信仰佛教。后来，唐僧夜闯玉门关，走到五峰山时被守军发现，又被擒到了“第一峰长官室”。唐僧只好声泪俱下，哭述了西行目的。长官又被其宏愿所感动，不但亲自送他过了第一峰，而且写信给驻守第四峰的族兄，让他见信放人。更有趣的是，在过五峰期间，唐僧还真的碰到了“孙悟空”，而且此人真的与石头有关。此人姓石，名叫石磐陀，也是一位偷渡者。当他被唐僧偶然在破庙里发现时，竟吓得半死，生怕被唐僧举报，其实他压根儿就不知道唐僧也是一名偷渡者。为了与唐僧套近乎，这家伙赶紧下跪，拜唐僧为师。后来，当他得知唐僧要远赴印度求法时，心中的确曾十分敬仰，发誓要帮助师父，一起去西天取经。可仅仅几天后，他就变了心，不想随师父一起西行，反而生了歹意，因为他担心自己离开师父后，师父在冒险闯五峰时万一被擒招供，就会给自己带来杀身之祸。于是，一天夜晚，唐僧在半睡半醒中发现有人持刀逼近自己，定睛一看，原来是这个徒弟！但见这家伙在唐僧跟前犹豫不决，一会儿抽出刀，一会儿刀回鞘。唐僧吓得一动不动，因为他知道此时既不能厉声斥责，也不能乞求饶命，否则都会激起对方的杀心。最后，此人终未下手，并在次日早晨承认了自己的未遂恶行。唐僧只好将自己的良马送给他，让他回去，自己则骑着他的瘦马勇闯五峰。唐僧就这样经数擒数纵后，总算逃出了唐朝的控制范围，进入了境外西行阶段。

逃出唐地后，各种艰难险阻不减反增。首先给他下马威的便是恐怖的八百里大沙漠。这里四顾茫茫，天上无飞鸟，地上无水草，惊风拥沙，沙落无雨，水尽干涸，人困马乏。用《大唐西域记》中的原话来说就是：“沙则流漫，聚散随风，人行无迹，遂多迷路，四远茫茫，莫知所指，是以往来者聚遗骸以记之。乏水草，多热风，风起则人畜昏迷，因以成病。时闻歌啸，或闻号哭，视听之间，恍然不知所至，由此屡有丧亡，盖鬼魅之所致也。”但取经意志坚定的唐僧立下誓言：“不求得大法，决不东归一步。”另外，有些人的过分热情也险些切断唐僧的西行之路。当他九死一生到达高昌国时，国王派重臣远道迎接，连夜请入宫中，不但让他讲经，还请他为太后和王后等受戒。国王本人更是再三恳求他留居宫中，安享天年。唐僧坚决西行，国王诚心挽留。唐僧固辞不受，以至绝食三日，以死明志。最后，国王只好恭敬不如从命，在与唐僧结拜为兄弟后，赠其良马30匹、黄金一百两、银钱三万、衣食若干，足够他20年往返资用。国王又派士兵25名、侍者4人随同，最后才挥泪送唐僧出境。高昌国国王还亲自写信给沿途的友邦国王，请求关照唐僧。在这些书信的护佑下，唐僧顺利经过多国，一路平安到达了碎叶城。在奉上国王书信及绫绢等礼品后，碎叶城的可汗又如法炮制，提笔给沿途24国的国王写信，并安排使者护送唐僧出境。

西行当然不会如此顺利，因为国王的书信并非总是管用。唐僧一行在翻越某座大雪山时，冰雪漫天，以至国王安排的大部分随从和马匹全被冻死，仅剩两位使者陪唐僧走出了鬼门关。唐僧在横渡恒河时遇到了奇怪的盗匪，他们不劫财，不劫物，而是要劫人。他们每年中秋都要杀掉一名美貌者祭神，于是便看中了自己送上门来的唐僧。就在匪人执刀欲杀之际，但见唐僧毫无惧色，端坐合掌，闭目诵经，巍然不动。匪首被感化，叩首皈依，愿受五戒，改恶向善。终于，历经4年左右的漫漫长征，30岁的唐僧总算到达印度，进入了取经第一站，并在这里进修5年。他接着又遍游印度全境的重要寺庙，拜访了众多得道高僧。在此期间，他的佛学修为突飞猛进，以至享誉印度全境，备受尊崇。

游学结束后，唐僧用大象驮着梵文贝叶经520包，启程北上归国。回程期间，又是惊险不断。在横渡印度河时，突遇风浪翻船，50包经书落水。唐僧只好就地停留50天，直到过河重新抄回遗失的经文。在翻越帕米尔高原时，他再遇劫匪，幸好经善说劝导，始得放行。当终于到达于阗国时，又遇好客国王，非要留唐僧讲经度众。于是，唐僧只好一面遵命讲经，一面向唐朝皇帝上表，报告行踪，并表示愿意听候朝廷对自己当年私逃的发落。唐太宗见表，高兴万分，不但赦免了他的偷渡之罪，还立即下诏，令宰相房玄龄亲自安排前往迎接。这样，43岁的唐僧终于在公元645年1月25日，在往返约17年，走过128个国家，行程十万余里后，顺利回到了长安。

《玄奘取经图》（发现于山西稷山县青龙寺）

正在洛阳指挥打仗的唐太宗迫不及待地接见了唐僧。两人问答不绝，交谈了一整天，直到“帝现倦色”，暮鼓已响，唐僧方才辞出。可难题马上就来了，原来唐太宗力劝唐僧还俗从政，辅佐朝廷，陪驾东征。作为戒杀生的出家人，唐僧当然坚辞不从。后来，唐太宗和唐高宗又先后多次希望唐僧还俗从政，结果都被拒绝，唐僧甚至不惜以死抗命。皇帝们为啥对唐僧如此重视呢？这当然与佛经无关，原来皇帝们急需“西域通”来帮助自己开疆扩土，唐僧自然最合适不过了。不过，懂得妥协的唐僧还是同意退两步：其一，同意不躲进深山，而是留在长安，以便皇帝随时召见；其二，在加紧翻译经文的空隙，口述取经途中的所见所闻，然后由弟子辨机记录整理成《大唐西域记》。一年后，此书完成。此后，唐僧便全力以赴翻译佛经，昼夜不停。他三更眠，五更起，黄昏还给众僧讲演新译经论，解答问题。如此寒来暑往，从不间断。50岁那年，唐僧表奏朝廷，请求建造大雁塔以储藏西天经像。公元663年10月23日，在译完《大般若经》600卷后，唐僧感到体力不支，难以执笔译经，从此专事修持。至此，他译经19年，共译出各种经论1335卷，开创了中国翻译史上的新纪元。他的译著数量之巨，译文之精美，内容之完备信达，远超前人。公元664年2月5日夜半，唐僧安然圆寂，终年62岁。

第六十二回

能文能武能绘图，敢辞敢就敢吃苦

唐朝是国人最自豪的朝代，而开元盛世又是唐朝的全盛时期。在此期间，我国古代的综合国力达到顶峰，商业发达，城市繁华，交通便捷，内外贸易十分活跃，社会空前繁荣。政治上，改革吏治，重用贤臣，律法开明，行政高效。经济上，解放生产力，减轻国民税负，大力发展农业生产，财政收入大增。军事上，改革兵制，发展边境屯田，扩张疆域，首次将今天的东北三省全境纳入中国版图。文化上，重道抑佛，重视人才，重视教育，重视改善民族关系。

在如此大好形势下，开元十八年（公元730年），在沧州南皮县的一个官宦世家诞生了一个已说不清是官几代的大胖小子。他名叫贾耽，字敦诗，别称贾魏公或贾元靖。他后来获得的爵位是魏国公，去世后被皇帝追封的谥号是元靖。正如其名所暗示的那样，贾耽的特点就是"耽"，即干啥事都容易入迷，总是沉溺于自己感兴趣的事务中。这不，刚刚呱呱坠地，这小子就被自己的家世"耽"上了。先祖们真是一个更比一个牛呀！特别是他的二十一世祖贾诩绝对是三国迷们崇拜的偶像，此君"奇谋百出，算无遗策"，是曹魏当之无愧的开国元勋。想当年，三国名将张绣用其计，两次打败曹操；曹操用其计，决胜于官渡；曹操不用其计，赤壁之战惨败；曹操用其离间计，一举平定关中；曹丕不用其计，匆匆伐吴，果然无功而返。贾耽之所以生于沧州，是因为其七世祖在担任后周秘书监期间，为逃避战乱，迁居到此，从此子孙后代便在这里繁衍生息。曾祖官至德州长河尉；祖父官至沁州主簿，获赠扬州大都督，祖母获赠博陵郡太夫人。父亲虽未做官，但仍因满腹经纶而备受朝廷青睐，以至获赠尚书左仆射，母亲也获赠齐国太夫人。

生长在如此的家庭环境里，他不想当官都很难。贾氏大家族的牛人更多。就在贾耽5岁那年，他曾祖父的四弟又高中开元二十三年的乙亥科状元。于是，整个大家族中又掀起了一股你追我赶的新高潮。无论长幼，大家都相互激励，争相在科举场上一马当先。从小就喜欢读书且博闻强记的贾耽当然不肯落后。长话短说，贾耽凭借自己的聪明才智，在科举场上一路过关斩将，所向披靡，秀才、举人压根儿就不值一提。刚满22岁时，他就冲上了科举顶峰，以"通晓两经"高中进士，从此步入官场，开始了青云直上的仕途，最终官至宰相。他历经唐玄宗、唐肃宗、唐代宗、唐德宗、唐顺宗和唐宪宗六朝。

当然，贾耽的官场生涯也难免危机四伏，不过他总能变"危"为"机"，或从"危"中发现"机"。在他刚入官场的第四年，安史之乱爆发，人口大量丧失，国力锐减，社会混乱，藩镇割据，税负加重。总之，此后唐朝便走上了由盛转衰的不归路。面对如此危局，身为小小芝麻官的贾耽却考虑起了只有皇帝才该考虑的大问题，那就是边疆不稳该咋办！为了平定内乱，朝廷不得不将边疆的重兵调入内地，从而造成防务空虚。果然，吐蕃很快乘机而入，尽得陇右、河西走廊等地。作为底层文官，贾耽虽无力稳定边疆，但抓住了一个战略命脉，那就是赶紧画地图，画出完整的世界地图，这样就可为今后收复失地、确保领土完整提供铁证，还可作为对外宣示主权的重要依据。另外，详细完整的地图也有利于平定内乱和国家综合治理。当然，贾耽也清楚这是一项相当浩大的工程，不可能由少数人在短期内完成。从此以后，他就成了绘制地图的有心人，开始利用一切机会，有意识地积累各方知识。

首先，尽快锁定绘制地图的理论和技术。这对聪明绝顶且从小就喜欢地理的贾耽来说简直易如反掌，他通过阅读众多古籍，很快就看中了此前约500年由晋代地理学家裴秀提出的地图绘制六原则，即所谓的“制图六体”。

其次，尽可能全面准确地收集最新的地理素材。这项工作相当艰巨，几乎耗费了贾耽一生的业余时间。为了完成夙愿，他曾以健康为由，先后8次向两位皇帝请辞宰相之职，可屡次被拒，最终也未能获批。实际上，自从安史之乱后，无论因公还是因私，只要遇到外国使节和商人，贾耽都会仔细打听各国山川地形、地理沿革和风土人情等信息，然后分门别类加以整理。当然，这在很大程度上得益于唐朝的开放政策，使他能通过多种渠道接触到大量外国人士。若遇游历甚广的商人和少数民族遗老等，他也会主动向他们了解相关地理信息。他在阅读民间传说和谚语故事时，也会留意记录，汲取精华，去伪存真。此外，只要稍有空闲，他就会步行、骑马或乘船进行实地测量，确定地理方位，记录相关数据，绘制阶段性局部草图。

花开两朵，各表一枝。贾耽一边积极准备绘制世界地图，一边做一个德、贤、能兼备的好官。步入官场仅6年后，他就荣升清河县“公安局长”（县尉），后又平调到山西新绛县任“公安局长”。书中暗表，古代官名太复杂，而且贾耽一直都在不断升官，不断变换官名，因此，虽然我们明知本回是科学家小传，但无法忽略其中的各种官职。在尽量淡化官味的前提下，在实属无奈处，有时也只好在加注了官阶后直呼官名，各位不必硬行与当前官名精准对应，希望此举不会增加阅读难度。唉，谁叫贾耽的第一职业是当官呢，谁叫他的官场生涯与科研生涯又难解难分呢？实际上，他能绘出世界地图在很大程度上受益于他的官职，这一点将在随后得到验证。

贾耽确实是官场“潜力股”，其“官迹”一路飘红，经常“涨停”，几乎从未下跌。刚刚调任山西，他就因善于处理日常政务而得到“太原市长”的赏识，并被升任“太原市秘书长”（度支判官），后升任从六品的大理司直、监察殿中侍御史。31岁时，贾耽升任从四品的“太原市常务副市长”（太原少尹）；43岁时，又升任四品官阶的汾州一把手（汾州刺史）；49岁时，再升任从三品的鸿胪卿兼左右威远营使，负责接待外国使节，安排唐朝的出使和归臣工作。因此，他有意识地借机收集了大量外国地理和地图信息，为绘制世界地图添了砖加了瓦。

至此，贾耽还只是一个文官，他将马上摇身一变，拿起枪杆子成为武官，还是常胜将军式的武官。在他49岁那年，山南东道节度使梁崇义起兵谋反，贾耽临危受命屯扎谷城，领兵沿江东平叛。他略施小计，就轻松攻下了江汉，夺取了均州。在打仗期间，他趁机亲身体验了地图的重要性和使用方法，同时也摸清了当前地图的优缺点。当然，从官场角度看，贾耽又因荣立军功，被加封为从一品的银青光禄大夫。在52岁时，他接替叛将梁崇义之职，成为山南东道节度使。贾耽在战场上既能担任主攻手，也能担任副攻手。53岁时，他心甘情愿地担任同级官员的副手，顺利完成了应援招讨副使的任务。贾耽既能唱主角，也愿跑龙套，还能在纷繁复杂的局势中看清方向。实际上，当时的唐朝内战已打成了一锅粥，一会儿平叛者成了叛将，一会儿叛将又与朝廷和好，敌友界线早已模糊不清。在贾耽54岁那年，唐德宗被迫逃到山南西道躲了起来。这时，手握重兵的贾耽为了不被猜疑，赶紧派下属樊泽前往拜见皇帝，一是表示忠诚，二是想探听朝廷的动向。樊泽面见皇帝回来后，本来就关爱下属的贾耽自然会为樊泽办个接风宴会。就在大家欢天喜地、推杯换盏之际，突然朝廷送来急件。贾耽一看，原来朝廷命樊泽接管自己的兵权，同时命自己到奉天待命。为了不影响宴会的气氛，贾耽暂时封锁了该消息。宴会一结束，他就严肃地宣布了命令。哪知猛将张献甫忿忿不平，当众质问樊泽，怀疑他在皇帝面前说了坏话，为自己谋了私利。他甚至要挥刀砍杀樊泽。冷静的贾耽赶紧制止，并表示坚决支持樊泽，迅速交出了兵权。为了让樊泽能顺利履职，贾耽当天就离开辖区，前往奉天，还带走了猛将张献甫，替接班人樊泽解决了难题。

爽快交出兵权，圆满通过落难皇帝的考验后，贾耽又经历了一连串令人眼花缭乱的调任。各位若要见识当年朝廷到底都设有哪些官职的话，也许看看贾耽的履历表就行了。55岁时，贾耽兼御史大夫、东都留守、判东都尚书、东都观察使、汝州防御使； 56岁时，又因讨伐李希烈有功，被加任东都畿唐、汝、邓都防御观察使，同年任检校尚书右仆射兼滑州刺史，再任义成军节度使、郑州和滑州的观察处置使等； 64岁时，任尚书右仆射、同中书门下平章事，而后转任左仆射，依前平章事，迁检校司空。最后，他终于登上人臣的最高官位，正式成为大唐宰相，“朝廷为之宝，国家为之重，天下以之信向，蛮夷以之怀来”。一句话，各方面对贾耽都很满意。唯一的不满意就是贾耽自己对自己不满意，因为他还有一件重要的事情想做，却一直没时间做，那就是绘制世界地图。从66岁起，可怜的贾耽宰相就走上了面向皇帝的漫漫“上访”路，其唯一诉求就是请求辞职。他刚开始的理由是“年老眼疾”，后来又加重为“视听不逮”，再后来又“健康每况愈下”“渐不支持”“形神消耗”。贾耽把自己平生的全部文字功夫都用上了，把病情的严重性描述得不能再严重了，但皇帝坚决不同意。

辞职无望的贾耽只好一边做宰相，一边组织科研团队绘制梦想中的地图，同时也充分利用宰相之职，收集尽可能多的素材。按当时的传统，朝廷对各级行政区的地图绘制都有明确规定，要求以州府为单位绘制地图，每三年上报一次。这些最新的区域性地图都被贾耽派上了用场。这样，终于在71岁那年，老眼昏花的贾耽拄着拐杖，战战兢兢地向皇帝呈上了自己一生的科研心血：我国首套双色世界地图《海内华夷图》及其详细的文字注释《古今郡国县道四夷述》。面对这幅大型世界地图，唐德宗颇为感动，但仍舍不得批准他辞职。无奈的贾耽只好“余热未尽献，老骥不偷闲”，在去世前一年撰成了最后一批地理学著作《皇华四达记》等。其中记载的唐朝对外交通情况，特别是贯穿南海、印度洋、波斯湾和东非海岸90多个国家的丝绸之路的情况成了后世研究唐朝地理历史的重要资料。

公元805年10月1日，宰相贾耽在家中病逝，享年75岁。为此，唐宪宗辍朝四日，册赠太傅，谥号“元靖”。43年后，贾耽的画像被绘于凌烟阁，这意味着他成了整个唐朝最杰出的人物之一。

第六十三回

无名英雄宾叔蒙，研究潮汐立头功

本回主角名叫窦叔蒙，男，汉族，浙东人，大约生活在唐肃宗时期，是流传至今的全球最早的潮汐学专著《海涛志》的作者。

伙计，别嫌上述介绍太啰唆。除了这几句话之外，翻遍所有史料，就再也没有发现他的生平信息了。咋办呢？如何给他写科学家小传呢？不能像其他传记那样，只是简要介绍《海涛志》中的相关学术内容。我们认为：一方面，今天的普通读者不会对潮汐学专著感兴趣，即使想了解潮汐科普知识，也无须查阅古书；另一方面，《海涛志》是1300多年前的专著，在今天看来，它已过时或不够严谨，其中内容几乎都是“知其然，而不知其所以然”。流传至今的《海涛志》与其原著也许已有较大出入。实际上，《海涛志》问世后也算是命运多舛。在作者生活的唐朝，它几乎只是一部人们在私下流传的著作，以至其作者也因此而默默无闻，没留下任何生平事迹。直到300多年后，《海涛志》才首次“冒了一个泡”。宋朝的欧阳修在编撰《集古录》时记载了《海涛志》的6章篇名，但对其内容只字不提。从此以后，人们才知道果真有《海涛志》这本奇书。又过了800多年，直到清朝乾隆四十六年，传说中的《海涛志》终于重见天日。清朝学者俞思谦在编撰《海潮辑说》时辑录了欧阳修提到的那6章内容。但是，俞思谦辑录的这6章内容到底来自哪儿呢？不知道！是不是《海涛志》的原文呢？不知道！是否全面、完整呢？仍然不知道！不过，今天至少知道俞思谦的辑录工作确有瑕疵，比如他遗漏了东汉王充关于潮汐的论述。又过了20多年，直到嘉庆年间，《海涛志》才总算首次进入官方史料。清廷在编修《钦定全唐文》时终于收录了《海涛志》的第一章，却未收录其余5章。这是啥原因呢？是对其他章节的来源有疑问还是受篇幅限制呢？答案仍不知道！幸好，《海涛志》的第一章是总论，正确指出了潮汐的关键成因，指出了潮汐和月亮间的密切关系，特别是相应的时间规律。因此，即使随后5章的某些内容与原著有少许出入，窦叔蒙作为全球潮汐学奠基人的地位也不容置疑，也称得上中国古代最伟大的科学家之一。

好了，现在问题来了。若要给窦叔蒙写小传，到底写什么呢？按常规写生平事迹吧，没内容可写，我们绝不想编造诸如他如何坐在海边望着潮汐冥思苦想之类的故事。若介绍其科研成果中的精华部分吧，无论如何也很难让现代读者找到高大上的感觉，毕竟已经过去1000多年了。经反复考虑，我们打算换个思路来逆向处理该难题，即通过全新的手段来努力实现编写科学家小传的预定目标：既要纪念科学家，感谢他们为人类做出的杰出贡献，也要了解科学家，向他们学习，

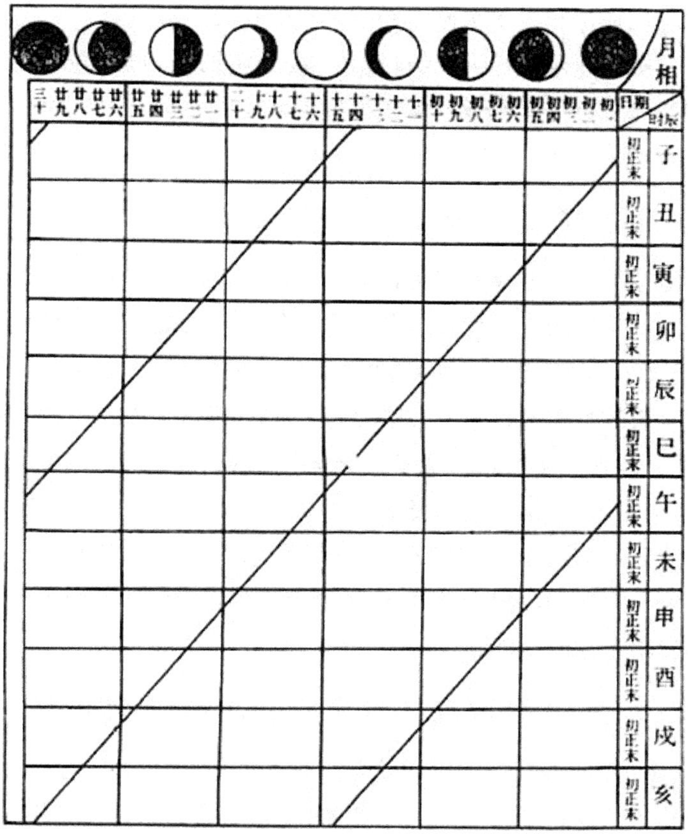

窦叔蒙涛时推算图（复原）

甚至争取今后也成为科学家。为此，我们将把本回的撰写任务当成一个科研课题，在某些合理假设下，与大家一起扮演福尔摩斯，努力考证窦叔蒙的相关事迹。在形式上，本回也将模仿学术论文，不过仍将保持浅显易懂的风格。

特别提醒，本回的阅读重点不在于相关的侦探结果是否重要或是否正确，而在于用实际案例展示了一条完整的逻辑推理链。而这样的逻辑推理程序在所有科研活动中都必不可少，这样的逻辑推理本领对所有科学家或想成为科学家的读者来说都是不可或缺的基本功。

假设一：窦叔蒙是潮汐迷，他对知道的潮汐都要进行仔细研究，还要将其成果写进《海涛志》。虽然该假设基本上是常识，但其合理性还是可用反证法来加强的。虽然如今人们已知潮汐缘于月亮和太阳等对地球的万有引力以及地球的离心力，虽然人们已知潮汐的影响因素还有海岛、海岸、海洋深度等，虽然人们可动用最先进的现代理论和技术来研究潮汐，虽然历史上开普勒、伽利略、牛顿、拉普拉斯、开尔文和达尔文等大神级科学家都对潮汐进行过潜心研究，但到目前为止，仍没有任何一个人能仅凭计算或推理就精确知晓某个海域的潮汐表现，而必须辅以必要的现场勘测和观察。

结论一：窦叔蒙在海边的活动范围仅限于东海地区。

证明：这是因为窦叔蒙在《海涛志》的第二章中研究潮汐数目时咬定每天都有两次高潮和两次低潮。用今天的专业术语来说，这就是“半日潮”。但实际情况并非如此。比如，在秦皇岛、汕头和北部湾等地区，每天其实只有一次高潮和一次低潮。用今天的专业术语来说，这就是“全日潮”。而在南海的多数地区出现的是“混合潮”，即在一个月内的某些日子会出现两次高潮和两次低潮，而在另一些日子则只会出现一次高潮和一次低潮。比如，在榆林港，每月将有15天出现“全日潮”，其余日子则出现不规则的“半日潮”。换句话说，若假设一成立，窦叔蒙就未见过“全日潮”和“混合潮”，因此他就未到过渤海和南海地区，即他在海边的活动范围仅限于东海地区。

结论二：窦叔蒙很可能是舟山人或宁波人，前者的可能性更大。

证明：虽然本回开篇就说窦叔蒙是浙东人，但翻开中国地图就会发现浙东的范围其实很广。下面将步步为营，逐渐缩小包围圈，最终锁定结果。

第一步：基于假设一，考虑到1300多年前的原始交通状况，窦叔蒙在研究潮汐期间，很可能居家于浙东地区的一个容易看到潮汐的地方。因此，按现在的行政区域划分，他的家很可能就在杭州、绍兴、宁波、舟山、台州和温州等城市的水边。该范围虽远小于浙东，但仍显太大，还需再继续压缩。

虽然由结论一可知窦叔蒙并非旅游爱好者，但为了猜测他到底是哪里人，还必须再对其社交程度提出如下合理假设。

假设二：如果窦叔蒙居住于某个城市，那么他就该知道该城市所有水域的潮汐情况。该假设的合理性有二：一方面，他既然是潮汐迷，就会主动打听或了解周边的潮汐情况，甚至前往周边地区实地观察，而不该只待在家门口，望着眼前的大海发呆；另一方面，即使仅凭双脚走路，一个人一辈子把自己家乡的潮汐摸清楚也并非难事。基于该假设，我们马上就可以大幅度压缩窦叔蒙的活动范围。

第二步：窦叔蒙不是杭州、绍兴、台州和温州等地的居民，因此，他更可能是宁波人或舟山人。这是因为潮汐在河口和海边的表现形式相差很大。比如，河口潮汐有时更汹涌，给人的印象更震撼，其计数、强度、时间等方面的规律更隐蔽，且不同河口的潮汐表现形式各不相同，甚至同一河口的不同位置的潮汐也有很大差别。反观《海涛志》中给出的许多潮汐规律，显然不适用于河口潮汐。窦叔蒙甚至连最著名的钱塘潮都未提及，因此有理由假设他没见过河口潮汐。而根据假设二，再加上在杭州、绍兴、台州和温州都可以看见河口潮汐（比如杭州附近的钱塘潮、绍兴附近曹娥江的河口潮、台州附近灵江的河口潮、温州附近欧江的河口潮等），所以再结合假设一就知道窦叔蒙未到过杭州、绍兴、台州和温州等地，因此，他更有可能是宁波人或舟山人。

第三步：再翻开地图看看宁波和舟山的地理位置，不难发现宁波的潮汐情况会受到舟山岛的影响，相应的潮汐规律也会在一定程度上被打乱，而舟山东边是更好的观潮处和隐居处。另外，舟山与外界隔绝，生活在这里的人未到过杭州等地的可能性更大，因此，窦叔蒙在舟山完成《海涛志》的可能性更大。

作为上述第三步的额外旁证，此处顺便回答一个问题：为啥中国古代的潮汐研究远远领先于欧洲？在回答该问题前，先回忆一下窦叔蒙生活的时代之前中国古代的潮汐研究情况。早在公元前5世纪，《易经》中的坎卦就暗示了月亮和潮汐的关系。早在公元前2世纪，我国就有关于潮汐的明确文字记载了。比如，《七发》一文提到：农历八月之望时，能看到壮观的海潮。早在东汉时期，人们就开始用科学方法解释潮汐现象。比如，王充曾在《论衡》中指出“涛之起也，随月盛衰”和“潮汐作涛，必符于月”。早在三国时期，吴国的严畯就撰写过一部潮汐学专著《潮水论》，可惜此书已失传，仅在《三国志·严畯传》里保存了一个篇名，否则本回的主角就该是严畯了。早在晋朝，潮汐与月亮间的量化关系就已被揭示。西晋的杨泉在《物理论》中指出：“月，水之精；潮有大小，月有盈亏。”东晋的葛洪在《抱朴子》中也说：“潮者，据朝来也；汐者，据夕至也。”他还基本正确地解释了钱塘潮的成因。早在唐朝中早期，封演就在《封氏见闻记》中记载了自己对半日潮的部分观察结果。

其实，中国古代的潮汐研究领先于世界的原因类似于“在舟山完成《海涛志》的可能性大于宁波”。一方面，我国近海的潮汐现象相当明显，尤其是以钱塘潮为代表的浙江潮汐更容易引起注意。反观欧洲，地中海的潮汐现象较微弱，也许未引起早期欧洲人的关注。另一方面，中国的历法很早就采用了与月亮相关的农历，因此观潮者自然容易将潮汐、时间和月亮联系起来。欧洲主要采用基于太阳的历法，虽然潮汐也与太阳有关，但其关联很弱。所以，即使有欧洲人注意到潮汐现象，他也很难将潮汐、时间和太阳间的关系梳理出来。人们可以用肉眼观察月相，而太阳则不能直视，这又为欧洲古人设置了一道难关。

结论三：窦叔蒙是与李白同时代的隐士。

证明:《海涛志》的第五章其实不靠谱，因为它竟用日月运行来虚拟君臣关系。不过，此章提到的当朝皇帝是唐肃宗，因此，有理由认为《海涛志》完成于唐肃宗在位的公元756年至762年之间。而李白是在公元762年才去世的，因而，在李白去世前几年，窦叔蒙肯定还活着。李白生活时代的最大特点之一就是盛产隐士，而对照窦叔蒙的表现，他几乎就是一个活脱脱的隐士。比如，像李白一样，他不愿留下任何生平事迹；像黄石公那样，他也给后世留下了奇书；像诸葛亮那样，他也具有超凡学识。《海涛志》第二章和第三章中的许多精准预测和量化研究绝非一般状元所能胜任，研究者至少要精通历法、数学、天文等。此外，也许只有真正的隐士才愿意耗费如此大的精力去研究潮汐这种在当时看来完全无用的东西。

好了，有关无名英雄窦叔蒙的小传就暂且写到这里，也只能写这些了，但愿大家满意。

第六十四回

入道神仙闲不住，翻山越岭不怕苦

说起神仙，许多人（包括修仙者本人）都容易产生两大误会。一是人们大多以为神仙不食人间香火，不管人间事务。其实不然，只要你留意观察，哪个庙里的香火不是来自人间信徒呢？哪件难事不麻烦神仙帮忙？生儿得麻烦送子娘娘吧，发财得麻烦关公吧，诸事不顺得麻烦观音菩萨吧。除了这些民间小事外，某些闲不住的神仙还得为更大更多的事情操心呢。比如，本回主角就是这样一位闲不住的神仙，无论是科研还是国家大事，只要有机会，只要能做，他就会殚精竭虑。二是人们都以为神仙干事很容易，无论什么难事，都只需口中念念有词，然后大喊一声“变”，就想啥来啥，瞬间搞定。其实不然，你看本回主角仅仅为了绘制一张大型全国地图，就得跋山涉水，访贤问道，辛苦了整整20年。所以呀，伙计，其实神仙并不好当。

好了，上面只是为了逗你一乐，下面有请本回主角登场。

话说忽必烈取《易经》中的“大哉乾元”之意建立元朝后，决定正式发动吞并南宋的最后一战。可哪知此消息传到凌霄宝殿后，玉皇大帝说：“人间之事，何必咱管！”急得那传信神仙抓耳挠腮，无计可施。结果大元军队将南宋咽喉重镇襄阳和樊城围困了三年多以后，南宋皇帝才在形势一片大好的颂歌声中偶然得知了此等噩耗，本想派援兵解围，但为时已晚。1273年，樊城失守，襄阳城破。那传信神仙一看，这下可急了眼。他心想：“玉皇不管，宋皇不痛，宋臣不痒，该咋办呢？本小仙不能坐视百姓无辜受苦。”说时迟，那时快，只见这小仙一个跟斗就从南天门上跳将下来，投胎到江西抚州的一个书香之家。他的俗名叫朱思本，字本初，号贞一。

可惜，这小仙下凡仍显太晚。就在朱思本两岁那年，他的家乡被元军占领，全家人不得不躲入深山。在他6岁那年，南宋终于被元军彻底推翻，元朝统一了中国。其实，南宋的遗民对前朝还是很有感情的。朱思本一家就长期笼罩在亡国之痛中，长辈们都抱着与新朝不合作的态度，所以家道迅速衰落，以至生活贫苦。朱思本自然也得“穷人的孩子早当家”。其实，朱家世代颇有当官基因。他的爷爷当年以科举入仕，任南宋淮阴县令。他的父亲也是读书人，本来有望当官，只是南宋末年形势太乱。而进入元朝后，父亲又坚持“宁做西山隐士，也不为朝廷服务”的家训，故终生未做官。

得益于祖传的大量经史书籍，朱思本受到了良好的早期教育，掌握了众多儒道知识。但由于整个家族弥漫着厌世情绪，再加上他钟爱地理，喜欢周游天下，所以，他很早就立志要当“神仙”。从天时上看，元初的压抑氛围确实是催生“神仙”的灵丹妙药。从地利上看，小朱家附近的龙虎山本来就是著名的仙山，更是道教正一派的大本营。从第四代张天师起，历代张天师就在该山传教。从人和上看，小朱的优势更突出，他的一位远房亲戚张留孙就是第36代张天师张宗演的得意弟子，也算是一位“大神仙”吧。

从8岁起，小朱就经常随同父亲拜访张留孙，希望看在实在亲戚的份上，待小朱长大后能成为他的弟子。14岁时，小朱如愿以偿，师从张留孙，在龙虎山潜心读书，不久便成为当地的著名道士。朱道士本以为龙虎山就是最终归宿，可哪知命运跟他开了一个不大不小的玩笑。他在26岁那年不得不以道士身份为元朝服务，为元朝的那位他最不想为之服务的人忽必烈服务，还是近身服务。忽必烈虽对南宋遗民不咋的，但对南宋的道士关爱有加。他曾多次在皇宫里召见第36代张天师，进行了长时间的谈话。后来，张天师受皇命主领江南道教，随行的张留孙被封为上卿，获赐宝剑一柄，领授玄教宗师，并留在大都负责筹建和管理皇家道观崇真宫。于是，张留孙就把自己的大弟子吴全节调入大都当助手。可人手还是不够，最后他只好一咬牙，又将朱思本调入大都担任助手的助手。为啥要咬牙呢？因为他明知朱思本不想为元朝服务。朱思本得到指令后十分纠结：不去吧，有违师父的旨意；去吧，又违背了父辈的意愿！唉，思来想去，最后他还是听命于师父。不过，为了表示自己的决心，他在离开龙虎山去大都前写下了一首诗：“胡为舍此去，乃与尘俗萦。人生有行役，岂必皆蝇营？”该诗的大意是：去虽去，但决不做蝇营狗苟之人，更不追求名利和权势。

由于那时既没飞机也无高铁，朱思本更不会腾云驾雾，所以，他只好依靠双脚，老老实实地向大都长征，“登会稽，泛洞庭，纵游荆襄，流览淮泗，历韩、魏、齐、鲁之郊，结辄燕、赵，而京都实在焉”。虽然一路走下来很辛苦，但他将这次长途跋涉变成了地理和社会综合考察之旅，重点研究了“山川风俗，民生休戚，时政得失，雨潮风雹，昆虫鳞介之变，草木之异”。在此期间的地理学研究成果将在20多年后与随后的其他地理考察成果一起被他绘制在代表作《舆地图》中，此处暂且按下不表。他在江浙一带看到百姓经常遭遇大水，灾民流离失所，死者不可胜数，便仰天叹曰：“良田没巨浸，鱼鳖为鲜食。壮健多流亡，老弱转沟渠。”一叹刚完，马上又接着二叹，因为他看到了更惨的景象。（“死者十七八，存者多飘零。流尸日夜下，水气为之腥。”）原来当年东吴遭遇了特大洪灾，“太湖涌波高百尺，夏秋之间阴气凝，十旬风雨韬阳精。吴江浙水不复辨，仿佛蓬莱眼中见。漫天巨浸十六州，良田茫茫蟠蛟虬”。大水之后，扬州一带又遭旱灾、蝗灾和瘟疫等。朱思本束手无策，只能一叹接着一叹。关于去年春旱的情况，他说：“去年春旱天无雷，种不入土心已摧。夏秋日色烈如火，万里良田俱草莱。”关于今春的蝗灾，他报道说：“今春雨滑动犁锄，忍饥力作交相呼。奈何螟虫蔽天起，所至草木无遗余。捕蝗作食已云恶，疫疠无端扇余疟。死亡枕藉无人收，赖有王官为掩骼。”除了天灾，还有人祸。他发现“守令肆豺虎，里胥剧蝗螟”，又发现“见说田家更憔悴，催科随处吏成群”。总之，在一连串无奈的叹息后，朱思本来到了大都。

光阴似箭，日月如梭，转眼间若干年过去了。就在朱思本34岁那年，吴全节被授为玄教嗣师，负责祭祀五岳四海等名山大川，同时负责驿传皇命教旨。朱思本作为他的助手，自然也得跟着他在全国各地奔走。于是，他借机考察地理，为绘制《舆地图》积累了更多的素材。在朱思本37岁那年，宰相李孟见他德才兼备，便力劝他返儒入仕。但朱思本哪有半点凡心，自然婉言谢绝，并从此开始了长达10年的、几乎全职式的地理考察活动。从名义上看，朱思本是在代天子祭祀名山大川，同时也受朝廷之命，承担“质诸藩府，博采群言，随地为图”的任务。虽然该任务很艰苦，但正合他的心意，因为他一直就想重绘地图以纠正前人之错。于是，朱思本打响了绘制《舆地图》的最后三大战役。

第一场战役是实地考察。为此，朱思本走遍了河北、山西、山东、河南、安徽、江苏、浙江、江西、湖北、湖南、广东等地，每到一处“往往讯遗黎，寻故道，考郡邑之因革，核山河之名实，验诸滏阳、安陆石刻《禹迹图》、樵川《混一六合郡邑图》”。他严格按照五字诀“讯、寻、考、核、验”进行考察。其中“讯”是指向当地父老乡亲询问古迹和传说等，男女老幼皆问；“寻”是指寻找遗迹，连险要的山川也要去；“考”是指考证郡县的沿革，包括人物、土产、风俗的变迁等；“核”是指核实山川之名，道路远近皆至；“验”是指根据实地考察校验古地图，绝无半点马虎。朱思本果然发现“前人所作，殊多乖谬”，因而更坚定了重绘地图的决心。

第二场战役是搜集资料。为此，朱思本反复研读了古人的众多著作，同时也利用朝廷授予的“随地为图”和“质诸藩府”等职权，广泛征集时人的许多新著，还查看了许多地方政府所藏的地理资料、档案和方志等。此外，除汉文资料外，他还阅读了大量藏文著作，并取得了一项重大地理发现，即基本上弄清了黄河的源头、流向和长度等。

第三场战役是研制绘图方法。为此，朱思本发扬光大了几乎被人们遗忘的“计里画方”之法，使之在随后的元明两朝中盛行了近400年，直到明末才被西方传入的经纬绘图法所替代。

经过多年积累，朱思本终于在47岁那年完成了堪称古代地图精品的、元明及清初各代绘制全国总图之范本的《舆地图》。该图的价值非常明显。从实用角度看，它的内容详细，轮廓精准，以中国为主，外国为辅，首次系统地使用了图例符号。从国家主权的角度看，它将南海的诸多岛屿标绘为中国领土，从而为我国拥有南沙群岛的主权提供了真实的、科学的历史依据。从地理学角度看，它首次把非洲大陆标绘成一个向南伸展的三角形。另外，它首次准确地画出了黄河的正源，这与现代勘察结果高度吻合。

更加难能可贵的是，朱思本以科学态度对自己的《舆地图》给出了客观评价。对于自己实地考察过的地方，他充满信心地说道：“其间河山绣错，城连径属，旁通正出，布置曲折，极致精到。”而对于自己没有去过的地方，他则持谨慎的保留态度，并坦承“言之者既不能详，详者又未必可信”。除《舆地图》之外，朱思本其实还取得了其他一些地理学成果。他以元代政区为框架，编撰了全国总志《九域志》80卷。此书在方志学中至今仍占有重要地位。

在朱思本49岁那年，张留孙去世，他也离开大都，前往苏州担任玄妙观住持。不久，他又被调到南昌玉隆宫，任住持长达10年之久。58岁时，朱思本再次来到大都，待了半年多后又南归江西，此后就再也没离开过玉隆宫了。

至于他是何时去世的，有多种说法。有的说他于1333年归天，有的说其卒年不详，还有的说他至今都还活着。不过，他的科研成果将永远传承下去。

第六十五回

郑和之后无郑和，颂歌之下没颂歌

坦率地说，看完本回主角郑和的历史资料后，我们过去脑海中本来清晰无比的那个郑和突然不见了，剩下的只是一头雾水。再抬头仰视郑和时，发现他原来竟是天边那朵飘浮不定的云：虽可远看，但难近观，待到深入其中时，就只有月朦胧和鸟朦胧了。有关他生平的所有内容几乎都是疑问重重，权威说法层出不穷且彼此矛盾；有关他的主要事迹也都争议不断，褒贬不一。咋办呢？我们不想也没有资格在史学家面前评论是非，更不打算让读者也迷失在历史疑云之中。因此，本回内容将尽量选择当前的主流观点。

本回还有一个难点，那就是要写出郑和作为科学家的小传，而非他作为航海家、探险家、外交家等的小传，也非他作为佛学家的小传（其实郑和还撰写过许多佛经和宗教类著作）。为此，首先得为郑和的科学家标签，准确地说是地理学家标签验明真伪。实际上，这只需摆出在他的领导下，基于若干次航海考察结果而绘制的《郑和航海图》就够了。因为《郑和航海图》是“全球最早的科学海图”（李约瑟语），也是人类现存的首套实用性远程航海图集，所绘航线以南京为起点，沿长江而下，出海后顺海岸南下，自中南半岛、马来半岛海岸穿过马六甲海峡，经斯里兰卡到达马尔代夫。由此再分为两条航线，一条横渡印度洋到达非洲东岸，另一条从马尔代夫横渡阿拉伯海到达伊朗东南。《郑和航海图》以中国传统山水画立体写景的形式，形象直观地绘制了郑和下西洋时沿途所经山岳、岛屿、桥梁、寺院、城市等物标，以利在航行中辨认；对主要国家和州、县、卫、所等则用方框标出，以示其重要性。全图共有530多个记名，包括亚非海岸和30多个国家和地区，往返航线各50多条，航线旁还标注了若干实用性导航定位数据，甚至还有各国方位、航距和航向，以及何处停泊、何处有礁、何处有滩、何处有人。

从科学角度看，《郑和航海图》的特点主要有以下三个。其一，它是专供航海使用的实用性地图，所标注的航向和航程尤为清晰，显著目标被画成景物以便识别和定位，还用文字说明了转向点和水深情况，更注明了导航星宿的方位等。这些都属首创。其二，针对内河航行和航海的不同情况，采用了不同的绘图策略。比如，自南京到太仓，由于沿长江要不断改变航向，此时图中就不再包含航向和航程信息，但对两岸的地形、地物描绘得特别详细，足够普通水手凭经验完成航行。又如，自太仓到苏门答腊，再到印度半岛的东西海岸，由于此时主要沿海岸和近海航行，故除用罗盘导航外，还得以山头、岛屿为目标，因而图上绘有显著的山峰和地物，并在主要航线上注明了航向和航程等。再如，自马尔代夫到伊朗，

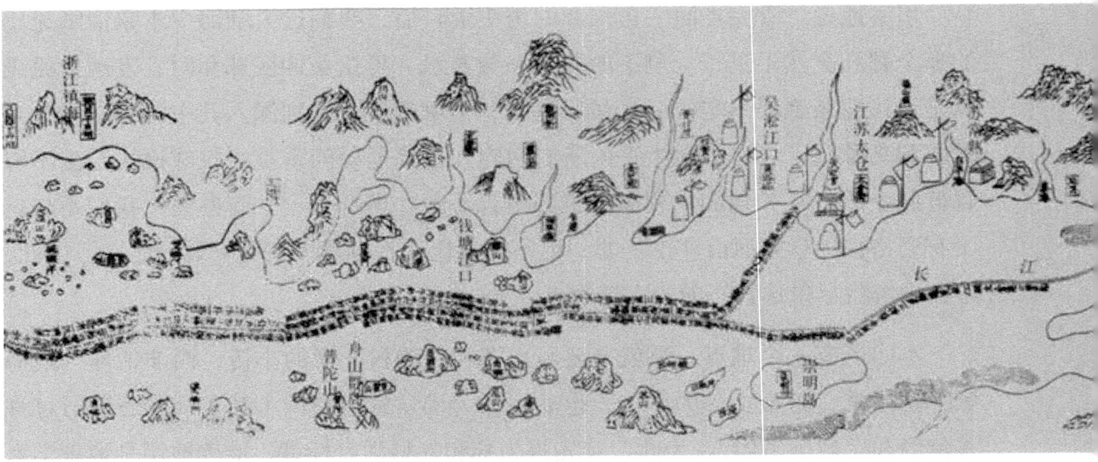

因是远洋航行，此时图中除注明基本航向外，还加注了星宿导航数据，以便采用天文导航方法。其三，为了使用方便，全图以航线为中心，从右向左连贯而成。由于这些航线本来的方位各不相同，因此图中各段的南北方向也随之而异。

伙计你看，早在600多年前能绘制出在导航和定位等方面如此精准和实用的大型航海图，确实是地理学上的奇迹。总之，郑和作为全球首位洲际航海家，也作为哥伦布和麦哲伦等之前的先行者，他确实是当之无愧的地理学家。好了，上述开场锣鼓后，总算可请出本回主角了。

公元1371年，在现云南省昆明市晋宁区的一个回民贵族家中，一位名叫马和的大胖小子来到人间。早在100多年前，他的祖先作为色目人的杰出代表配合蒙古人轻松消灭了南宋王朝，然后跟随忽必烈任命的云南王一起，从遥远的北方移居云南，过着出人头地的高贵生活。整个家族从此就生活在这里。祖先们都信奉伊斯兰教，富有冒险精神。比如，马和的祖父和父亲曾跋涉万里，朝觐过麦加，因而备受当地百姓的尊敬。他的母亲姓温，非常贤良。由于上有一个哥哥和一个姐姐，下有一个妹妹，所以，作为家中的老三，马和又被称为马三保或马三宝。从家庭条件来看，各方面都很满意。但是，好景不长。在马和10岁那年，明朝的30万大军杀到云南。一年后，云南王被杀，马和的父亲也阵亡了，年仅11岁的马和被俘后送入皇宫成了小太监。

14岁那年，马和又被当作礼物赏赐给了远在北京的燕王。很快，身材魁梧、聪明伶俐的马和就引起了燕王朱棣的注意，成了朱棣的贴身太监，后来更被培养

《郑和航海图》

成了朱棣的亲信。为了提高身边工作人员的整体素质，早有预谋的朱棣不仅为亲信小太监们聘请名师授课，而且允许他们阅读府中的大量藏书。天赋异禀、思维敏捷且勤奋好学的马和很快就脱颖而出，成了学识渊博之人。马和27岁那年，朱元璋将皇位传给了孙子，然后无牵无挂地去阎王殿报到了。他满以为自己的传位之举天衣无缝，因为此前他已采用超级血腥手段，杀掉了几乎所有可能威胁皇位的开国功臣。可人算不如天算，就在朱元璋尸骨未寒之际，争夺皇位的冲锋号就在皇族中吹响了。一年后，朱棣发动了著名的靖难之变。经过四年血战，他终于从自己的亲侄子手中抢得了皇位，成了永乐大帝。马和因多次出色地完成重任，被朱棣称赞“内侍中无出其右”。在33岁那年，马和被赐姓郑，升迁为正四品的内官监太监。

郑和塑像

郑和作为新皇的亲信，当然受到了重用。一年多以后，郑和领旨开始了史无前例的、耗费了自己整个后半生的七次下西洋活动。至于这些接二连三的、劳民伤财的航海活动的真实目的到底是什么，至今专家们还在激烈争论。有的说是宣扬国威，有的说是加强与海外诸国的联系，有的说是为宫廷购回奢侈品，还有的说是寻找朱棣从其手中抢得皇位的建文帝，以便斩草除根，断绝后患。但无论说法有多少，至少有两点是确定无疑的：其一，七下西洋只是皇帝的意愿，不是郑和的个人行为；其二，这些活动的目的绝不是地理考察，甚至压根儿与科学无关。

本回当然不想介入上述争论，只想客观地介绍郑和在七次下西洋时到底都干了些什么事。可按常规，这类活动的描述又相当枯燥，无非是第X次下西洋时，从甲国到乙国再到丙国等，然后分别干了A、B、C等事。郑和途经的这些国家的名字都很生僻，现在几乎都已不复存在，读起来让人不知所云。为了降低阅读难度，下面只做概略介绍。

在七次下西洋活动中，最热闹的是第一次，其准确的起止时间是1405年7月11日至1407年10月2日。当时34岁的郑和率领200多艘大船和2.8万人，带着各种火炮、弩箭、铳和砍刀等冷热兵器，浩浩荡荡地从苏州出发。途中，他们曾无意间闯进了正在发生内战的爪哇战场，结果被误杀了170多人。爪哇国王主动前来谢罪，并表示愿意赔偿损失，从此以后臣服明朝，年年纳贡，岁岁上朝。书说简短，又经过了若干个国家后，郑和终于到达了本次下西洋的目的地——古里国，向国王赠送了诰命银印，兴建了碑亭。此外，郑和在回程途中还有一个意外收获。他略施巧计，擒获了朝廷通缉多年的大海盗陈祖义等。

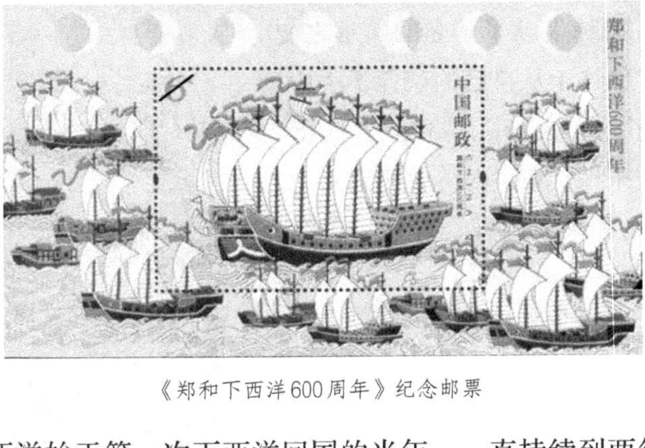

《郑和下西洋600周年》纪念邮票

第二次下西洋始于第一次下西洋回国的当年，一直持续到两年后的1409年。郑和又率船队访问了许多国家，特别是专程访问了锡兰，用三种文字立碑，以垂永久。碑文是：“谨以金银织金、纺丝宝幡、香炉花瓶、表里灯烛等物，布施佛寺以充供养，惟世尊鉴之。”

第三次下西洋的起止时间是1409年10月至1411年7月6日。这次发生了一个意外。在借道经过锡兰时，该国国王竟然“负固不恭，谋害舟师”。幸亏郑和及时发觉，赶紧率船队离开，逃过一劫。回程途中再借道锡兰时，国王又诱骗郑和等上岸，然后突然发兵五万围攻船队，又伐木阻断郑和的归路。哪知郑和随机应变，将计就计，干脆率领部下直捣空虚的皇宫，生擒了国王等人。

第四次下西洋的起止时间是1412年12月18日至1415年8月12日。船队首次绕过阿拉伯半岛，到达东非的麻林迪。郑和自然又是宣读诏敕，进行封赐，还意外帮助该国国王挫败了一次宫廷政变。为此，国王派遣使者随郑和来到中国，向朱棣献上了一头长颈鹿。

第五次下西洋的起止时间是1416年12月28日至1419年8月8日。这次访问了更多的东非国家，如木骨都束、卜喇哇、麻林迪等。

第六次下西洋的起止时间是1421年3月3日至1422年9月2日。这次远航的任务是护送十六国派往明朝的使者回国。回程时，郑和带回了暹罗、苏门答腊、哈丹等国的使者。

1424年8月12日，朱棣逝世，接班的明仁宗下诏停止了海外布施活动。1425年5月29日，明仁宗又死了，明宣宗继位。据说，《郑和航海图》就是在第六次下西洋结束后长达9年的时间内完成的。

不知何故，1430年6月29日，明宣宗又令59岁的郑和第七次下西洋。于是，经过近一年的重振旗鼓，一支2.7万人的船队在1431年1月19日扬帆远航。大约在1433年的回程途中，郑和不幸病逝。

第六十六回

科学家游山玩水，徐霞客跑废双腿

一提起旅游达人，男女老少无不想起徐霞客。确实，这老兄做了一辈子“背包客”，仅靠双腿，三十年如一日，“穷游”了21个省区的100多座城市、500多个岩洞及数千个景点，留下了60万字的巨著《徐霞客游记》。这里的“穷游”有以下三层含义。其一，是指他游得很穷酸，主要靠单人徒步，甚至经常雇不起向导。他好容易偶尔奢侈一回乘个船吧，结果还惨遭劫匪，差点丢了小命，盘缠被抢夺一空。其二，是指他游览的地方几乎都是穷山恶水、人迹罕至、蛇兽出没、盗匪猖獗之地，各种危险层出不穷。与其说他是在旅游，还不如说他是在玩命，数度出生入死，常陷穷途末路。其三，是穷尽之意，即他几乎走遍了大半个中国的名山大川，耗尽了祖传家产，尝尽了探险的酸甜苦辣，写尽了游记的美妙辞章。

其实给徐霞客写小传很难。一来，他的事迹几乎家喻户晓，压根儿就用不着我们再啰唆。二来，有他那部《徐霞客游记》留传后世，谁敢再给他写传？那不等于班门弄斧嘛。咋办呢？思来想去，我们突然灵机一动：“对了，写外传，用《百年孤独》的笔法为他写外传，向读者朋友展示一个全新的徐霞客！”

明万历十五年，是史上罕见的奇葩之年！这一年的皇帝很奇葩，他在与大臣吵架后竟一赌气就罢工不上朝了，而且一罢工就是二十余年，好像国家大事与他无关一样。从此，明朝开始迅速衰落，最终灭亡。这一年的一个新生儿更奇葩，他就是本回主角，于1587年1月5日生于现江苏省江阴市的徐霞客。其实，他本来名叫弘祖，字振之，而“霞客”只是后来的自号。之所以说这徐霞客比罢工的皇帝还奇葩，甚至被称为“千古奇人”，是因为他好像就是为旅游而生的。他在有生之年到处考察人文、地理、水流、气象、动植物等现象，以至“达人所未达，探人所未知”。

徐霞客的祖先都是科举能手。一世祖徐锢通过科举成了北宋开封府尹。后来由于战乱，举家迁到偏僻的江阴县，形成了一个庞大的家族，徐霞客为第17世孙。后来，他的家族发生变故，几乎与科举无缘了。他的高祖徐经本来既有才又有财，而且对科举颇感兴趣。他曾带着一大批仆从和银两，浩浩荡荡地进京赶考，对金榜题名志在必得。

胸有成竹的徐经一路走一路玩，一个景点也不漏过，沿途写下众多美妙的游记。不知是有幸还是不幸，徐经在途中结识了有才而无财的同科考生唐伯虎。两人一见如故，情投意合，就结伴而行。两人双双走出1499年的考场时，都毫无悬念地得了高分。可意外的是，一封诬告信从天而降。糊涂皇帝断了一桩糊涂案，取消了他俩以后参加科举的资格。从此以后，徐经走上了上告的道路，一心想鸣冤翻案，最终在写下《赍感集》后走上了黄泉路，死时年仅35岁。徐经留下遗言：子孙耕读传家，决不再踏进科举考场半步！于是，从徐霞客的曾祖父开始，到他的祖父，再到他的父亲，徐经的后人就真的再也不写八股文了。不过，这并不影响他们游山玩水的兴致，好像这个家族天生就有很强的旅游基因。据说徐霞客的曾祖父的田产多达1.2万亩，家境富裕。游山玩山更不影响他们做学问，想读啥书就读啥书，只要自己喜欢就行。因此，这个家族产生了不少奇人。

19岁那年，当徐霞客跪在刚去世的父亲墓前时，他回忆起了自己的幸福童年。那时的他勤奋好学，博览群书，尤其钟情于家传的众多旅行书，常盼望早日走进书里介绍的山水之中。那时的他特别能读书，不但一目十行，而且过目不忘。那时的他特别喜欢收集各种奇书，虽然家里藏书颇丰，但只要有好书，再贵也舍得买。那时的他压根儿不想为考试而读书，15岁时只是象征性地参加过一次失败的童子试，从此再也没摸过考卷了。那时，他的父亲也是一个旅游迷，有一次为了不影响游览西湖，他不惜谢绝多位高官来访。他的父亲不但自己喜欢旅游，还经常带着妻儿老小在苏杭之间游玩，这使得徐霞客很早就立下志向，“大丈夫当朝临碧海，暮处苍梧”。从此以后，徐霞客要么在景点中旅游，要么在旅游书中神游。在为父守孝三年后，在母亲的全力支持下，22岁的徐霞客真的开始了为期6年的第一阶段圆梦之旅。此时，他还只是热身游。一来，他并未远行，只在附近的太湖等地进行试探性的旅游，甚至都没留下游记。二来，他并不长期在外，每次都是“定向而往，如期而返”。三来，他的中长途旅游本领还没过关，比如地理知识、登山技巧、渡水秘籍、罗盘导航技术、野外生存能力等都还有待提高，特别是长期旅游的攻略还有待检验和完善。

1625年9月，当38岁的徐霞客跪在刚去世的81岁老母亲墓前时，他回忆起妈妈如何疯狂般支持自己，特别是如何鼓励自己大胆外出旅游。妈妈本姓王，也是一位奇女子，出自耕读世家，知书达理，见识不凡，胸怀博大。妈妈在19岁嫁到徐家，直到43岁才生下徐霞客，难免对儿子格外宠爱。她坚决支持儿子所做的任何事情，支持儿子继承并发扬光大家族旅游的传统。丈夫去世后，当儿子抛下全家老小独自外出旅游而被质疑为“不孝”时，妈妈挺身而出，为儿子打气，不但亲手给儿子缝制了“远游冠”，而且勇敢地挑起了持家重任，发挥纺纱特长，开设织布工坊，很快推出了远近畅销的“徐家布”。妈妈对儿子的支持是全方位的。从经济上看，“徐家布”的收入是支撑儿子中程旅游的主要经济来源，使儿子能在每年的大部分时间里在野外畅游。从精神上看，妈妈是儿子游记的忠实读者和听众，这让儿子备感得意。30岁那年，徐霞客因夫人病故而精神受到打击，此时妈妈鼓励他别放弃旅游。为了配合儿子旅游，80岁的妈妈竟主动要求儿子带着自己一起出去，还故意走在儿子前面。难怪后人盛赞“霞客之奇，王氏成之”。也正是在给妈妈守孝的三年间，徐霞客结识了一位大儒，并获赠雅号“霞客”，意指“志在烟霞”的餐霞饮露者。从此，徐霞客才以此为号，徐霞客之名才开始传遍四方。

1641年3月8日，当徐霞客即将咽下最后一口气时，他回忆了自己最精彩、最艰辛、最悲壮，也是走得最远的万里长途游。为此，他在为妈妈守孝三年期满后，又准备了近十年之久。为了筹集足够的路费，他不惜变卖和抵押了大部分田产。为了解除后顾之忧，他还得将两个儿子养大成人，直到他们成家立业。当然，此间他还进行了多次中短程旅游。43岁时，他带着叔祖重游福建。45岁时，他带着族兄游览了天台山和雁荡山等。在50岁那年，徐霞客留好遗言，带上随时准备埋葬自己的铁锹，开始了最后一次史诗般的旅游。在历时四年的时间里，他三次被抢，四次断粮，还遭遇了同行者病故和向导卷款潜逃等意外。但无论多难，他都一往无前，最终奇迹般一口气游览了浙江、江苏、湖广、云贵等地的大山巨川，写下了《徐霞客游记》的主体部分。在此期间的传奇故事多得简直难以言表，幸好这段经历早已众所周知，所以此处略去。当他到达云南腾冲时，不幸身患重病、心力交瘁，更因“两足俱废”而不得不终止游历，被数名壮汉从3000公里外抬回老家，途中披风沥雨156天。回家后不久，他便与世长辞。

《徐霞客诞辰四百周年》纪念邮票

《徐霞客游记》由他的子孙印行后，人们才看到了撰写“世间真文字、大文字、奇文字”的文学家。待到全民旅游时代到来时，他又变成了著名旅行家，以至他的游记开篇之日被定为“中国旅游日”。直到现代，科学家们经认真鉴定才终于断定徐霞客是中国古代最伟大的地理学家之一，他在山脉、水道、地质和地貌等方面的地理考察中取得了超越前人的重大成就。比如，在解决长江之源到底在哪里这个世人探索了两千多年的难题时，他取得了比前人更准确、在1978年之前最接近实际情况的结论。《徐霞客游记》更是举世闻名，以至被认为是“中国最有影响力的20部著作之一”。至今，在美国、日本和新加坡等国都还有徐霞客研究会在研究他的游记。

第六十七回

庄子第二列献廷，人文地理啥都行

明朝最后一位皇帝上吊后，一夜之间，大江南北，“皇帝”“皇后”和“太子”就如雨后春笋般涌现出来。李自成、张献忠等自不必说，顺治帝也甭提，单是自封皇帝的明朝遗老遗少就让人眼花缭乱。弘光皇帝刚登基一年就被俘送往北京，济王在称朕的当年主动归顺大清。潞王、益王、靖江王和伪太子（王之明）等几乎同时宣布自己为“临时皇帝（监国）”，但又都昙花一现，仅在数天后就被推翻。唐王在福州称隆武帝，一年多后被乱箭射杀。接着隆武帝之弟又黄袍加身，可仅仅40天后又被俘丧命。最后，皇冠落在了桂王的头上，于是南明永历皇帝的旗杆颤颤巍巍地竖起来了。此时，鲁王在绍兴也宣布自己为“临时皇帝”，史称鲁监国。

清顺治五年，或者说南明永历二年，或者说鲁监国三年，准确地说是公元1648年9月13日，在北京大兴的一个医生家里诞生了一个“小皇帝”。他就是本回主角刘献廷，字君贤，别号广阳子。为啥要用一大段文字介绍他出生前的王朝更替乱象呢？主要原因有以下两个。

其一，由此更能理解刘献廷后来离经叛道、特立独行的行为。比如，他之所以不参加科举，不在清朝当官，是因为他鄙视清朝，鄙视为清朝卖命的知识分子，甚至有意“反清复明”。他之所以浪迹天涯而不刻意留下个人信息，是因为他想要模仿庄子，也想逍遥游，以至被梁启超称为“极怪之人”和“谜一样的人”。他之所以喜欢仗义疏财，广交朋友，是因为他在乱世中早已明白钱财如粪土。但是，他成为科学家纯属歪打正着。他的研究领域全无边界可言，他的所有成果都以随笔和杂感的形式由其弟子在他身后收录进《广阳杂记》和《广阳诗集》等书中。据不完全统计，他的研究领域涉及地理、律历、音韵、数学、水利、财务、军政、医药、释老、戏曲、农桑、文学、书法等，都有独到见解，当时名动京师及东南广大地区，深为众多大儒盛赞，甚至形成了以他为首的广阳学派。在地理学方面，他堪称“中国近代地理学启蒙者”和“我国早期地理环境决定论的代表人物之一”。他发现了地理纬度和气候间的密切关系，明确了近代地理学的研究内容，即探索自然地理各因素间的相互关系，比如古今气候变迁、各地物候的异同、河流的侵蚀作用、地理位置对城市发展的影响等。他强调在方志类地理著作中应重点关注地理经纬、物候变化、地形、气候、水利、物产、方言等地理要素，以便从中推演出该地的节气之先后、日食之分秒、五星之运行等情况。

其二，王朝更替对刘献廷及其家庭的影响之巨，让人难以想象。他的父亲时任明朝太医，他的祖父当年也是从苏州迁居北京的太医，因此，他家对明朝的感情自然很深。清军入关后，他家的经济来源中断，这自然也使他们全家对清朝没有好感。生活在如此环境中的刘献廷自然不会热心于为清朝服务，也不会参加科举考试。不过，这并不影响他刻苦学习。他的学习范围很广泛，完全不受八股考试的约束。比如，在语言文字方面，他就掌握了梵文、拉丁文、阿拉伯文、蒙古文和女真文等在当时科举者看来毫无用处的语言。

刘献廷在青少年时期遭遇了很多不幸。他开悟得很早，胸怀大志，聪明绝顶，更喜欢读书。他见书就读，一读就懂，读的书越怪越上瘾，甚至经常通宵达旦地读书。父母怕他看书累坏身体，禁止他晚上点灯，而他以香代火，在昏暗的光线下继续看书。结果很不幸，他的一只眼睛因此而失明，遗患终生。他本来也很喜欢旅游，喜欢探险，结果又很不幸，左臂因此而骨折，又遗患终生。后来，妈妈英年早逝，人生三大不幸之首的“幼年丧母”又落在他的头上，再次抱憾终生。14岁那年，南明王朝的永历皇帝被吴三桂擒杀。此事对刘献廷的精神打击尤为巨大，因为这意味着他“反清复明”的幻想彻底破灭。万念俱灰的他开始研读《庄子》，并立即有了“放翻宇宙之眼界”的感觉，从此立志成为“庄子第二”，甚至将自己的名字改为刘继庄。实际上，在整个后半生，他还真以庄子为榜样，经过艰苦磨炼，最终做到了无为而无不为。比如，即使面对上述众多打击，他依然性情旷达。他不但跟着父亲学会了基本医术，解决了生计问题，而且掌握了不少冷门知识，比如典章制度、民间风俗和异类传说等。至于天文、地理等常规知识，对他来说那就更不在话下。大约在他18岁那年，父亲也去世了，于是刘献廷举家离开了北京这个世居三代的伤心地，回到了祖籍苏州。

到了苏州后，刘献廷开始模仿庄子，过起了半隐居式的生活。他在吴江开设了一间小药铺，以行医为业。客观地说，这位刘大夫在医学方面的建树还真不咋的，看来他并不喜欢医学，只是拿它糊口而已。不过，他为人倒很仗义，喜欢交朋友，看见别人有困难，总忍不住出手相助。本来他从北京带回了不少钱财，行医还有相当不错的收入，但架不住他大手大脚的施舍和四处交游。为了帮助邻居女子寻夫，他竟变卖了自己赖以为生的药铺。结果不到四年工夫，刘大夫就几乎耗尽家产，有时不得不靠朋友的接济度日。他在写给浙江朋友的诗中，对自己当时的拮据生活是这样描述的：“兄弟隔吴越，妻儿将不饱。今兹逢今晨，忽觉伤怀抱。”那时，他的内心非常纠结，时而像小市民那样抱怨“既无天伦乐，又苦饥寒逼”，时而又像庄子那样吟颂房前屋后的野花野草。他曾作诗曰：“谁将堂上春，得比春日晖？日入光更出，亲老无重归。谁将人子心，得比庭前草？春风日日吹，草色年年好。”有时，他对自己的贫困交加愤愤不平，甚至仰问苍天：“绵绵连旬雨，萧萧贫士庐。上漏则下湿，局坐足不舒。中厨尽无烟，四壁故自如。游目不暇倦，读者何代书？”有时，他又拿陶渊明来宽慰自己，面对自己种植的庄稼，开心说道：“我爱陶柴桑，邱园养高趣。适志以歌咏，谆谆重农务。”光阴似箭，日月如梭，刘大夫就这样在矛盾中度过了7年的半隐居式生活。

刘献廷的全隐居式生活始于25岁，他隐居了整整14年，而其起因竟与吴三桂有关。原来，吴三桂在被封为平西王坐镇云南后又有了新想法，突然打出了“兴明讨虏”的大旗。次年，他又匆匆称帝，号称“周王元年”。也许正是从吴三桂身上，刘献廷彻底悟通了人性，明白了王朝的本质。于是，他毅然带着全家人躲进了太湖洞庭西山。他以务农为主，教私塾为辅，有时也行医采药。当然，除了世道混乱，刘献廷的内心深处也早有隐居之意。这可从他的另一首诗中看出：“本为山野质，久被樊笼羁。引领望九霄，何由振羽仪？”他自喻为被圈养的仙鹤，随时盼望着振翅飞天。至于他在隐居期间到底做了些什么事情，我们早已不得而知。不过，他的代表作《广阳杂记》中的许多内容应该出自这段时间。此时，他还结交了许多江南名士，其中既有名重一时的诗文大家，还有山中高僧，更有隐居放达的前朝遗民。如今有关他隐居事迹的只言片断，其实也都是从这些朋友的相关资料中挖掘出来的，否则我们将一无所知。可怜的刘献廷在隐居期间又遭受了人生三大不幸中的第二大不幸，即中年丧妻。虽不知他是否也像庄子那样以“鼓盆而歌”的方式来对待亡妻，但此时他的举止更接近庄子了。他常与友人一起游览湖光山色，留下了“夙有山水癖，颇为尘迹拘”的优美诗句。不过，此时他仍未达到庄子的境界。他的一首诗“游鱼适深沼，鸣鹤适长空。并生宇宙内，所感皆不同”流露出了他怀才不遇的心情。

其实，刘献廷此时未脱俗气的最好证据是：大约在1687年，39岁的他经受不住多位老朋友的数次热情邀请，竟前往曾经的伤心地北京协助朝廷编写《明史·历志》和《大清一统志·河南志》。这显然有悖于他曾经的“反清复明”和“永不仕清”理想。不过，如今回过头来再看，他的这一决定非常正确。一来，当时的三藩之乱早已被平定，台湾也在四年前收复了，清朝的统治已相当稳固，“复明”早已成为幻想。二来，刘献廷最重要的地理学成果正是在此间登上了官方舞台。他的北京之行不但对《明史》和《大清一统志》的编撰发挥了关键作用，也对这些成果的传世起到了积极作用，更对后来中国地理学的发展起到了不可替代的作用。

在为朝廷工作了三年多以后，42岁的刘献廷终于顿悟。1690年，他把自己修炼成了真正的“庄子第二”，此时的他总算彻底摆脱了世间的一切羁绊。他从苏州出发，带着自己的弟子黄宗夏一起浪迹天涯，开始了闲云野鹤般的逍遥游。他们游历过安徽、江西、湖北、湖南，一路上观景问道，寻访朋友，见什么就研究什么，什么有趣就考察什么。无论风土人情、文物古迹、自然景色、地理状况等，凡有心得体会，他们就及时将其记录下来。

1695年春天，游兴未尽的刘献廷恋恋不舍地回到了苏州。此时，他的身体已严重透支，实在不能支撑长期野游了。回到苏州后不久，他就于1695年8月15日去世，享年47岁。此后，弟子们将他与夫人合葬于吴江。至于到底是文学家还是科学家，对他来说都已不重要了，还是任人评说吧。

第六十八回

师夷长技以制夷，师夷短技制于夷

夷者，古代国人对外国之贬称也，国人夜郎自大之标志也，国人有待认真反思之关键也！自从明朝禁海以来，朝廷的对外政策经常忽左忽右，犯了不少错误，更付出了沉重代价。比如，对夷之长技视而不见，皇帝以天子自居，待到被夷枪夷炮打得丧权辱国时还要嘴硬。后来突然走向另一极端，变夷为洋，以洋为尊，上演了许多悲剧。本回主角被后人称为开眼看世界的第一人，但在当时遭到了许多打击。以至他不得不弃官归隐，潜心研究佛学。但是，他的著作传到日本后被尊崇为“海防宝鉴”，对日本的明治维新产生了极大影响。

本回主角是如何睁眼看世界的呢？他编写了一部名叫《海国图志》的百科全书，全面系统地介绍了西方世界。该书广泛涉及各国历史、地理、政治、科技和风土人情等，但因本回只是科学家小传，故这里只聚焦科技方面。该书在当时如何引起了巨大轰动呢？首先，它用一张世界地图否定了“中国是天下的中心”。原来，中国不等于天下，而只是世界的一部分。换句话说，“夷”的含义可以更新了。其次，它介绍了当时在国外早已为人熟知的若干地理知识，比如地球的形状、潮汐理论、雷电的成因、经纬度、南北二极、四季的形成等。换句话说，“夷”确有长技。最后，它在系统整理了当时世界上的先进知识后，提出了一些科技强国原则，比如“师夷长技以制夷”。

《海国图志》中的火轮船插图

伙计，你看完上述内容后也许会哑然失笑，甚至不屑一顾。但在当时对许多人来说，这无异于晴天霹雳。下面有请本回主角登场。

清乾隆五十九年，是华盛顿连任美国总统的第二年，是拿破仑被任命为少将炮兵旅长的那年，是德国著名作家歌德诞生之年，是化学元素钇被发现的那年。准确地说，这一年是公元1794年。当年4月23日，在湖南省邵阳县的一个县级巡检官员家中，诞生了一个男婴，名叫魏源，又名魏远达，字默深、墨生或汉士，号良图。此处为啥要介绍这么多国内外的时代背景呢？嘿嘿，就是希望大家看清历史，别以为乾隆年间很古老，其实美国、法国等已进入近代。

当然，魏源还得老老实实地学习长大。7岁时，性格沉静的他在乐善好施、隐居不仕的爷爷的倾心辅导下，很快就表现出了异样的天赋。他还特别刻苦，经常“足不出户，闭门苦读”，以至当他偶尔出门时，隔壁的狗狗都会狂吠，以为来了生人。妈妈担心儿子累坏身体，便每晚定时熄灯。可待父母熟睡后，他又悄悄地以被遮灯默读。他在9岁赴县城应童子试时竟以绝妙对联惊呆了考官，被称为“三神童”之首。当时，考官指着画有太极的茶杯说出上联“杯中含太极”，魏源则立即摸着肚子对曰“腹内孕乾坤”。如此天才自然是科举达人。魏源在13岁时离开私塾，前往理学鼻祖周敦颐的母校（爱莲书院）求学三年。他在16岁时以第一名的成绩考中秀才，次年获“政府奖学金”（补廪膳生），从此不用再愁稀饭钱了。

首战告捷的魏秀才当然不会就此罢休，他回乡开办私塾，“名闻益广，学徒踵至”。三年后，他在订婚后前往省城长沙进入岳麓书院学习，以争取被保送入京深造。用当时的行话来说，这叫“拔贡”。魏源在岳麓书院虽只待了区区半年，但结识了一大批良师益友。当时在这里主持拔贡的考官汤金钊就是魏源的伯乐，还是纯粹的学术伯乐。魏源这个书呆子“拔贡”成功，并于20岁到北京入学。按当时的习俗，他该首先前往汤考官府上谢师，可他一天没动静，两天无音讯，一头扎进书堆里看书去了。汤考官先是纳闷，后又担心自己的得意弟子病了，于是带着慰问品前来看望弟子。由此可见，这师徒俩的忘年交情之真切，一个爱才若渴、礼贤下士，一个爱书如命、纯洁无瑕。在北京深造期间，魏源顺利完成了常规学业，性格也发生了变化，开始热心社交，四处拜师问道，结识了不少朋友。更重要的是，此时他从朋友那里知悉了西方的众多先进科技知识，对国内形势也有了更清晰的认识。他开始关注治国利民的“经世之学”，而不再像过去那样仅限于应对科举考试。

在他26岁时，父亲去世，魏源离开北京，随家人迁居江苏扬州，继续准备参加科举考试，毕竟这是当时学子出人头地的唯一途径。28岁时，他以第二名的优异成绩考中举人，很快就在当地小有名气。在31岁时，他被江苏“财政局”（布政司）聘为《皇朝经世文集》的编辑，接着被江苏“省长”（巡抚）聘为处理漕运和水利事务的助手，这为魏源提供了施展才华的舞台，使他有机会完成《湖广水利论》等多本实用性科技著作。研究经世之学肯定会影响科举成绩。曾经“考无不胜”的学霸魏源在32岁和35岁连续两次进士考试中竟都破天荒地落榜了。这不但惊动了广大考生，还惊动了主考官。该主考官提笔写下《两生行》，表达自己的惋惜之情。在该诗中，主考官用“无双国士长沙子”来盛赞魏源。可哪知落榜坏事意外地变成了好事。这位主考官在《两生行》中叹息的另一个考生竟是鼎鼎大名的龚自珍，而龚自珍又有一个鼎鼎大名的朋友林则徐，而他们仨对待实用科技的态度完全相同。所以，主考官在无意中竟建起了一个由魏源、龚自珍和林则徐组成的铁杆朋友圈。

38岁那年是魏源的人生转折点。这一年，在他身上发生了很多大事。他第三次向进士发起冲锋，结果仍然功败垂成，从此就失去了科举兴趣。后来，他自己花钱捐了一个芝麻官“内阁中书舍人候补”，此举倒不是他的官瘾犯了，而是因为内阁藏书丰富，他可借机博览史馆秘阁官书及士大夫的众多私家著述等。他又在南京西郊清凉山下购建了一座三进草堂，取名为“湖子草堂”。他后来又觉得不够文雅，便改名为“小卷阿”，并在附近浅水处配建了一个“宛在亭”。这里可是他的福地，因为他后半生都主要在此居住和写作，经常在这里与时任江苏巡抚林则徐密切交往，并逐渐形成了后来影响中国100多年的核心思想“师夷长技以制夷”（“善师四夷者，能制四夷；不善师外夷者，外夷制之”）。在科举考场上屡战屡败的魏源不但未怪罪经世之学，反而用更多的精力研究国内外实用科技，甚至提出了一整套科技强国的具体方案，包括军事工业该怎么办、武器装备的重点在哪儿、民用工业如何发展等，甚至明确指出了应该优先研制的具体产品。他认为在武器方面急需仿造西洋战舰、飞炮、水雷等，在民用方面需重点突破千里镜、量天尺、龙尾车等。猛然一看，该方案好像是国家元首在制订整体战略计划，全然不像布衣学者的业余之作。从这一年开始，魏源亲自兴办实业，很快发家致富，以实际行动证明夷技确实可以强国富民。

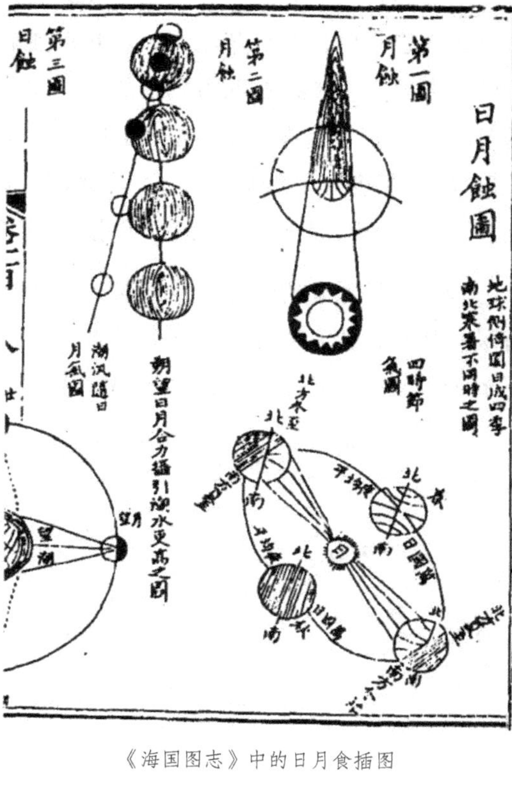

《海国图志》中的日月食插图

如果不出现后来的意外，那么

很可能就只有富豪魏源，而无科学家魏源了，但历史不允许“如果”。在魏源46岁那年，中国发生了一件惊天大事——在1840年的鸦片战争中清军战败后割地赔款。魏源的挚友林则徐也因此而背黑锅，于1841年被流放边疆。在流放途中，林则徐与魏源这对肝胆相照的挚友在江苏镇江秉烛夜谈，坐困愁城。最后，林则徐将自己数年来收集的西方资料全部交给魏源，嘱托他编成《海国图志》，以唤醒国人了解世界。自此，魏源的余生便转向了努力兑现自己对挚友的承诺。一年后，他抢先整理出了50卷本的《海国图志》。接着，他又花了5年时间将其扩展为60卷本，然后再花6年时间，前后共计11年，终于在去世前6年完成了100卷本的《海国图志》。

仅《海国图志》一书显然不能唤醒沉睡中的国人。在50岁那年，对科举早已不感兴趣的魏源再次走进考场，因为他认为自己必须拿乌纱帽当敲门砖，借助官场这个平台宣贯自己的科技强国理念。由于这次提前做了认真准备，魏源终于考中了进士，1845年步入仕途，“以知州用，分发江苏，任东台、兴化知县”。可是，在商场如鱼得水的魏源在官场却四处碰壁，一会儿被无故贬为高邮州知州，一会儿又因“迟误驿报”被革职，一会儿再被莫名其妙地复职。几年折腾下来后，可怜的魏源终于发现，在西方列强的“夷技”面前，底层百姓确实沉睡在无比自豪的梦境中，而上层官员其实是在装睡。哪怕他经常冒死在各种场合发表“不当言论”，决策层也对《海国图志》毫无兴趣。直到很久以后，维新变法的洋务派才重新发现了《海国图志》的价值，可惜为时已晚。

奔走呼号无果的魏源精疲力竭，万念俱灰。在60岁那年，他主动辞职，离开官场。从此，他安心修佛，法名承贯，并完成了佛学专著《净土四经》。1857年3月26日，魏源卒于杭州东园僧舍，终年63岁。

唉，一声叹息！

博物学篇

杜 绾 朱 棣 屠本畯 吴其濬

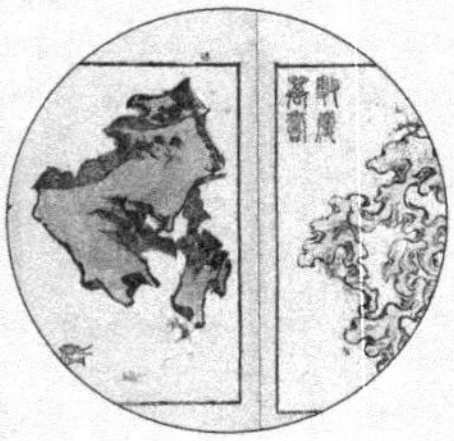

第六十九回

杜绾隐士藏传说，精美石头会唱歌

哈哈，看完本回主角杜绾的资料后，我们还真是大开眼界，过去从未注意到的那些冷冰冰的石头竟如此好玩。山无石不奇，水无石不清，园无石不秀，居无石不雅。赏石清心，赏石益智，赏石养人，赏石怡情，赏石长寿。我们过去以为石头只是石头，可哪知经过神话加工，石头竟变成了凝结天地精华的宝物。我们情不自禁地将那首脍炙人口的歌曲《精美的石头会唱歌》加以改编："有一个美丽的传说，精美的石头会唱歌。它能给好奇者以智慧，也能给勤奋者以收获。只要懂得它的珍贵啊，山高那个路远也能获得。有一个美丽的传说，精美的石头奇妙多，它能给博学者以知识，也能给善学者以欢乐。只要把它研究透彻啊，天长那个地久哟，博物学成就也永不落。"不过，伙计别急，在介绍石头怎么唱歌、质地到底如何、软硬分类几多、纹理怎样交错、光泽怎么柔和、透明何关厚薄、用途罗列几何等之前，请先耐着性子，看完杜绾的生平和背景介绍。

杜绾留下的传说并不多，目前我们只知道他姓杜，名绾，字季扬，号云林居士，浙江绍兴人。最重要的是，他是过去900多年来，对中日韩及东南亚等国家和地区的赏石界、园林界、地质界、文史界等都产生过重大影响、至今仍被奉为经典的岩石学著作《云林石谱》的作者。杜绾还是一位来无踪去无影的高人，其生卒年月不详。至于他死在哪里，那就更无从得知了。

杜绾出身于一个中国历史上少见的名门望族。他的先祖是唐朝政治家、史学家、贞元年间的宰相杜佑。据不完全统计，仅在唐宋两朝，这个家族中就至少出了11位著名宰相，还出了包括杜牧等在内的著名诗人和文学家。非常有趣的是，他的一个不知是第几代的祖先竟与他同名，仍叫"杜绾"这个罕见的名字。所以，在此提醒史学爱好者，千万别张冠李戴。实际上，杜绾的祖先老杜绾也相当了得。他是唐玄宗开元十二年的状元。他的儿子杜黄裳更不得了，是唐宪宗年间的宰相。为了避免混淆，下面的杜绾仅指本回主角。杜绾的爷爷杜衍也不得了，是北宋庆历年间的宰相。总之，若想形容杜绾的家族，除了"不得了"还是"不得了"。杜绾的姑父是北宋著名文学家苏舜钦。若你对苏舜钦不熟悉的话，那么你一定崇拜过他的那位作为唐宋八大家之一的祖先。对，就是苏轼，苏东坡。算了，关于杜绾家族的故事太多，此处必须急刹车，否则就又跑题了。

聪明的读者也许会觉得奇怪，杜绾出生于"宰相专业户"，他的父亲是当时北宋京城的高官，他的生平事迹咋会全是空白呢？我们猜测，如此怪事可能有两个重要原因：一是杜绾是一名隐士，不愿留下任何生平事迹，而只留下自己的奇书秘笈；二是当时很可能处于乱世，并且当事人受到了严重冲击。关于这两个猜测的最有力的证据来自《云林石谱》的原序。这篇原序由孔子的第46代孙孔传于公元1133年撰写，序中明确指出该书由“宰相杜衍之孙”撰写，除此之外再无更多有关杜绾的信息了。这一方面说明杜绾确实在刻意隐匿身份，另一方面成书之前确实处于乱世。此序作于1133年，这是南宋成立后的第六年，而南宋的成立又异常艰难。面对以摧枯拉朽之势由北方碾杀过来的强敌，岳飞等人率军拼死抵抗。经过拉锯战之后，南宋最终勉强建立起来。若仔细观察南宋的北方边界，就不难发现杜绾的家乡绍兴刚好处于南宋与金朝反复争夺的地带。换句话说，杜绾很难躲过当时的战乱，最好的办法当数隐居和出家。

聪明的读者也许还会问宰相的后代为啥也玩石头呢？这难道不是玩物丧志吗？是呀，起初我们也有同感，但在知道真相后才发现不是杜绾玩石丧志，而是北宋的皇帝玩石丧志。公元1117年，北宋皇帝想为新宫配建一个用奇石堆成的“万岁山”。于是，他就在苏州设置了一个荒唐的机构应奉局，专门搜罗天下奇石和名花。于是，姿态各异的灵璧石、太湖石、慈溪石等纷纷“越海渡江而至”。在皇帝的影响下，自然会涌现一批玩石得志的大臣。既然官场能以玩石得志，那么民间就能以玩石为志。于是，一大批“石神”出现了。他们一边玩石一边写出精妙的玩石心得。玩砚石的“石神”们先后写出了《砚谱》《砚史》和《歙州砚谱》等奇书，玩假山的“石神”们则先后写出了《渔阳公石谱》和《宣和石谱》等奇书。不过，只有杜绾达到了玩石的顶峰，成为古今中外唯一比“石神”更神的“石仙”。他撰写的《云林石谱》将石头描述得惟妙惟肖。比如，在介绍水晶时，他说“其色莹洁，映日射之，有五色圆光。”在介绍宝石时，他说：“或大如枣栗，则光彩微茫，间有小如樱珠，则五色粲然可喜。”在描述奇石变色时，他说石色青淡的灵璧石“若露处日久，色即转白”。伙计，别以为《云林石谱》是一部文学书，它其实是我国古代内容最完整、最丰富的一部岩石学著作，从形状、颜色、纹理、光泽、晶形、用途、质地、硬度、采石法、透明度、吸湿性、敲击声响等方面，用诗一般的语言逐一描述了116种奇石，并将它们科学地分为砂岩、页岩、化石、滑石、玛瑙、水晶、云母、玉类、石灰岩、石钟乳、石英岩、叶腊石及金属矿物等。在化石研究方面，该书堪称当时的全球之最，不但记载了鱼化石、松树化石和海洋腕足动物壳体化石（石燕），还基本正确地阐明了鱼化石和松树化石的成因，用实验纠正了前人有关石燕的误传等。此外，该书也对各种奇形怪状的假山石的成因给出了正确解释，即缘于“风浪冲激”或“融结而成”。

问题马上就来了。作为“石盲”的我们该如何为杜绾这位“石仙”写小传呢？如何向同样是“石盲”的读者朋友介绍《云林石谱》呢？我们突然灵机一动，想出了一个既能偷懒又能免责的好办法，那就是麻烦大家和我们一起穿越到900多年前，回到北宋末年或南宋初年，进入某个神秘的仙洞，请出正在那里修炼的杜绾，由他亲自担任一回讲解员。

好了，现在请大家用掌声欢迎“石仙”开讲。

各位朋友，大家好！欢迎来到“杜神仙奇石博物馆”参观指导。本洞陈列的奇石是本人在数十年间从广大地区千辛万苦收集而来的。有关这些奇石的研究成果早已记录在我的科普著作《云林石谱》中，欢迎随时免费阅读。奇石的用途其实非常广泛，包括但不限于造假山、制屏风、制砚以及制作其他器具和玩具。限于时间，这里重点从观赏角度进行讲解。

从视觉上看，理想的玩石需符合四个标准，即瘦、漏、透、皱。“瘦”是指石形玲珑奇巧，而非浑圆一体。最好石体修长，中间有束腰。“漏”和“透”是指石体应具有透空、通透、宛转相通和嵌空穿眼等特点。其中，“漏”烘托幽深感和神秘感，而“透”则有通明感和空灵感。在石体中，前后上下贯穿的孔洞大小不等，方向各异，令人叹为观止。“皱”是指石体嶙峻，石理笼络隐起，触之有手感，应给人以历史沧桑感。实际上，它们本来也是地壳运动和风化剥蚀留下的岁月痕迹。进一步的视觉之美还表现在色彩、纹理和形状三个方面。先看色彩，以华贵、对比明显、颜色丰富者为上品。石色之多，竟高达86种。不仅有常见的黑、紫、碧、青、白、褐、黄、灰、红等单色，还有深绿、微紫、稍黑、浅青、微灰、黑绿等许多过渡色，更有多色并存。若单论色彩，则有美如“白肤”的昆山石；若论光泽，则有美如“紫微燥”的青州石和“青白稍润”的澧州石；若论色感，则有“五色斑斓”的黄州石等。石之纹理以更接近自然和人类社会中的既有物象者为上品，比如“纹理旋绕如刷丝，间有人物鸟兽云气之状”的玛瑙。石之纹理至少有32种，有的“其纹多白脉”，有的“纹如深黄”，还有的“石理细润”，等等。纹理包括纵纹、横纹、圈纹、刷丝纹、山形纹、图案纹、核桃壳纹、松节脉纹等。奇石自然呈现的外形更是千奇百怪，有的似山，有的如水，有的像画，这取决于观赏者的自由想象。奇石的质地也千差万别，有的透明，有的半透明，多数则不透明。

从听觉上看，不同的奇石在敲击后会发出不同的声音。据本人的不完全统计，击石之音多达53种。从音质上看，有的铿锵有力，如灵壁石“叩之，铿然有声”；有的婉转如歌，如永康石“叩之，声清越”。从音量上看，有的“宏亮”，有的“有声”，有的“微有声”，有的“无声”。具体说来，石灰岩大都叩之有声且多数声音清越，软质页岩则音低或无声，硬质页岩则音高，叶腊石、滑石、水晶之类则基本上没有石灰岩之声。

从触觉上看，不同的奇石在硬度和质感等方面千差万别，有51种之多。在硬度方面，有的坚硬，有的质软，有的细碎，还有的挺而锐。若再细分的话，又有甚软、稍软、稍坚、不甚坚、坚、颇坚、甚坚和不容斧凿8个级别。在质感方面，有的细腻如温玉，有的粗糙如磨盘，有的光润（比如“其质坚润”的林虑石），有的燥褐（比如“沙泥积质”的澧州石）。若再细分的话，又有粗涩、枯燥、颇粗、微粗、稍粗、甚光润、清润、温润、坚润、稍润和细润11个级别。最后，从体量上看，奇石有大有小，有高有矮，有长有短，有厚有薄，有粗有细。

好了，各位朋友，今天的奇石科普就暂时到此。下面请各位对照本馆实物，结合拙作《云林石谱》，细细品味相关奇石。谢谢大家的热情捧场，再见！

第七十回

反爹反兄反皇侄，救病救荒救世人

伙计，考试啦！请问："棣"字是啥意思？嘿嘿，不会了吧。其实，"棣"字意指草木茂盛。你还别说，真巧了，本回主角朱棣之所以能成为植物学家，还真与他名字中的那个"棣"字有关。他的代表作《救荒本草》《袖珍方》和《普济方》等都是草木之说，要么想治病救人，要么想在荒年救饥，反正都是普救众生。

《救荒本草》是一部区域性的植物志，它以灾年救荒为目的，专门探究哪些野生植物可以吃，吃哪些部位，如何吃等。全书共记载可食植物414种，包含草类245种、木类80种、米谷类20种、果类23种以及菜类46种，每种都配有精确的插图，还描述了植物的形态、生长环境以及加工处理和烹调方法等，甚至记述了某些有毒植物的去毒方法。比如，对于有毒的白屈菜，可加入"净土"共煮，然后就能安全食用。书中暗表，直到20世纪初，后人才偶然发现朱棣的这种去毒方法竟在理论上与现代化学中的吸附分离法相近。因此，严格说来，朱棣在化学方面也有重大贡献，只是过去被忽略了而已。另外，从创新角度看，与历代本草类书籍相比，《救荒本草》不但首次记录了许多新植物，而且清楚地回答了"吃哪些部位"的问题，比如哪些叶可食，哪些籽可食，哪些根可食，哪些笋可食，哪些花可食，哪些皮可食，哪些茎可食，等等。从植物分类的角度来看，该书也相当科学合理，既方便读者识别，也能反映植物间的亲缘关系。比如，归入籽可食的

朱棣著书浮雕

稗子、雀麦和燕麦等都是禾本科植物，归入米谷的野豌豆、山扁豆和山绿豆等都是豆科植物。另外，该书相当严谨，作者先将野生植物种植在园中，然后反复观察，在取得可靠结果后，才最终入书。这本书很实用，因为它的用途就是“或遇荒岁，按图而求之，随地皆有，无难得者；苟如法采食，可以活命也”。当然，随后的事实表明，该书的广泛影响早已超越救荒范畴。它启发明清两代不同地区的人们撰写了若干类似的著作，在一定程度上拯救了更多的饥民。它还直接为李时珍撰写《本草纲目》和徐光启撰写《农政全书》提供了众多素材，徐光启甚至将《救荒本草》全部收录在他的书中。该书甚至对今天的野生植物开发利用也有参考价值。此外，它在17世纪末传入日本，在19世纪传入英国，大大促进了美日欧的植物学研究。

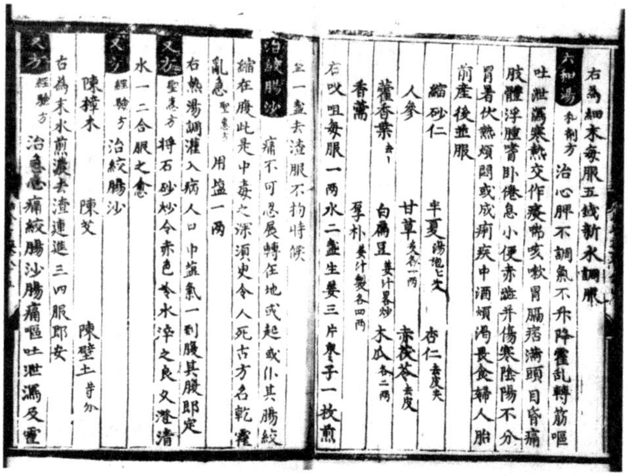
右為細末每服五錢新水調服
六和湯 和劑方 治心脾不調氣不升降霍亂轉筋嘔
吐泄瀉寒熱交作痰喘咳嗽胃膈痞滿頭目昏痛
肢體浮腫嗜卧倦怠小便赤澁并傷寒陰陽不分
冒暑伏熱煩悶或成痢疾中酒煩渴畏食婦人胎
前產後並服
縮砂仁 半夏湯泡七次 杏仁去皮尖
人參 甘草炙各一兩 赤茯苓去皮
藿香葉去土 白扁豆姜汁略炒 木瓜各二兩
香薷 厚朴姜汁製各四兩
右㕮咀每服一兩水二盞生姜三片棗子一枚煎
至一盞去滓服不拘時候
治絞腸沙 痛不可忍展轉在地或起或仆其腸絞
縮在腹此是中毒之深須臾令人死古方名乾霍
亂急 聖惠方 用鹽一兩
右熱湯調灌入病人口中鹽氣一到腹其腹即定
又方 聖惠方 將石砂炒令赤色冷水淬之良久澄清
水一二合服之愈
又方 經驗方 治絞腸沙
陳樟木 陳艾 陳壁土等分
右為末水煎濃去滓連進三四服即安
又方 經驗方 治急心痛絞腸沙腸痛嘔吐泄瀉及霍

《袖珍方》节选

朱橚的另外两部代表作《袖珍方》和《普济方》虽然都是医书，但在医学水平上并未达到巅峰，这也是本书未将他纳入“医学篇”的原因。但与以往的各种医书相比，它们又各有特色。《袖珍方》是专门为底层贫苦百姓量身订制的医书，所列药方都只包含最便宜、最常见的中草药，所针对的病症都是最常见的疾病，所给出的治疗方法都是最简单、最直接的方法，所采用的语言和插图都浅显易懂，以至半文盲患者也可以根据自身症状，自行处方，自行配药，自行医治。它是一本俗得不能再俗的医书，但事实证明，在缺医少药的地区，它又最接地气，甚至成了当时普通民众居家旅行的必备书籍。而《普济方》则是另一类医书，其医学创新虽然不多，但内容相当广泛，堪称医药界的《永乐大典》。它集历代医药之精华，几乎涵盖了当时已知的所有疾病，而且治疗方法通俗易懂，插图精准，文字形象，有助于大幅度提高全民医疗水平，使基层百姓受益无穷。总之，朱橚的所有本草类著作都有一个共同特点，那就是以最朴实的方法来关心和帮助最底层的民众。

伙计，阅读至此，你一定会以为朱橚是贫苦百姓吧，至少曾经贫病交加过吧。但事实完全相反，因为朱橚竟是明朝开国皇帝的亲儿子，是含着金钥匙来到人间的正宗王爷。更让人意外的是，这位老百姓心目中的菩萨王爷在面对至高无上的皇位时，也照样垂涎欲滴，还多次涉嫌篡位。许多传记对朱橚的这类行为都遮遮掩掩，或避而不谈，或借故敷衍，其实大可不必。

话说公元1361年10月8日，朱橚出生在位于南京的吴国公朱元璋之家，他上面有4个哥哥。朱橚在9岁时就被两年前才登上皇位、经验不足的朱元璋匆匆封为吴王。果然，朱元璋转眼就后悔了，觉得首都地区（吴地）乃国家财税中心，不宜建藩，否则皇权会受到威胁。于是，在17岁那年，朱橚又被改封为周王。朱元璋的这一举动会让朱橚产生啥联想呢？毕竟朱元璋当年也是从吴王之位登上皇帝宝座的。三年后，朱橚受朱元璋之命到开封就藩。刚开始时，朱橚只喜欢读书，一到封地就四处收集书籍。他不但博览群书，还精通戏曲音律，更创作了一部文学名著《元宫词》，接着又完成了医学处女作《保生余录》。但从21岁开始，朱橚便爱上了兵权，曾经奉旨亲率大军赴北京援送粮草，帮助已在那里就藩的朱棣。这哥俩在北京是否有过啥约定或默契？现在已不得而知。7年后，28岁的朱橚却干了一件非常危险的事情，竟擅自离开封地，带着军队进入朱元璋的大本营凤阳，还在那里秘密会见了他的岳父、开国名将冯胜。此举几近谋反，重可杀头。朱元璋勃然大怒，不但臭骂儿子"古今至蠢"，还立即剥夺其爵位，将其流放到遥远的云南，以免后患。仅仅一个月后，朱元璋又觉得不放心，便将他押回都城，囚禁在自己的眼皮底下。30岁那年，朱橚完成了《普济方》和《袖珍方》。这一年，他才被允许返回封地。

朱橚31岁那年，朱元璋钦定的皇太子朱标突然病故，太子之位便立即成为众皇子眼中的"唐僧肉"。6年后，朱元璋去世，他在临死前绕过手握重兵的25个儿子，将皇位直接传给皇太孙，史称建文帝。于是，一场悲剧上演了。首先，建文帝于1399年突然将自己的亲叔父朱橚逮捕，将其贬为庶人，流放到云南蒙化。三年后，他还觉得不放心，又将他押回来禁锢在南京，其罪名又是涉嫌谋反。至于朱橚是否有反意，现已说不清。朱橚的儿子朱有爋确曾举报过他图谋不轨。1402年，朱棣率兵攻入南京，夺走了亲侄子的皇位。从此，建文帝生死不明，朱橚也走出牢房，恢复爵位，返回原封地，还被加禄五千石。

这场争斗当然不会就此罢休。朱橚刚回到封地两年，朱棣就开始怀疑他了，因为朱橚公然在开封挑战朱棣皇位的正统性。于是，朱棣便在1404年以“开封有河患”为借口，想将朱橚改封到洛阳，让他离开经营多年的老巢。可朱橚不接招，咬定“开封堤固”，就是不走。1406年，朱橚完成了自己的主要代表作《救荒本草》。当然，兄弟俩的角力仍在暗中进行。1416年，朱橚竟胆敢辞掉皇兄赏赐的礼品，让人浮想联翩。1420年10月，又有人指控朱橚谋反。1421年2月，朱棣将朱橚召到京城，出示了举报信，吓得朱橚“顿首谢死罪”。不知何故，朱棣这次却网开一面，竟未追究他的“谋反之罪”。从此，兄弟俩的争斗暂告一个段落。年已六旬的朱橚在安全回到封地后，自愿上交了兵权。1424年8月12日，朱棣去世。朱棣之子继位后，立即给叔父朱橚增加了奉禄。可仅仅几个月后，这位新皇帝又于1425年5月29日去世。紧接着，朱橚自己也于同年9月2日去世。

唉，要是没有这场悲剧就好了。对照一下时间表，不难发现：朱橚的所有成果几乎都是在争夺皇位的间隙和被囚禁期间完成的，若无皇权争斗，他本该取得更多更高水平的学术成就。

第七十一回 名门望族出怪才，怎么好玩怎么来

嘉靖二十一年，准确地说是1542年10月10日寅时，在浙江宁波一个盛产怪才的名门望族中诞生了一个神奇的男婴。时年42岁的老父亲屠大山一高兴就给儿子取名为屠本畯，字田叔、豳叔，号由叟。可儿子一听就不高兴了，心中暗自叫苦道："爹呀，孩儿这才刚刚出生，您就一会儿叫叔一会儿叫叟（老者）的，孩儿有那么婴年老成吗？亏得您还是1523年的殿试金榜甲赐进士，您知道'畯'的含义吗？对，它其实是指西周时管理奴隶耕种的官名，莫非您老想让儿子穿越回到西周去当官？"唉，父命难违呀！后来，本回主角屠本畯又给自己取了一个名字：屠汉陂。再后来，他又给自己取了四个号：一曰憨先生，虽然他压根儿就不憨；二曰豳叟，这才名副其实；三曰桃花渔父，以区别于陶渊明的桃花耕父；四曰乘龙丈人，即乘龙快婿的搞笑升级版。总之，从取名开始，屠本畯就已在准备成为研究龙子龙孙的海洋生物学家了。

屠家是明代宁波四大望族之一。屠本畯的先祖屠季在1259年南宋即将被灭之际，自常州逃到宁波。早期的先人多为清寒处士，后经累世耕读，名人辈出，比如明代产生了吏部尚书屠滽、都察院左都御史屠侨、兵部侍郎屠大山等。

几口奶下肚后，主角又发现屠家有三怪。

一怪是辈分与年龄经常倒挂，且倒挂得还很厉害。比如，主角自己就有一个名叫屠隆的从祖，即祖父的兄弟。该从祖的年龄竟比自己还小1岁。

二怪是所有学问通吃。这家人善写八股文、擅长考试，所以出了很多官员。他们还善于研究无关科举的博物学，对植物、动物、园艺等知识都兴趣盎然，以至这个家族成了我国博物学先驱。此外，这个家族历代多有作品传世，比如屠滽传有《丹山集》，屠侨传有《简肃公集》，屠大山传有《竹墟司马集》等。这个家族不仅能文，而且善武，尤以屠大山最为突出，他曾出任兵部侍郎（相当于国防部副部长）和应天巡抚兼提督军务（相当于首都地区军政一把手）。此外，屠大山还是一位难得的好官，至今重庆合川还留有纪念他的"屠公堤"。原来，该堤是当年屠大山在此为官时自掏腰包修建的惠民工程之一。可惜，在一次抗倭战斗中，因部下兵败，屠大山无故受牵连，被打进死牢。后来，他幸得贵人解救，在被削职后隐归故里。新皇继位后，屠大山才被平反。晚年时，屠大山又迷上了黄老之学，成了超凡脱俗的道学大师。

三怪是盛产怪才。屠家人的行为举止大都有点古怪。在屠氏怪才中，能与屠本畯比肩的当数他那位从祖屠隆。此君到底有多怪呢?《明史》说他“生有异才”,我们说他唐伯虎第二,更有史学家怀疑他是《金瓶梅》的作者。屠隆在官场上一帆风顺,最终官至礼部主事。在诗词书画方面,他堪称“明末五子”,以至被当时的文坛领袖王世贞盛赞为“诗有天造之极,文尤瑰奇横逸”。在戏曲方面,他精通音律,喜欢登台献艺,更是著名的剧作家,被誉为“中兴五子”。他的《昙花记》等曾“大行于世,叫座京城”,其知名度堪比《牡丹亭》的作者汤显祖。在为人处事方面,他纵情于诗酒,豪放好客,说空谈玄,广交名士,爱好游历,曾遨游于吴越间,寻山访道。在博物学方面,他虽不如本回主角,但对历史上千奇百怪的酒具进行了详细研究。

屠氏家族一直就有重视教育的传统,族谱中记载有祖先的育才案例。比如,屠氏家族的首位高官、吏部尚书屠滽的母亲徐氏特别重视孩子读书。家里没钱交学费时,她不惜变卖首饰、亲自纺织,以资学业。她发现孩子有轻浮行为时就立即纠正道:“君子不重则不威,汝等知乎!再不得如此也!”正是在她的精心教育下,屠滽才成了一位德才兼备的大官,毫无骄矜之气。据说,有一次,一位下属不小心将墨汁洒了屠滽一身,吓得惶恐不安。屠滽却宽慰道:“我正嫌衣服太白,谢谢你及时帮我染黑。”另外,屠隆在谈到子女教育时也认为:富贵纨绔之子幼时虽也聪颖,但因常听阿谀奉承之辞,易被夸昏头脑,骄傲自满,目空一切,因此,应让孩子知礼而谦虚,杜绝骄横粗鄙之气,督促孩子认真学习,培养踏实稳重之风。在合理奖励孩子方面,屠氏家族谨守“一事之能,慎无轻奖;一语之能,慎无妄夸”的原则,意思是实事求是,不随意夸奖,更不溺爱。

书说简短,在家族传统模式的培养下,屠本畯终于长大成人了。此时,他已是一位“疏眉朗目,状貌洒脱,性情放达”的年轻人了。细心的读者马上会质问:今人怎知他的外貌呢?嘿嘿,仍然得知于那部屠氏族谱。该族谱中原本还有他的画像,可由于年代久远,早已模糊不清,幸好当初编写族谱的人在画像旁还写有一行“配画诗”。屠本畯爱书如命,以读书著述为乐。他曾说:“吾于书,饥以当食,渴以当饮,欠伸以当枕席,愁寂以当鼓吹。”他从小到老都勤学不辍,从未改变。屠本畯鄙视名利,廉洁自律。他并未参加过科举,而是因父荫而进入官场,先后任刑部检校、太常寺典薄、礼部郎中等职,后来出任两淮运司同知、福建盐运司同知、湖广辰州知府、中宪大夫等。伙计,若你嫌这些官名让人眼花缭乱,则可将其忽略。但此处为啥要保留这段文字呢?因为它几乎是唯一流传至今的有关屠本畯生平的文字记录。屠本畯在福建任职期间，其科研成就出现了首个高峰。公元1601年，屠本畯被罢官归家，居乡二十余年，从此便意在“畅山林之趣，尽幽赏之致”，出现了第二个科研高峰。1622年11月3日戌时，屠本畯在家中安然逝世，享年80岁。

性急的读者也许会抗议道：主角已去世，你们为啥还没说他的科研成就呢？是呀，我们更着急。若用“著作等身”形容主角的成就，就早已不够了。若用写实手法介绍他的全部著作，则又难免过于简单。屠本畯的研究领域实在太广泛，无论多么稀奇古怪的玩艺儿都能被他当成学问研究得头头是道，他还能一本正经地写出专著。看来他才是真正掌握了科研精髓之人。在诗歌方面，他虽不如屠隆，但在400多年后的今天，网上仍然流传着他的众多诗篇，特别是那首《潮生》更是脍炙人口。诗曰：“潮生君未来，潮落君又去。来去总无常，劳劳西江渚。江渚月明潮又回，郎行那得好怀开。明朝试看天边月，不待潮生荡桨来。”在戏曲方面，他也是精彩连连。为庆贺自己的七十大寿，他竟专门编撰了一个诙谐幽默的单折剧本《饮中八仙记》，在当时引起了轰动。在茶道方面，他在66岁时编撰《茗笈》，将品茶活动搞成了一门高深的学问。他在《茗笈》中煞有介事地从逻辑上严密论证了茶食、茶水与茶人的德性、习惯、年龄、生活方式等密切相关，全无牵强附会之意。在美食方面，他编写了《海味指南》《闽中荔枝谱》《野菜笺》。在园艺方面，你若喜欢栽花养草，可读读他的《瓶史月表》，该书列出了每月该种什么花；你若喜欢植树赏苗，则可读读他的《离骚草木疏补》；你若想发家致富，则可读读他的《山林经济籍》；你若想玩虫养鸟，则可读读他的《昆虫疏》。总之，无论是动物、植物、食物、玩物等诸多事物，他在研究中都有所涉猎，几乎都写有专著。

但是，若屠本畯只有上述科研成果的话，他就进不了本书，因为我们只为中国古代最杰出的科学家写传。他的真正科学代表作是他在54岁那年应上级要求撰写的一本奇书《闽中海错疏》。该书的“奇”表现在如下三个方面。

首先，该书的历史遭遇很奇特。成书之际，该书只被当成无聊的介绍玩物的书籍，几乎失传。待到300多年后人们发现其科学价值时，作者的生平事迹早已被历史长河冲刷得干干净净了。

其次，该书的科学价值很奇特。它是我国最早的海生动物志，分门别类地介绍了福建沿海地区的200多种海生动物。有些生物（如海胆等）首次被记录。该书已显露了生物分类思想，而且其分类方法基本正确。总之，该书是我国海洋生物学的开山之作，它奠定了海洋鱼类的分类基础。

最后，在今天普通读者的眼中，该书的待遇也很奇特。老实说，为撰写本回，我们找到了该书的古老手抄版。结果一看，我们差点没喷饭。原来它竟是一本枯燥乏味的流水账，没有半点文采。针对每种动物，它都是千篇一律地注明名称、形态、习性、地理分布和经济价值等。

第七十二回

官场耽误科学家，状元著书挤闲暇

乾隆五十四年，华盛顿当选美国首任总统，法国大革命爆发并通过了《人权宣言》。这一年诞生了一大批世界级科学家，比如发现欧姆定律的德国物理学家欧姆、法国著名数学家柯西、美国哈佛大学天文台首任台长邦德、发明达盖尔银版摄影法的法国艺术家达盖尔等。这一年也就是公元1789年，河南固始县的一个大户人家中诞生了一位中国古代著名科学家，即植物学家、矿物学家和水利专家吴其濬（字季深，号吉兰）。当然，若再加以扩展的话，他还是一位高水平的书法家、文学家、农学家和药学家等。

不过，襁褓中的吴其濬心里很清楚，自己此刻还什么家都不是，最多只算“尿炕家”，但确实又是让左邻右舍羡慕不已的“官三代”。他的祖父是进士，官至广东按察使，著有传世之作《清芬书屋文稿》。他的外公是进士，官至庶吉士，专为皇帝起草诏书和讲解经籍。他的伯父是进士，官至解州直隶州知州，著有传世之作《卧云山房文稿》。他的父亲是进士，官至兵部和吏部左右侍郎，著有传世之作《中州文献考》。他的长兄也是进士，官至兵部右侍郎，著有传世之作《藤花书屋遗稿》。另外，他的堂兄、堂弟和两个侄子也都是进士。一句话，他家干脆就是“进士专业户”。据不完全统计，仅在清朝，他们家祖孙四代涌现了十位进士和一位状元。

从5岁起，吴其濬在能诗善文的妈妈的辅导下，开始接受启蒙教育。10岁，他拜伯父为师，就读于固始县的著名私塾临淮书院。小家伙聪明伶俐，好学不倦，见啥都好奇，史称“于书无所不览，精通古今要典”。更重要的是，他生性好强，遇上不懂的问题时总要刨根问底。而正是这一特点将他引入了奇妙莫测的植物学世界，接着再将他引入了矿物学和水利学等领域。

大约在他11岁时，一位远方亲戚送来一筐他从未见过的奇怪水果。它们的形状很怪，有的像椭球，有的像圆球，有的又像纺锤；有的小如鸭蛋，有的大似柚子，大者可达数斤。虽这些水果都呈淡黄色，很粗糙，也很难剥皮，但有的皮很厚，有的皮很薄。内层果皮也很怪，虽都为松软的海绵状，但有的呈白色，有的为淡黄色。果肉很怪，约有10个瓣，有的无色且近乎透明，有的又呈淡乳黄色。果味更怪，有的酸，有的甜，但都很爽脆，尤其是香气特别浓郁，老远就让人垂涎欲滴。吴其濬的问题马上就来了：这是啥水果，叫啥名，产自哪里？问妈妈吧，她不知道；问身边的秀才吧，大家都摇头；问举人吧，大家都脸红；再问进士吧，大家干脆顾左右而言他。总之，问遍学识渊博之士，他也没有得到答案。既然长辈们都不知道，那就只能靠自己了。但他翻遍所有书籍，也没能找到答案。他从此患上了“仙果相思病”。无论到哪里，无论做啥事，他都会莫名地想到那若隐若现的仙果。

花开两朵，各表一枝。至于吴其濬后来到底在哪里在何时找到答案，此处暂且按下不表。却说12岁那年，吴其濬随妈妈迁居北京，住进爸爸的官邸。起先他就读于一家著名私塾——清芬书屋。对，就是他的爷爷传世之作《清芬书屋文稿》中的那个书屋。后来，他又考入最高学府国子监，从此学业大进。21岁时，他在北京参加乡试，顺利考取举人，然后捐了一个名叫“内阁中书”的芝麻官，并借此机会阅读了大量皇家书籍，特别是植物学方面的本草类书籍，为今后撰写植物学专著积累了丰富的素材。28岁那年，他一路过关斩将，顺利通过会试和殿试，终于以第一甲第一名的成绩高中魁首，状元及第，被授予从六品的翰林院修撰。这个官职相当于皇帝的“贴身速记秘书”，主要负责整理笔录，记载皇帝的言行，草拟相关会议文件，给皇帝讲解经史。在皇帝身边工作期间，吴其濬意外被从天上掉下的馅饼砸中，他竟在福建进贡的礼品中偶然见到了那些他念念不忘的水果！欣喜若狂的他虽不敢与皇帝抢水果，但总算知道了它的芳名——香橼，俗称蜜罗。从此，他的好奇心反而更重了。他想知道香橼树到底长啥样。

两年后，30岁的吴其濬奉旨到广东主持乡试，担任主考官。刚下车，他就迫不及待地打听附近有无香橼和香橼树。对方一听就傻眼了，这里满街都卖香橼，满山都是香橼树，有啥稀奇吗？待到他冲到香橼面前时，这回又傻眼了。眼前的香橼却变成了指状（俗称佛手）。有的“手指”挺直或斜展，称为开佛手；有的“手指”闭合如拳，称为闭佛手；有的更神奇，在同一果实上，外轮肉条为开手，内轮肉条则为卷拳。原来佛手只是香橼的众多变种之一。到了云南，它又变成仙桃形或阔卵形，横径为5～9厘米，果皮厚约5毫米，果肉甚酸。即使佛手也有许多变种。比如，根据产地的不同，药用佛手又

佛手

分为浙江的兰佛手、福建的闽佛手、广东和广西的广佛手、四川和云南的川佛手等。哇，植物变种如此丰富多彩，惊得吴状元目瞪口呆。看来，世界真奇妙呀！在详细记录了香橼的枝、叶、果、种等的特性，绘制了详细的图纸，并狼吞虎咽了一通后，吴其濬的“仙果相思病”总算治好了。但是，伙计，别高兴得太早，因为他又患上了更揪心的“植物相思病”。唉，真是愁呀愁，才下眉头，却又上心头。从此以后，吴其濬成了植物迷：看书只看植物书，郊游只看植物，与朋友谈天说地时，也会三句话不离植物。反正，他把业余时间几乎都献给了植物学。

也不知是幸运还是不幸，就在吴其濬天天盼望多一些业余时间之际，从32岁开始，他竟意外地获得了连续8年多的研究时间，但代价相当沉重。他32岁时父亲去世，34岁时伯父和长兄先后去世，36岁时妈妈又去世。按当时的习俗，他就得在家接二连三地守孝。正是在这段时间内，吴其濬如愿以偿地将自己打造成了伟大的植物学家，还意外地成了水利专家。

为了更高效、更仔细、更系统地观察各种植物，守孝中的吴其濬干脆在家乡的史河沿岸购置十亩荒地，建造了一个名叫“东墅”的私家植物园，作为自己的科研基地。门上醒目地写着一副意味深长的对联，上联是“荒地十亩，亦种奇花亦种菜”，下联是“茅屋数间，半藏农具半藏书”。从此，东墅就成了吴其濬的福地，他在这里“植桃八百，种柳三千”，“编槿为篱，种菜数亩”，“经营三四年，绿鬖髿覆半墅”。通过在东墅的8年“自我调养”，吴其濬终于完成了治疗“植物相思病”的第一个“疗程”。他在这里疯狂地研读了众多植物学古籍，亲自栽培并仔细考辨了各种标本植物。他还经常到野外考察花草树木，完成了《植物名实图考长编》一书的初稿，收载并汇编了历代书籍中有关植物的全部文献，包含838种植物，涉及产地、形态、名称、品种、栽培、药用等方面。为啥说这只是“第一个疗程”呢？因为该书稿只是阶段性成果，他自己也发现其中所收录的前人的许多描述其实有误或不严谨，

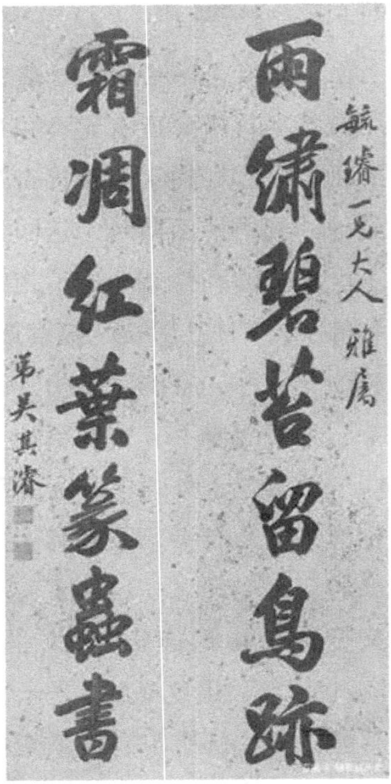

吴其濬书法作品

必须在今后找到实物标本，再行核对和增删。而植物的生长都有区域性，要想获得所有标本并不容易，必须经过长期和多地区性的亲自查验。于是，随时随地收集见到的植物标本，核对并修订前人的成果，将新发现的植物另行记录下来，便成了他后半生的主要工作。

吴其濬成为水利专家也实属意外。有一年，山洪暴发，东墅被淹，损失惨重。在心痛之余，吴其濬那生性要强的驴脾气又被激发了。他二话不说就背着干粮，溯史河而上，长途跋涉，进入大别山腹地，终于搞清了水患的原因，并撰写了一篇简短的考察报告《治淮上游论》。仅凭该报告中的一个字“蓄”，他就毫无悬念地成为了伟大的水利专家。因为这个“蓄”字给出了一种全新的并被沿用至今的对付洪水的方法。伙计，千万别小看这个“蓄”字，它竟是继鲧的“堵”和大禹的“疏”之后的第三个，也是目前已知的最后一个治洪法宝。目前世界上最大的水利工程——三峡大坝便是“蓄”法治水的范例。实际上，三峡大坝的第一功能就是防洪，用“蓄”来防洪，即利用三峡的巨量库容，在汛期拦截洪峰，汛后再适时泄洪，由此将长江中下游的防洪标准从“十年一遇”提高到“百年一遇”。

40岁那年，守孝期满的吴其濬回朝任职，从此便开始了马不停蹄的官场“迁徙”。据不完全统计，此后他担任过江西和湖北学政，兵部侍郎，湖南、湖北、云南、贵州、福建、山西等省的总督或巡抚等。我们当然没兴趣描述他的官场表现，道光皇帝曾表扬他“学优守节，办事认真”。但是，吴其濬“宦游各地，官迹遍布大半个中国”的经历的确使得“第二个疗程”的效果奇佳。他每到一处任职都会广泛搜集当地的植物标本，在庭院中培植野生植物，请教当地的植物专家。在去世前一年，他终于完成了自己的植物学代表作《植物名实图考》，一部“欧美植物学家研究中国植物学的必读书籍”。该书是国内首部纯粹研究植物的生物特性而非某种应用的学术专著。书中首次记载了蕨类植物的生殖器官孢子囊。全书共载植物1714种，其中512种植物都属首次记载，附图1805幅。该书对考求近现代植物品种甚有价值，既可用于鉴定植物科属，又对医药颇多裨益。19世纪后期，该书传入日、德、法等国，对那里的植物学研究也产生了相当大的影响。

在55岁左右，即去世前三年，吴其濬又使自己意外地成了矿物学家，只不过这次与本职工作有关。此时，他刚调任云南巡抚代云贵总督，而清政府急需挖掘地下矿藏，以赔偿四年前西方列强在鸦片战争中的巨大“损失”。吴其濬又跟寻矿较上了劲。经过认真调研，他又写出了一本奇书《滇南矿厂图略》，全面详细地记

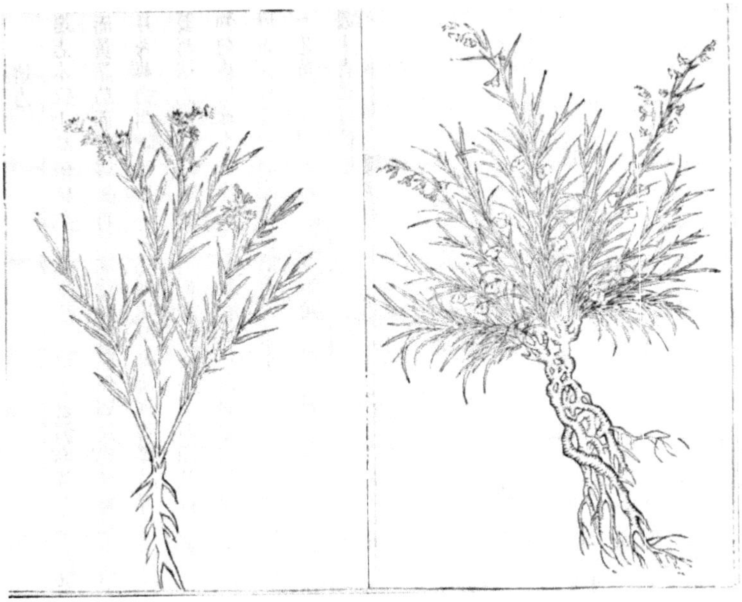

《植物名实图考》插图

载了康熙至道光年间铜、银、金、锡、铅、铁等矿物在云南地区的分布、产状以及找矿、采矿、洗选等内容。

《滇南矿厂图略》插图

刚写完矿物学专著，吴其濬又调任山西巡抚，不料旧病复发，只好回家养病。又过了半年多，他不幸于1847年去世，享年仅58岁。唉，一位被官场耽误了的科学家就这样英年早逝了。安息吧，吴其濬先生！

物理化学篇

京　房　狐　丘　荀　勖　谭　峭
郑复光　丁守存　徐　寿　徐建寅

第七十三回

算天算地难算乙，和阴和阳和乐理

“施主留步，看你印堂发黑，三日之内必有血光之灾！且听贫道送你一卦，逢凶化吉，不灵不要钱。”伙计，如此标准的易经算命开场白，你绝不会陌生吧。但是，请坐好了，扶稳了，告诉你一个惊人的秘密：这些算命先生的祖师爷就是本回主角京房！真的，这不是开玩笑，他不仅是易经算卦的开山鼻祖，而且创立了专论灾异预测的《京房易》。实际上，早在伏羲生活的上古时代就有《易经》了。在周文王生活的中古时代就出现了《连山易》《归藏易》和《周易》等书籍，可惜其中的《连山易》和《归藏易》早已失传，只有《周易》流传至今。《易经》被誉为“诸经之首”和“大道之源”，它是中华传统文化的总纲领，蕴涵着朴素而深刻的和谐辨证思想和自然法则，是中华民族五千年智慧的结晶。目前《易经》有六宗：一为占卜宗，以预测吉凶为主，其核心内容就是本回主角及其弟子编写的《京房易》；二为禨祥宗，以谈鬼论神为主；三为造化宗，以运气之说为主；四为老庄宗，以老子的道学为基础；五为儒理宗，以儒家学说为基础；六为史事宗，主要介绍与《易经》相关的故事。其中，前三宗合称为“易经象数派”，它们显然属于玄学；后三宗则合称为“易经义理派”，显然更像哲学。由此可见本回主角在算命界的地位之高，但他同时还是伟大的声学家，否则本回就不会为他写小传了。

现在问题来了，算命和科学显然水火不容，我们既不能把本回写成算命先生小传，也不能完全忽略他的这个身份，毕竟从整体上看，他把绝大部分精力都放在了易经算命方面。不过，既然是为他写科学家小传，就得以科学态度来对待，既不能漏掉其科学贡献，也不能把玄学诡辩成科学。

好了，首先来证明“京房确实是一位声学家”，其证据主要有三。

证据一：京房是到目前为止，有文字记载的、有名有姓的改进笛子的最早的人物，他将笛子由过去的只能单独吹出1（do）、3（mi）、5（sol）、6（la）四个音的四孔笛改进为多孔笛，而且将新孔安排在笛子的后上部，以便按指吹奏。该做法一直被沿用至今。改进后的笛子不但操作更方便，发音也更丰富，比如可以组合出过去缺失的2（re）音。更重要的是，从此以后，诞生于新石器时期的笛子开始迅速成熟。伙计，千万别小看这项发明，因为笛子在乐器中的地位远比普通人想象的要高。实际上，笛子是迄今为止发现的最古老的汉族乐器，也是汉族乐器中最具代表性和民族性的吹奏乐器。最早的笛子是用飞禽胫骨钻孔而制成的骨笛，用于模仿适当的声音，以诱捕猎物和传递信号，后来才发展成乐器。到目前为止，河南舞阳和浙江河姆渡出土了距今7000年至9000年的各种骨笛。到了距今

4000多年前的黄帝时期，竹笛才开始出现。起初竹笛是竖吹的，到了汉武帝时期张骞通西域后，横吹的笛子才传入内地。在本回主角生活的时期，竹笛可能已相当流行了。在彼此相差300多年的曾侯乙墓和长沙马王堆三号汉墓中分别出土了吹孔位置很相似的竹笛。笛子对中国文化的影响远出普通人的意料。早在战国时，屈原的弟子宋玉就专门写了一首《笛赋》。李白也写有《观胡人吹笛》。杜甫更喜欢写笛，他在《秋笛》中说“清商欲尽奏，奏苦血沾衣”，又在《吹笛》中说“吹笛秋山风月清，谁家巧作断肠声”。此外，诸如苏东坡、宋子房和黄庭坚等历代文人墨客也都纷纷以笛为题，创作了若干精妙的诗歌和绘画作品。

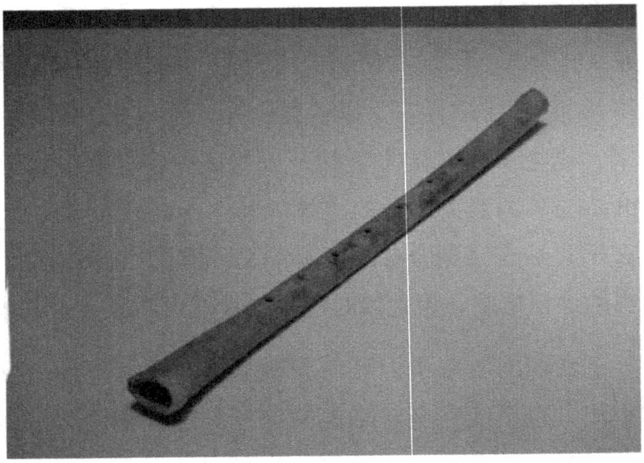
贾湖骨笛，距今7800~9000年，世界上最早的吹奏乐器

证据二：京房首次采用弦丝为“音准”来为乐器定音，而此前的音准器都是由竹管制成的。但自然长成的竹管本身就欠标准，不同竹节的形状和直径也有差别，因此很难充当高标准的音准器，更难通过调节竹管的长度来审音，特别是在工艺水平不高的古代更是如此。从现在的声学理论看，在工艺水平不高的情况下，以弦为音准不但更精确，也更容易操作。一来用蚕丝或羊肠可制成标准的细弦；二来细弦的长度可通过移动弦柱来轻松调节。比如，将弦长缩短一半时，则其频率刚好为原弦的2倍。实际上，当年京房的发明就是一种由13根弦组成的、类似于瑟的、名叫“准”的定音器。它的13根弦各有弦柱，可通过移动弦柱的位置来调整各弦的振动频率，从而发出不同的声音，完全满足了当时任何乐器调音的要求。可见，他已将乐律学知识与乐器改造结合在一起，其声学价值当然不可忽视。

证据三：京房发明了颇具乐理价值的六十律（注：另有说法认为六十律的发明者是京房的老师）。从声学角度看，它等价于一个拥有60根弦的特殊瑟（后世称之为“弦律器”）。第一根弦的长度为1个单位，比如假设为1米；调节第二根弦的弦柱，使其弦长为第一根弦的2/3；再调节第三根弦的弦柱，使其弦长为第二根弦的4/3；再调节第四根弦的弦柱，使其弦长为第三根弦的2/3……依此类推。一般地，调节第$2k$根弦的弦柱，使其弦长为第$2k-1$根弦的2/3；再调节第$2k+1$根弦的弦柱，使其长度为第$2k$根弦长的4/3……最后，调节第60根弦的弦柱，使其弦长为第59根弦的2/3。实际上，中国古代的十二律相当于该特殊瑟的前12根弦，而前述反复交替地乘以2/3和4/3的过程称为“三分损益法”。所以，京房的六十律实际上是对以往乐律的一种推广。可惜，该推广因操作复杂、乐器难制、音效改进有限等原因而未受重视，以至很快就在实操中被遗忘。不过，它在乐理方面的价值很大。晋朝荀勖的十二笛律、南朝钱乐之的三百六十律与何承天的新律、宋朝蔡元定的十八律、明朝朱载堉的十二平均律等，都在不同程度上受到六十律的启发。

此外，为了观天象以算卦，京房在天文方面也有所贡献。他首次注意到，日全食时可能出现2至4个或更多的由日面火焰状的喷射物形成的日珥。

好了，谢天谢地，本回主角的科学家身份总算确定了。下面有请京房先生闪亮登场。

在西汉年间的公元前77年，河南清丰的一个富豪家里诞生了一位名叫李君明的男婴。不用算卦就可以看出，小家伙耳聪目明。从少年时期开始，他就是孔子的铁杆粉丝，尤其喜爱六经中的《乐经》和《易经》。他沉溺于音乐，坚信音乐是天地阴阳二气相摩相荡的产物。他认为：“地气上升，天气下降，阴阳相摩，天地相荡，鼓之以雷霆，奋之以风雨，动之以四时，幻之以日月，而百化与焉。”他在《乐经》方面的研究成果，除前面介绍过的笛子、音准和六十律之外，还有一项必须提及的成果，那就是他通过不知什么方法便底气十足地“推乐律自定为京氏”，从此改名为“京房”。

由于自学已无法满足求知欲了，京房便自带干粮，挑起行李，来到一个名叫小黄的地方，跪拜那里的“半仙”焦赣为师，专攻《易经》。伙计，这焦赣可不是一般人物哟。从学缘上看，他是孔子的第十代直系易学传承者。孔子传《易经》于商瞿子木，再五传至齐田何子庄，再三传为孟喜，而孟喜再传焦赣，焦赣终传京房。从专长上看，焦赣爱用《易经》推演灾变，以自然灾害解释卦象，推衍人事，难怪《汉书》上说焦赣“长于灾变，分六十卦更值日用事，以风雨寒温为候，各有占验”。果然名师出高徒，京房很快就掌握了易经算卦的要诀，随后将其发扬光大，推向极致。不过，火眼金睛的师父也发现了弟子的三大致命弱点：其一，情商低，他甚至与白生、翟牧等师叔都搞不好关系，以至后者不承认其学缘；其二，口风不严，喜欢张扬，甚至直接有违《易经·系辞》中的“君不密则失臣，臣不密则失身，几事不密则害成。是以君子慎密而不出也”；其三，也是最致命的弱点，京房对政治特别感兴趣，甚至想借用易经算卦去实现自己的政治抱负。所以，在京房学成出师前，师父仰天长叹后，就送给这位得意弟子一卦，卦曰：“得我道以亡身者，必京生也！”

怀揣师父的凶兆卦词，不以为然的京房在33岁那年举孝廉，进入宫廷为郎官，积极预言各种政治灾变，还真的应验了数次。《汉书·京房传》中说他根据“日蚀，阴雾浓重，日月无光”等异象准确预言了“西羌反”的事情。接着，他又多次上书，预言天象，所言之事近则数月，远则一年，多有应验。京房也因这些神卦而获得了皇帝的青睐，甚至多次被接见，以回答卦相之事。这自然会招致某些大臣的嫉妒。不知是真相信自己的算卦神迹还是想借机实现自己的政治主张，京房在朝廷争斗的旋涡中越陷越深，甚至利用皇帝登基以来的“日月失明，星辰逆行，山崩泉涌，地震石陨，夏霜冬雷，春凋秋荣”等异象，开始染指朝廷人事安排，甚至向皇帝的头号宠臣、全然不懂《易经》的大太监石显挑战。他还得罪了朝中的另一位以研究《易经》闻名的重臣，而其原因仅是两人在《易经》研究方面的观点有异。更危险的是，京房的这两位主要政敌竟是多年的铁杆同盟。本回无意介入宫廷斗争的对错评判。总之，只经过简单的几个回合，政坛新手京房就败下阵来，被明升暗降地调离了皇帝身边，前往魏郡担任太守之职。败将京房若就此认输，也许就再无祸事了，可他想扳回一局，于是就利用“岳父是淮阳宪王之舅父”的特殊关系，托岳父通过宪王将一封奏折转呈皇帝，仍坚持自己那早已惹怒众臣的政治主张。更糟糕的是，他还守口不牢，机事不密。终于，政敌们很快就知道了消息，使出了狠命的绝杀计，找到机会以“诽谤朝政，毁誉天子，贻误诸侯王”等罪名，将他的妻子儿女流放到边远之地，将他的岳父腰斩，将他本人处死后弃尸荒野，不准收尸。时年正是公元前37年，京房年仅40岁。更令人恐怖的是，不知为何，“半仙京房之肉包治百病”的传说在民间开始流行。于是，京房的遗体很快就被抢割一空。唉，可怜的京房呀，一辈子算天算地，唯独没能算准自己的命运。

不过，也许稍微值得欣慰的是，枉死四年后，新皇继位，经淮阳王的鸣冤叫屈，京房终得平反，未亡家属也重新回到京城。另外，在其众弟子的长期努力下，影响后世两千年的《京房易》终于诞生了。至于它是否科学，各位应该有能力判断。

第七十四回

太上老君下凡尘，炼丹炼金又炼银

唉，本书为科学家写小传时，几乎每回都遇到不同的困难，本回遇到的困难尤其突出，我们甚至压根儿不知该如何下手。因为即使只锁定最基本的三个目标，即了解主角、纪念主角和学习主角，也仍然没有多少史料，而且很难从科学角度加以取舍。

先看“了解主角”。若排除各种神话传说，目前唯一能肯定的就是主角确实存在过，而非虚构人物，他还是著名的道士炼丹家，更是炼金炼银的最大“黄白师”，即传说中点石成金、撒豆成银的神人（以铜混金、以铅混银的高手）。至于他的生卒年月和生死地点等信息，几乎都是空白。他生活的年代既可能是东汉，也可能是三国，更可能是晋朝。根据其炼丹内容猜测，他约与东晋炼丹家葛洪为同时代人物。至于师承关系嘛，史学家们猜测：其师可能是道教“丹鼎学说”的奠基者魏伯阳，其徒可能是三国著名道士、道教“灵宝派”祖师葛玄。换句话说，若只从道家和炼丹角度看，主角的名气既不如其师，也不如其徒，不过仍称得上“太上老君在凡间的代言人”。至于主角的名字嘛，很可能是狐刚子，也可能是狐丘，还可能是胡罡子、狐罡子。为避免混乱，本回统称为狐丘。但必须指出，此“狐丘”与春秋时期穿着丧服去孙叔敖家道喜的那位“狐丘丈人”可不是同一人，虽然他们都是道家高人。当然，不排除后者是本回主角的偶像，以至狐丘愿以偶像为名，谨记其千古箴言（身份高贵而待人傲慢者，民心会远离他；地位显赫却擅自弄权者，君主会厌恶冷落他；俸禄丰厚却仍贪婪不知足者，祸患会随时降临他）。

再看如何“纪念主角”。也许读者会觉得奇怪，他是如此有名的人物，我们怎么连他的名字都搞不清呢？是呀，狐丘早已被历史湮没，只是现代史学家们前赴后继，在众多残存书籍中寻找古代科学家时才重新发现了他。实际上，狐丘的著作虽不少，但全都失传。幸好有人从唐朝的书籍中发现了狐丘在炼金炼银方面的一些重要佚文，并得知他还著有《河车经》《玄珠经》和《金石还丹术》等著作。当然，他的代表著是《出金矿图录》和《五金粉图诀》。

但问题马上来了，面对狐丘这样以追求完全不科学的“长生不老”和“点石成金”的半仙们，该拿什么东西去纪念他们呢？当然不能是他们在炼丹和道学方面的成就，也不能是毫无根据的传说，而必须是相关的科学成就。幸好，从狐丘的众多炼丹“沙海”中，确能淘出几粒闪闪发光的“科学之金”。

在地质学方面，狐丘在《出金矿图录》中对金银的性状、地质分布、寻矿采集及冶炼等都进行了实地考察和深入研究，指出金矿或在水中或在山上，并将金子分为沙金和山金，还特别提醒在山中寻找金脉时要注意辨别伪金矿。

在化工方面，狐丘最早给出了提取硫酸的方法，即用“干馏法”从石胆中提取硫酸。他还给出了一种制作金粉的巧妙方法：先将金箔剪碎，然后与液态汞搅拌成厚粥状，再加入盐粒共同研磨，使金粉附于盐粉表面，再加热使汞蒸发，最后让盐溶于水，就可制得超细金粉。该制作法被后世沿用千年，甚至载入了明朝的《本草纲目》，直到医学界忌服金粉后，它才在中药制备中被删除。

在冶金学方面，狐丘在《五金粉图诀》中给出了多种古老的冶金工艺，特别是最早记载的冶炼贵金属的“吹灰法”。无论该方法是不是他的原创，它都确实有效。另外，他还发明了一种名叫“密闭抽汞法”的改进型炼汞法，这标志着中国炼汞史的重大转折，因为从此以后，过去那些挥发性大、回收率低的开放式炼汞法几乎全被淘汰。此外，他的“九转铅丹法”也是最早的冶铅法。更难能可贵的是，他还罕见地对其炼汞法进行了定量描述，指出“好朱砂一斤，可炼得十二两汞”。若中国的炼丹师都有这种量化习惯，都对其炼丹的成败有详细的量化记录，现代化学也许就会诞生在中国而非西方了。

最后，再看如何“学习主角”。这又是一个大问题，因为稍不注意就可能学到糟粕，甚至“走火入魔”。一来，今人已不知狐丘当初到底是如何取得上述科学成果的，所以无法学习他的科研态度和精神。二来，从今人角度来看，狐丘的这些科学成果几乎都只剩史学价值，不值得直接学习其内容了。三来，从今天的科学角度看，包括狐丘在内的所有古代炼丹者的方法其实都相当不科学，甚至可以说炼丹是除神学之外最不科学的学问。他们的研究方法与大胆假设、小心求证的正确科研方法相去甚远，或者说是“大胆假设有余，小心验证不足”，甚至压根儿就不去验证。他们对待研究结果的态度也不科学，只热衷于胡吹海夸“仙丹”的神效，而对其负面影响视而不见，甚至找借口故意隐瞒，以至出现众多事故。若他们能稍微客观地对待“仙丹”的疗效，那么肯定能及时避免众多伤亡，甚至可能改进相关炼丹配方和过程，使之更加合理。他们对研究过程的记录也不科学。在这一点上，与西方的炼金术士相比差远了，后者习惯于详细记录每次实验的量化配方，以免再犯同类错误。

那么，又该如何向主角学习呢？当然不会学习其炼丹术！“三人行，必有我师焉；择其善者而从之，其不善者而改之”。因此，下面通过分析炼丹术的历史，看看究竟哪些该“择其善者而从之”，哪些“其不善者而改之”。希望这些分析有助于读者今后在自己的科研工作中积累更多的经验，吸取更多的教训。

炼丹始于公元前3世纪的战国时期，盛行于秦汉时期，并在唐朝达到顶峰，随后衰落，再在明朝回光返照，此后几乎销声匿迹。炼丹术利用加温升华法来制造相关药物，以“长生不死”“包治百病”“还丹成仙”和“点石成金”等为目标。可见，炼丹还包括不可能实现的炼金，即试图用铜铁等常见金属冶炼出金银等贵金属。炼丹的动机源自神话中的长生不老观念，但炼丹术的首个高峰归因于秦始皇。此人终生都想得到神仙方术，早在20多岁时就迷上了长生不老之药。为了修仙，他经常待在咸阳地宫中，一面批阅奏章，一面“接引”神仙，严禁外人打扰。他到死都深信炼丹术，并用汞打造了陵墓地宫的江河湖海。后来，又有更多的皇帝步其后尘，沉溺于炼丹，甚至因此而丢了小命，比如晋哀帝、唐太宗、唐宪宗、唐穆宗、唐敬宗、晚唐的武宗和宣宗等。至于因服丹而中毒的皇帝以及因服丹药而丧命的各界人士，那就更多了，甚至像李白、杜牧、韩愈、白居易等文人雅士也都热衷于炼丹和服食丹药。虽付出了沉重的伤亡代价，但炼丹术确实在一定程度上刺激了古代科学的发展。

炼丹术可细分为内丹术和外丹术。前者以人体为丹炉，后者以鼎为炉，通过各种秘法烧炼出用以服食的丹药，或试图把铜铅等金属炼成金银。为避免混淆，本回后面所说的炼丹都指外丹。从字面上看，之所以称为“炼丹”是因为最终炼制出的药丸都是红色，即丹砂（硫化汞）之色。故所谓的“仙丹”其实大都含有汞，万万不能服用，这也是历史上许多人因服用丹药而丧命的原因。但令今人感到不可思议的是，在众多神话、迷信和谎言的掩盖下，在“以毒攻毒”理论的指引下，剧毒丹药竟然堂而皇之地进入了各种权威医书。比如，成书于秦汉之际的《神农本草经》宣称“上等丹药能令人身安、延命、升天、成仙”等；晋朝医学名著《抱朴子·金丹篇》不但全面总结了汉晋以来的炼丹术，也声称仙丹能“令人长生”。

从科学角度看，炼丹工具主要有丹炉、丹鼎、水海、石榴罐、甘埚、抽汞器、华池、研磨器、绢筛、马尾罗等，它们大都是今天化学实验和冶金工业中常见器皿的前身，所以，炼丹为现代科学实验提供了不少有效器具。炼丹的原料包括约60种无机物和有机物：从元素层次上看，包括汞、硫、碳、锡、铅、铜、金、银等；从化合物角度看，包括砒霜等氧化物、雌黄等硫化物、食盐等氯化物、硝石等硝酸盐、胆矾等硫酸盐、石碱等碳酸盐、硼砂等硼酸盐、白玉等硅酸盐、醋和酒等有机溶剂、白金等合金以及高岭土等混合石质。所以，炼丹在事实上帮助古人实现了某些物质间的化学转化过程，比如发明了水泥的前身胶泥等。炼丹的最早理论专著是由本回主角传说中的师父、东汉著名道士魏伯阳撰写的《周易参同契》，它归纳了当时炼丹家已掌握的600多种炼丹法。历史上的许多科学家都是著名的炼丹家，比如葛洪、陶弘景和孙思邈等医学家。特别是孙思邈在其炼丹著作《丹经内伏硫黄法》中首次记载了黑火药的配方。所以，炼丹也促进了古代化学的发展。但客观说来，与西方同样不靠谱的炼金术相比，炼丹术的科学贡献就微不足道了。西方的炼金术几乎直接催生了现代化学。这又是为什么呢？经反复比较，我们认为大致原因可能有如下三个。

其一，东方炼丹术与西方炼金术的最终目标形似而神异。炼丹术虽也包含炼金部分，但其关注的重点是更加虚幻的“长生不老”。炼金术虽也试图炼制“万能药”，但其关注的重点是“探索物质间的相互转化规律”（西方哲学坚信这种规律是存在的），并遵守严密的逻辑法则。所以，虽然其最终目标“将常见金属转变为贵金属”未能达到，但获得了许多阶段性的“物质转化”结果，从而奠定了现代化学的实验基础。

其二，研究思路不同。炼丹术沿生理学和心理学方向发展，而且炼丹家更“崇古”；而炼金术则沿化学方向发展，炼金术士更敢创新，甚至运用了天平等衡量器具和数学手段，从而让不靠谱的动机产生了比较靠谱的结果。

其三，炼丹术本身还具有一些不利于科学化的特点。比如，炼丹家之间相互严守秘密，以至大家重复犯错，少有进步，而科学进步的核心是相互交流。炼丹过程不重视量化配方，以至在需要时难以重复以往的实验。炼丹过程中的外泄物和残留物未被认真分析，从而错失许多重大发现，比如各种守恒定律等。炼丹术过分强调实用性，忽视理论探讨，缺乏严密的逻辑体系和实验检验等。

最后，希望以上分析不会被误解为崇洋媚外，毕竟我们需要自信地“用世界眼光看中国”，而非自负地“用中国眼光看世界”。

第七十五回

科学家流芳千古，政治家遗臭万年

在今人的眼里，音乐不过是消遣娱乐而已，但音乐在古代则是皇权政治的重要组成部分，属于相当严肃的国家大事，来不得半点马虎，甚至连皇帝都得亲自过问音乐的标准化问题。音乐标准化的核心就是所谓的正律器，即声学中的标准频率。所有乐器的频率都由正律器校准，通用十二律的其他频率也都由标准频率按本书第七十三回介绍的三分损益法生成。但是，从理论上确定乐器的频率是一回事，而实际制造出能吹奏出既定频率的乐器又完全是另一回事。

古代的正律器共有两类，即琴瑟之类的弦律器和笛箫之类的管律器，它们各有优缺点。先看弦律器，其优点是很容易制造，只需几根细弦和用于调节弦长的弦柱就行了，而且精度很高。比如，若弦长减半，则频率不多不少刚好加倍。一般地，两弦之间频率的比例关系刚好就是弦长的反比。有关中国历史上首个弦律器的更多情况，请见本书第七十三回。可是，若作为国家级的长期标准，弦律器又有许多致命缺点，特别是它难以长期保存，弦线的张力难以长期保持稳定，弦音会受到温度和湿度的影响。即使在今天采用细金属丝，弦长也会因热胀冷缩等原因而变得不够标准。总之，在金属管工艺已很成熟的时代，琴瑟之类的国家级弦律器就可以退出历史舞台了。

再看笛箫之类的管律器。这里的“管”当然不是竹管等易腐材料，而是铜管等金属管和玉石管，其优点是一旦标准正律器制造出来后，就能长期稳定地保存，成为有效的标准衡量器。但是，管律器的缺点也很明显，那就是制造过程相当困难。即使今天采用铂金等高度稳定的金属材料，借助数控机床等最先进的工艺和技术，也很难制造出绝对标准的管律器。因为人类至今还不知管长、管径、笛孔与其吹奏频率之间到底存在着何种精确的数学关系，虽然在历史上，包括伯努利等在内的许多著名数学家、物理学家、空气动力学家等都先后向该难题发起过无数次冲锋，但最终只获得了若干近似结果。而本回主角牛就牛在不知他采用了什么奇妙的办法（传说他只是根据系在牛脖子上的一个铃铛），竟在公元274年找出了上述数学关系的简捷近似公式，该近似公式的误差相当小，以至能基本上瞒过普通音乐家的耳朵。主角利用这种近似公式，仅通过调节笛孔位置和笛管长度就制造出了中国首套（12支）管律器，称之为“笛律”。它们分别对应于标准十二律的各个频率。难怪《晋书》和《宋书》都对笛律进行了详细记载，难怪在过去1700多年间，凡论及乐律者几乎都会提及笛律。从清代乾隆之后，国内外的声学界和乐律界又一次掀起了持续不断的笛律研究新高潮。本回主角作为科学家受到了一致好评。

但非常意外的是，本回主角作为政治家的口碑很差。他善于逢迎，被时人比作倾覆国家、搅乱时局的贰臣，甚至当时的“正义之臣”都不愿与他同乘一辆车。后来，他又被主流历史学家归类为“史上奸佞之徒”的典型，被指责为导致国家分裂的罪魁祸首之一。

话说三国后期某年，在河南许昌的一个传奇人家中诞生了一个传奇人物，那就是著名的政治家、声学家、文学家、藏书家、目录学家、音律学家和画家荀勖，字公曾，又名荀济北。对三国迷来说，一提起荀这个罕见的姓氏，可能就会想到许多传奇人物。没错，他们几乎都是荀勖的祖先。比如，战国末期的著名思想家荀况是荀勖的第14世祖先，东汉末年号称“荀氏八龙”之首的荀爽是荀勖的曾祖父，为曹操规划军事战略方针的荀彧是荀勖的伯祖父，设奇策十二计、辅佐曹操统一北方的荀攸是荀勖的伯父。但遗憾的是，荀勖的父亲早逝，以至荀勖不得不被寄养在妈妈的娘家。好在这并不影响他的早期教育，更不影响其聪明才智的超常发挥，因为外祖父家也很传奇。外祖父本人是收复南匈奴的功臣、推动楷书发展的先锋、官至曹魏太傅的钟繇。荀勖还有一位舅舅，就是那个与邓艾分兵灭掉蜀国的钟会。荀勖从小聪明好学，10岁能做文章，以至外祖父当年感叹道：“此子定会超过其曾祖父。”

荀勖首次进入政坛是因其博学多才和通晓政务而被推荐为曹魏大将军曹爽的秘书，并因表现突出，很快就被提升为中书通事郎，专门负责给皇帝进呈和宣读奏章，并经皇帝同意后代皇帝批阅奏章。可就在他春风得意之际，朝廷发生了重大变故：曾经权倾朝野的大将军曹爽竟在公元249年丧命于权臣司马懿的计谋。当时的情况异常复杂，敌友难分，以至曹爽昔日的门生和故吏等都不敢前往吊丧，唯有荀勖冒死前往，以感激其知遇之恩。也不知何故，一向对政敌杀无赦的司马家族竟容忍了荀勖的这一鲁莽行为，只是将他调离皇帝身边，安排他去安阳县当了一名小县令。在此期间，荀勖治理有方，深受百姓拥戴，以至被百姓当成活菩萨而虔诚地生祭。此后，他又被昔日的政敌纳为核心成员，官位不断上升。他先是被调任从五品的廷尉正，后来又成了大将军司马昭的军事参谋，更被赐为关内侯。再后来，他又成为皇帝的近侍官从事中郎，负责为皇帝撰写章表等文件。

公元260年，曹魏朝廷再生变故。魏帝曹髦不满司马氏专权，计划秘密讨伐司马昭。当时司马昭手下的参谋孙佑正置守皇宫正门阊阖门。这本来对司马昭很有利，可孙佑这个书呆子在政变这样的非常时期死守常规，把住阊阖门不允许任何人践踏，哪怕是司马昭的军队也不行。他坚持认为该门作为象征帝王威仪的礼仪性建筑，只在举行帝王登基大典和接见四方朝贡者时才能使用。但司马昭的爪牙很多，实力很强，准备也很充分，在贾充的指挥下，政变取得了成功。事后，司马昭大怒，要将孙佑灭族。荀勖赶紧进谏道："孙佑之举的确不当，但用刑的轻重不能太随意，更不能以己之喜怒为转移。即使孙佑有罪，也不该灭其全族，否则会遭众人非议。"于是，孙佑只被贬为庶人。可见，荀勖行事其实相当有原则。有一次，司马昭试图安排刺客入蜀行刺姜维，荀勖又劝阻道："明公该以正道治天下，以正义之师讨伐叛贼；否则，即使行刺成功，也不能以德服人，更不能成为四海榜样。"果然，司马昭听从其建议，于公元263年秋举全国之力攻打蜀汉，命荀勖的舅舅钟会为主将，从斜谷和骆谷进兵，命邓艾率精兵牵制姜维，又命诸葛绪率精兵截断姜维的退路。经过一番奇袭后，只用了区区几个月，刘阿斗就彻底投降了。

千辛万苦拿下蜀汉后，要不要将它拱手献给昔日的主子呢？这是一个使钟会很纠结的问题。于是，经与昔日的敌手、今日的盟友姜维商量后，钟会决定将蜀国据为己有，以图大业。可哪知钟会的属下卫瓘等人不干，于是又经一通斗争，钟会在两个多月后死于内讧兵变，其皇帝梦也因此破灭，时年刚刚40岁。那么，在舅舅谋逆期间，荀勖是否受到过牵连呢？答案是：没有！他不但未受牵连，反而受到司马昭的更大信任。这位正做皇帝梦的魏国权臣竟让荀勖随时陪伴在身边。此前，荀勖建议司马昭趁蜀国君臣不和之际起兵灭蜀。早在攻打蜀国前，荀勖就已棋高一着，提前布局，建议司马昭伐蜀应该以卫瓘为监军。后来的事实表明，卫瓘在平定钟会的整个事件中扮演了关键角色。荀勖为啥能有如此神机妙算呢？因为他从小就与钟会一起长大，对这位年龄与自己相近的小舅很了解。两人还经常勾心斗角。荀勖有一把宝剑存放在钟会的母亲、自己的外祖母钟夫人处。但有一次，钟会模仿荀勖的笔迹写信给钟夫人，骗走了那把宝剑。于是，作为报复，荀勖使出了更狠的一招。钟会花巨资修建了一处豪宅，但未等他搬家，荀勖就抢先潜入，并栩栩如生地绘了一幅外祖父的遗像。待到钟会想乔迁之时，却惊见门上的父亲遗像。他哪敢迁入，冒犯父亲大人。此宅只好从此被空置不用。

钟会之乱平定后，荀勖更受重用，其才能也得到更大的发挥。比如，当时魏国想借助灭蜀余威，对东吴敲山震虎。于是，仅凭一封软硬兼施的书信，荀勖就让东吴末代皇帝臣服，赶紧表示愿与魏国和亲通好。对此，司马昭大赞荀勖道：

你的一封信胜似十万兵呀！不过，司马昭的皇帝梦最终也破灭了，他在公元265年9月6日暴毙。接着，司马昭的儿子司马炎干脆来了个快刀斩乱麻，于公元266年1月逼迫末代魏帝让位，建立西晋。在这个过程中，荀勖自然又屡建奇功，并获得了丰厚的回报。他不但被封为济北郡侯，而且担任中书监等要职。更重要的是，这时他受命与车骑将军贾充合作，制定律令。也正是在此期间，荀勖取得了笛律这样的伟大成就。从此以后，作为西晋开国元勋的他又攀上了新枝，或有心或无意地协助贾充试图仿照“曹氏代汉”和“司马代魏”的套路，再次上演“贾氏代晋”。其中，最关键的一招又出自荀勖之手。他成功地在公元271年将贾充的那位“才色绝世，有后妃之德”的闺女贾南风嫁给了皇帝司马炎的那位白痴太子司马衷。对，就是那位特别“关心”民众疾苦，责问属下“既然百姓没饭吃，为何不让他们喝肉粥呢”的皇帝。后来，晋帝欲新立太子时，仍是荀勖以奇谋保住了原太子和贾太子妃的地位。从此，贾充父女在朝中呼风唤雨，荀勖也更加受宠。公元275年，他在还活着时就被列入了受祭名单。荀勖受宠的另一例证是：大约在公元279年，当有人请求灭吴时，荀勖坚决谏阻，可这次灭吴后来成功了。即使如此，荀勖不但未被冷落，反而受到大肆表彰，他的儿子和孙子都分别被封侯。

公元289年11月，荀勖安然去世，晋帝赐谥号为“成”。其实，荀勖生前为人处事相当谨慎，向来都能守口如瓶，还特别能揣摩人主之心，不触犯人主之意，从而在乱云飞渡的魏晋时期成了罕见的政坛不倒翁。在他去世几个月后，晋帝司马炎也在公元290年驾崩。随后司马衷继位，暴虐皇后贾南风开始干政。公元291年，八王之乱爆发，直接导致晋室动荡，国家进入分裂300多年的南北朝时期。唉，谁说盖棺就能论定了呢？荀勖无论如何也想不到自己会在死后成为流芳千古的科学家和可能遗臭万年的政治家。

第七十六回

谭峭化书论天下，近代科学早发芽

本回主角名叫谭峭，我们之所以为他写小传是因为他在大约1100年前的五代十国期间写了一本奇书，名叫《化书》。伙计，别以为《化书》是化学书，其实与化学不沾边，甚至与现代科学的所有分支几乎都不沾边。

《化书》是一本顶级文学书，它的文词简畅，义理灿然，魔幻中充满现实，现实中也不乏魔幻，是体验优美文字的杰作。比如，关于人生过程，它的描述是“虚化神，神化气，气化血，血化形，形化婴，婴化童，童化少，少化壮，壮化老，老化死，死复化为虚”。所以，它可作为魔幻小说家的培训教材。

《化书》也是一本哲学书，更准确地说是一本道学书，它以浅显而丰富的案例，从多层次、多侧面深入地阐述了道教的核心思想。比如，关于道生天地，它的描述是“道之用也，形化气，气化神，神化虚，虚明而万物所以通也”。所以，对道学迷特别是炼丹迷们来说，它或许是奠基性的经典。

《化书》还是一部社会学或政治学著作，它对贫富原因、君民关系等许多重要的社会和政治问题都进行了独树一帜的论述。比如，关于社会矛盾的激化过程，它的描述是“虚化神，神化气，气化形，形化精，精化顾盼，而顾盼化揖让，揖让化升降，升降化尊卑，尊卑化分别，分别化冠冕，冠冕化车辂，车辂化宫室，宫室化掖卫，掖卫化燕享，燕享化奢荡，奢荡化聚敛，聚敛化欺罔，欺罔化刑戮，刑戮化悖乱，悖乱化甲兵，甲兵化争夺，争夺化败亡”。实际上，该书涉及社会科学的许多方面，包括但不限于经济学、政治学、伦理学、心理学、教育学、管理学、人类学等。《化书》甚至还可以说是一本百科全书，虽然它的篇幅不大，总共不足2万字，但几乎无所不谈。

但问题来了，《化书》是科学书吗？它的科学成果或科学价值在哪里呢？坦率地说，仅从字面上看，《化书》中能称得上现代科学的内容还真不多，即使加上标点符号，满打满算也不过160字，占全书字数的不足1%。这些科学内容可分为如下四段。其一，关于动静，它说：“动静相磨，所以化火也；燥湿相蒸，所以化水也；水火相悖，所以化云也；饮水雨日，所以化虹霓也。”此段文字显然较正确地解释了火、雨、云和虹的形成原因。其二，关于声气，它说：“气由声也，声由气也，气动则声发，声发则气振，气振则风行而万物变化也。”此段文字显然较正确地解释了声音和空气的关系。其三，关于透镜，它说：“常有四镜，一名璧，一名珠，一名砥，一名盂。璧视者大，珠视者小，砥视者正，盂视者倒。”此段文字清楚而正确地描述了凸透镜（璧）的放大作用、双凸透镜（珠）的缩小作用（这实际上是一种光学望远镜，由两个凸透镜串联而成）、凹凸镜（盂，即两个主面都在凸面外）的倒影作用，指出了平光镜（砥）对视像不产生影响。其四，关于形影，它说："以一镜照形，以余镜照影。镜镜相照，影影相传，不变冠剑之状。是形也与影无殊，是影也与形无异。"此段文字基本上正确地解释了多面镜影像中形与影的无区别性。

若考虑当时欧洲正处于黑暗中世纪的现实情况，那么客观地说，上述160个字就已相当先进了。但《化书》的最大科学价值，其实在"言外"，即全书中出现频率最高的那个字"化"，即演化、转化或变化等。实际上，《化书》通篇都在从不同侧面阐述同一个观点，即万事万物都能"化"，且有其规律。这一点正是现代科学的出发点。也正是从该点出发（努力寻找具体的变化规律），并借助实验观察和逻辑推理这两个重要手段，西方世界才后来居上，迅速发展出了现代科学，而中国则错失了良机。为什么会这样呢？《化书》在"科学教训"方面的价值就充分展现出来了。竺可桢等认为，古代中国没能诞生现代科学的原因主要有6个，而《化书》无一例外地被这6个原因全部说中。原因一是拟人思想的泛生。是呀，《化书》更是典型的天人合一论著，以至人与物的类比太离谱。原因二是不重视实验观察，没有工具思想，过于相信直观感觉。是呀，《化书》中诸如"蛇化为龟，雀化为蛤"等大部分结论本可通过实验或观察轻松否定，但全书的基本态度好像是说不说由它，信不信由你。原因三是没有逻辑。是呀，《化书》中的逻辑错误随处可见，甚至到处都是文学夸张。原因四是没有分工。是呀，甚至都搞不清《化书》到底是文学著作还是科学著作。原因五是客观与主观的混淆。是呀，《化书》满篇都在以主观感受阐述客观规律。原因六是理智的不诚实。是呀，《化书》明显在狡辩，经常为了某个结论而强凑证据。

特别申明，此处绝无批评谭峭之意，因为本来就是今人一厢情愿地强行将《化书》当成科学著作的。不过，《化书》确实完美地从经验和教训两个方面提供了典型案例。此外，《化书》还隐藏了一个惊天秘密，即中国古代的物理学水平可能比预想的要高得多。《化书》只是一部说教类著作，它描述的物理学内容虽在流传至今的书籍中确属最早记载，但可能并不是谭峭的首创，而是当时人们熟知的现象，因为《化书》的真实意图是想利用这些现象来解释其道学观点，而不是介绍这些现象本身。它介绍第一段中提到的火、雨、云和虹等现象的目的其实是想说明"阴阳可以召，五行可以役"。换句话说，早在千年前，《化书》中的物理学内容就已相当普及了！高兴之余，这当然更让我们遗憾：唉，中国现代科学之树发芽的时间是多么早呀，开花结果的时间又是多么晚呀，所结的硕果更是多么稀少呀！

好了，科学内容就这些了，下面有请主角登场。

从前，可能是公元860年，也可能是公元873年，反正是唐末社会矛盾激化，历时最久、遍及面最广、影响最深远、最终造成超过830万人死亡的黄巢起义即将爆发前的某年，在福建的一个官员家中诞生了一个“小神仙”，他名叫谭峭，字景升。为啥说他是“神仙”呢？一来，至今他都是著名的道教人士，至少从明清时期起就被尊为“谭公”，在澳门、香港和东莞等地有多座专门祭祀他的谭公庙。二来，他的去世时间可能是公元968年或976年，无论哪种说法正确，他在五代十国这样的天下大乱、军阀混战、灾荒频发的时期竟能活过百岁，显然不是凡人之所能。三来，他终生的行为举止都很出奇，简直就是活脱脱的世外神仙。幼年时，他就知道国家即将四分五裂，知道各种灾难和战祸将连续不断，更知道此时的所谓科举、功名、钱财等都将化为粪土。尽管他聪明绝顶，尽管他早有“神童”之誉，尽管他很轻松地掌握了四书五经，完全可以在“学而优则仕”的道路上大展身手，但他酷爱黄老之书，沉溺于各种神仙传和典章故事。至于父亲苦口婆心地劝他考取进士，他更不放在心上。除了阅读“不正经”的怪书，他就是遍历名山，寻仙访道。

大约12岁时，谭峭请求父亲允许他前往离家不远的终南山玩几天，阻挡无效的父亲只好同意。可他游完终南山后就“乐不思蜀”了，竟然又一口气游遍了华山、王屋山、恒山、泰山等名山大川。他还觉得不过瘾，在进入嵩山后直接打发随从回家报信说他不再回家了。父亲一听就傻了眼，赶紧驰书责问，并令他限时回家。可哪知，人没回来，他求仙学道的决心书却回来了。书曰：“茅君划为人子，亦辞父学仙；今峭慕之，冀其有益于父母。”大意是说，过去一位茅君也离家求仙去了嘛，如今儿子步其后尘，希望对父母有益。这样，无奈的父母只好接受现实，任儿子折腾去吧。

刚开始修仙时，谭峭还能一本正经，循规蹈矩。为了获得正式出家学道的名分，本来酒肉不离口的他竟斋戒三日，终被接收为嵩山道士，专练吐纳、胎息、导引之功和辟谷养生之术。经过十余年的勤修苦练，他毫无悬念地练就了道教顶层功夫，甚至可以不食人间烟火，仅靠“采晨露，食松饵，栖烟霞”就能维持生计，让嵩山师尊大为赞赏。但很快，谭峭不守规矩的本性就暴露无遗了，成了嵩山有名的调皮道士。在修炼时，他经常以饮酒为乐。他的行为举止更是怪得出奇：大夏天身穿裘皮厚衣，大冬天却又只披薄布衫，有时好几天都躺卧在风雪中不饮不食。好心人以为他冻死了，可走近一看，发现他呼噜震天。

谭峭虽已得道，可父母一直很挂念他，总是隔三差五派家童到嵩山送来衣服和钱帛。谭峭当然高兴，回信感谢父母，说自己一切安好，请二老放心。每次家童送钱，谭峭都会很大方地给予打赏，以谢其长途跋涉之劳。可家童前脚刚走，他后脚便将余下的钱物就地施舍给贫寒人家。所以，他时常囊中羞涩。对此，他还有自己的歪理：钱财乃祸根，会招来盗匪，会让人受累，没吃没穿就没麻烦！他常因饥寒交迫而高兴。别人笑他疯时，他摇头晃脑地吟诗曰："线作长江扇作天，靸鞋抛向东海边。蓬莱信道无多路，只在谭生拄杖前。"

后来，谭峭又到南岳炼丹，据说他还真炼出了金丹，从此便踏水不沉，入火不灼，还能隐身潜化。当然，这只是神话而已。不过，谭峭的名气确实越来越大，以至被当时的闽国皇帝康宗奉为师尊。大约在他80岁时，闽国被南唐所灭，谭峭便转入庐山。此时，传说他的神通也越来越大，上知天文，下晓地理，中善人事，驱鬼避邪无所不能，治病消灾无所不行，看相算卦无所不灵，缉凶断案无所不准，甚至能一掌拍碎山中顽石。后来，谭峭又被南唐皇帝召至都城，赐号"紫霄真人"。为此，南唐诗人孟贯还为他写了一首流传至今的诗："先生双鬓华，深谷卧云霞。不伐有巢树，多移无主花。石泉春酿酒，松火夜煎茶。因问山中事，如君有几家。"再后来，他又离开南岳，西游到青城山，在大约108岁或103岁时无疾而终。

至于谭峭终生都干过啥事，目前已不得而知。但在大约97岁时，他完成了那本奇书《化书》。此书之奇，不仅奇在内容，还奇在其经历。原来谭峭妙算了一辈子，却唯独没算准《化书》的命运。一来，他没算到《化书》会被南唐大臣宋齐丘窃为己有，甚至书名都被改为《齐丘子》，直到公元1060年才被正本清源；二来，他更没算到千年后的今天他会因《化书》而一跃成为科学家。

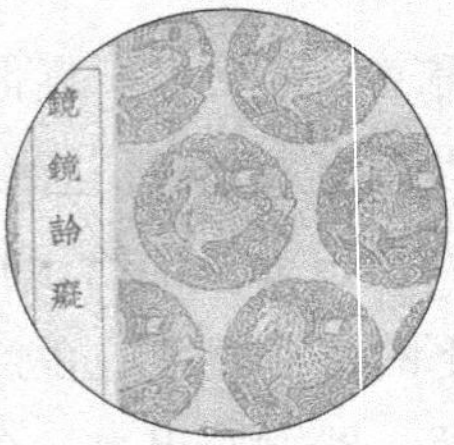

第七十七回

闭关锁国误良才，西学东渐创未来

本回主角名叫郑复光，字元甫，又字瀚香，号浣香，于1780年生于安徽歙县。他几乎仅凭一己之力撰写了中国古代首部几何光学专著《镜镜冷痴》，制造了我国首台天文望远镜，还用它观察了月亮，甚至看见了环形山。他曾与清朝地理学家张穆一起“窥月中窅昳，黑点四散，作浮萍状，欢呼叫绝”。他发现了罗盘磁铁偏转的事实，提出了“罗针偏东乃因地脉”的“地脉说”，即发现了地球的磁感线，从而几乎与英国著名物理学家法拉第同时提出了磁感线理论，只是名称不同而已。他的科学成就还有很多，涉及天文、气象、化学、物理学等领域。但非常让人意外的是，如此才智卓越且勤奋刻苦的科学家，其人生竟是一场悲剧。

在科举场上，他只是在年轻时考取过监生，即有资格进入最高学府国子监读书而已。这意味着他没有功名，社会地位很难提高。科举悲剧也许是随后他遭遇的其他悲剧之源，但他若醉心科举，也许就不会取得那些科研成就了。唉，看来时代悲剧才是他的悲剧之源呀！

他从未有过一官半职，这意味着他的科研在当时很难获得官方支持，他只能自力更生，在荆棘丛中艰苦跋涉。即使取得了科研成果，他也很难获得官方认可。后来的事实也确实如此。在鸦片战争中，英军曾用先进的望远镜把清军的阵地和舰船看得一清二楚。可当那位观察过月亮的张穆将郑复光的望远镜推荐给领军的官员时，对方明知其重要价值，但对他的满腔热血不屑一顾。在晚年时，郑复光又迷上了国外的蒸汽动力理论，并致力于战船设计和模型制造。这些科研方向和课题本来都是清政府对付西方列强时最急需的，哪怕郑复光的方案还有缺陷，至少也值得看一眼。但无论他怎么努力自荐，最终都因人微言轻而被官方忽视。在鸦片战争前，郑复光的成果与四书五经无关，属于不入流的“旁门左道”，当然不会被重视。在鸦片战争后，郑复光的成果又迅速被淹没在第二次西学东渐的浪潮中。与当时的西方成果相比，郑复光的水平确实差一大截。比如，就在郑复光出版其光学代表作《镜镜冷痴》后仅仅6年，由翻译家张福僖和艾约瑟合译的、水平更高的《光论》就被引进中国。而此时的郑复光已是72岁的古稀老人，当然不可能再有精力“登上巨人的肩膀”。紧接着洋务运动兴起，国内学术界的目光自然都投向了新译的西方科学书籍，关注的学术重点也自然聚焦于当时发展得已很成熟的西方科学理论。郑复光的科研领域和成果就这样被遗忘了，甚至他本人也很快被遗忘了，以至现在都说不清他到底是何时去世的。有的说他享年73岁，去世于1853年；但有的说1853年时，他还游历过北京且身体很硬朗；还有的说他享年至少82岁，可能去世于1862年，因为当年京师同文馆成立时，还聘请过他去讲授算学，只是他因病而未能就职。

那么，郑复光今天为啥又突然成了著名科学家，甚至还是中国古代百名科学家之一呢？主要原因有三。原因一，郑复光是安徽人，当时的徽商正处于鼎盛时期，富豪很多，老乡观念也很强。而徽商又是典型的儒商，许多人都乐意捐款为老乡出版“毫无用处”的科学著作。在鸦片战争爆发的当年，60岁的郑复光出版了《费隐与知录》一书，用科学原理解释了200多例“世人惊骇以为灾祥奇怪之事”，其中包括有关地球磁感线的“地脉说”。在66岁时，他又出版了最重要的代表作《镜镜冷痴》。原因二，可能是郑复光的运气很好，也可能是安徽人对书籍很珍惜，郑复光的众多著作都被保留至今，甚至连他的手抄本《郑元甫札记》和《郑瀚香遗稿》也没失传。原因三，当代科学史学家们经过长期不懈的地毯式挖掘，终于在厚厚的历史尘埃中发现了郑复光这块一直被主流忽略的“闪亮金子”。可惜，我们仍未挖掘出他的生平事迹，因为郑复光很少在书中谈及自己。

在个人生活方面，郑复光仍是一个悲剧。他生性沉稳，不善言谈，与当时许多学术“怪人”一样，终身都只是当家教或做幕僚，八方游荡，四海为家，哪里有人聘请就去哪里。为此，他居无定所，遍游了广东、云南、山西、甘肃、江苏、北京等地。他终生都爱好物理学、数学和仪器制造等中西科技，每到一处都努力结识当地专家，或请教学问，或收集相关科研信息。他结交了包括前述张穆在内的一大批朋友，也向他们宣传了自己的学术成果，争取尽可能多的知音。经过数十年的口口相传，郑复光终于在学术圈里有了一定的影响力。此外，郑复光是歙县人，而当时的歙县正在井喷式地产生一大批著名科学家，所以，仅凭老乡关系，郑复光就能与汪莱等当时国内顶级数学家成为知己，并在后者的指导下完成了《割圆弧积表》等著作。有了汪莱等老乡的赞扬和推荐，郑复光自然也就成了安徽名人。在他去世后的1877年，在重修《安徽通志》时，郑复光终于进入了地方志。书中记载道：“（他）以明算知名海内，凡天元、四元、中西各术，无不穷究入微。与程恩泽（当时歙县的另一个著名人物）有修复古仪器之约。著有《镜镜冷痴》等书，尤笃诗文，其师吴镕（当时的一位诗人）与妻妾俱殁于京邸，无嗣，复光醵资葬于石榴庄歙义园。”此段文字很短，只有几十个字，还很空泛，几乎没实质性内容，更有点夸张，特别是“知名海内”这几个字，因为同时代学者包世臣在为郑复光的《费隐与知录》作序时明确说过郑复光的名气“远逊”于李锐（当时的另一位数学家）。但这段文字的最后一句表明郑复光心地善良，很重师生之谊。另外，郑复光的生活很拮据，否则他就用不着四处“醵资”葬师了。

在学术研究方面，郑复光仍是一个悲剧。郑复光本来拥有像牛顿一样聪明的大脑，也具有坚忍不拔的毅力，完全有能力攀上巨人的肩膀，从而使自己站得更高，看得更远。可惜，闭关锁国政策却将所有科学巨人挡在了门外，郑复光之类的天才只能坐井观天。

我们先来看看郑复光与法拉第在磁感线研究方面的竞争。从年龄上看，他俩属于同时代人物，郑复光年长11岁。从学术基础上看，郑复光还略胜一筹，因为法拉第只上过小学。从经济状况上看，郑复光也许仍有优势，因为法拉第只是贫苦铁匠之子。从聪明和勤奋程度上看，他俩可能难分伯仲。但是，法拉第的最大优势在于他生活的社会环境，他是英国著名化学家戴维的助手，他有机会直接面见数学家柯西、高斯、拉普拉斯，直接请教物理学家欧姆、安培、道尔顿，特别是有机会亲耳聆听电流磁效应的发现者奥斯特的报告，当然更能通过学术书籍接触更多的早期科学巨人，比如欧拉、富兰克林、莱布尼茨、牛顿、惠更斯、笛卡儿、开普勒、伽利略等著名科学家。反观可怜的郑复光，他几乎孤立无援，周围除了诗人就是儒生，所能读到的书籍除了四书就是五经，至少在自然科学方面完全没有任何巨人的肩膀可攀。

在与法拉第的竞争中，郑复光自然惨败。他默默无闻地死去，直到百余年后才被史学家们侥幸发现，而法拉第成了世界著名科学家，被公认为“电学之父”和“交流电之父”。在法拉第成了巨人后，又有麦克斯韦等人爬上法拉第的肩膀，再接着更有人爬上了巨人麦克斯韦的肩膀。如此良性循环，自然就使得西方科学界的巨人越来越多，成就也越来越大。必须指出，郑复光其实并未输在起跑线上，虽不知他的“地脉说”到底提出于何时，但法拉第在1831年提出磁感线假说时，郑复光已51岁，将在9年后正式出版其论及“地脉说”的学术专著《费隐与知录》。因此，至少可以说，他俩几乎同时发现了磁感线。但由于郑复光没有巨人之肩可攀，所以，如今回头再看时，不难发现郑复光的科研之路又走偏了，因为他又将“地脉”与同样是看不见、摸不着的人体“经络”和玄幻莫测的“元气”等联系在一起了，再犯了中国古代科研的常见错误，即在科研中过度拟人化。这也是古代中国未能诞生现代科学的主要原因之一。

我们再看看郑复光在几何光学中取得的巨大成就。在郑复光诞生之前100多年，在从明朝万历皇帝至清朝雍正皇帝期间，中国很幸运地出现了一个短时期、小范围、低影响的西学东渐活动，以利玛窦为代表的传教士来华传教，带来了一些当时在西方并不十分先进的科技知识，还带来了西书7000部，其中包括欧几里得的《几何原本》。这让一些有识之士意识到原来天外有天，原来西方科技更发达。如果这种开放势头得以保持并发扬光大，那么郑复光和整个中国的命运将被彻底重写，中国也许会出现一大批科学巨人。

据说郑复光年轻时曾在扬州教书，在此期间见过一种名叫“取影灯戏”的光学装置。它通过适当的透镜组合，用光线将实物影像放大后投射到墙上。这刺激了郑复光的好奇心，他发现“取影灯戏”的光影问题实际上就是几何学问题，于是《几何原本》就派上了大用场。从45岁开始，郑复光认真研究透镜，并通过观察和实验，终于在55岁左右著成了《镜镜冷痴》一书，并于11年后正式出版。该书系统论述了光线通过凹、凸透镜及其组合后的成像原理，逻辑结构十分严谨，明显在模仿《几何原本》。对此，郑复光毫不回避，直接在该书自序的开篇中承认《几何原本》对其著作的重大影响。

不可否认，《镜镜冷痴》也存在明显不足，比如混淆了小孔成像及凹、凸透镜成像的原理，又将光影过度拟人化为“子母感应”。其实，所有这些不足和悲剧本可轻松避免，只需打开国门就行了。

第七十八回

世代精英古今稀，百年家谱写传奇

在所有科学家中，有一类科学家最令人纠结，那就是军事专家，特别是研制大规模杀伤性武器的专家。一方面，这样的科学家必不可少；另一方面，武器毕竟是杀人工具。在美国人用原子弹炸毁广岛和长崎后，许多核科学家纷纷自责，从此远离本行。爱因斯坦在临死前还在深深自责，后悔自己曾建议美国总统启动“曼哈顿计划”，虽然其初衷只是对付希特勒。

好了，如何给本回主角写小传？因为他是晚清的一位著名武器专家，更准确地说是中国近代火器奠基人、最早的火箭专家、最早合成新式火药“雷酸银”的人和首个自爆雷管的研制者。他还研制了自动射击步枪、自爆地雷、手捧雷、石雷、石炮、跳雷，与他人合作铸造了多种远程火炮、火箭、火筒、抬枪、鸟枪等先进武器，还撰写了《西洋自来火铳制法》和《详覆地雷法》等多部著作。虽然他研制这些武器的目的是对付鸦片战争期间的西方列强，但后来的事实表明它们主要用于国人间的自相残杀，要么用于镇压太平天国运动，要么用于平定捻军起义等。

嘉庆十七年是人类历史上重要的一年。这一年，西方各国打成一锅粥：美国正式向英国宣战，发动了独立后的首次外战，史称第二次独立战争；俄法战争爆发，拿破仑率65万大军入侵俄国；匈、俄、英和瑞典等组成第六次反法同盟，并在两年后击败拿破仑。这一年，《格林童话》出版，柴可夫斯基的著名交响曲《1812》公开上演，贝多芬完成了“A大调第七交响曲”。这一年，法国科学家安培发现氟元素，丹麦物理学家奥斯特发现了电磁效应。这一年，还诞生了许多重要人物，如法国巴比松画派领袖西奥多·卢梭、英国著名作家狄更斯和中国洋务运动先驱左宗棠等。当然，本回最关心的是在这一年，准确地说是1812年2月12日在山东日照诞生的丁守存。丁守存，字心斋，号竹溪，又号次海，晚年号竹石山人、石涛钓叟。

丁氏家族真是一个传奇的家族！从明初以来，丁氏家族人才辈出。比如，当下就有一位家喻户晓的杰出代表丁肇中，他发现了反氘原子核，确认了量子电动力学的正确性，为夸克模型提供了重要证据，证实了光子与矢量介子间的相似性，发现了胶子喷流，精确测量了缈子电荷的不对称性，获得了1976年诺贝尔物理学奖。

丁守存的先祖在元末大乱中从武昌投奔朱元璋，因其面黑如张飞而被称为“黑丁”，并因军功卓著而被封为淮阴百户，子孙世袭定居于此。明初，倭寇犯边，丁家第16世祖为避乱而迁往日照，后因勇猛而被选为值守沿海哨墩的壮士，并以军籍分得一份田产。可见，在“以武论英雄”的年代，丁家不乏精英。战乱平息后，由于明初无科举，丁家便转入“以农论英雄”的第二阶段，子孙四代事农，以至地产丰饶而被外人称为丁家庄。可见，丁家此时也不乏精英。至嘉靖年间，第11世祖因徭役引发人祸，几乎倾家荡产。从此，家人开始培养子孙读书当官，从而转入“以科举论英雄”的第三阶段。很快，丁守存的第10世祖就成了家族的首位秀才。这位秀才极其重视家族教育，倾资办学，倡导族人读书，并亲自坐馆就教，对子女严格要求，使家风文墨渐兴。于是，丁氏家族考过县试者有之，中秀才者有之，家声渐振，门户始昌。这位秀才的长子、丁守存的第9世祖终于在明末崇祯年间成为家族的首位进士。从此，丁氏家族正式进入官场，并且一发不可收拾。首位丁进士的两个儿子、一个孙子和两个曾孙都成了清初进士。如此“一门六进士”的传奇在当时曾引起全国轰动。据不完全统计，在明清两朝，丁氏家族至少涌现了举人49名、进士15名、翰林2名。此外，政治家、科学家、教育家等各界风云人物更是不计其数。

童年时，丁守存确实幸福异常，他既聪明又手巧。从4岁起，他就在父亲的教导下开始练书法、读诗文，甚至连调皮捣蛋的方式都别出心裁。夏天，他用黄泥汤在白壁上涂鸦，狂书李杜诗篇；冬天，他凿厚冰为碑，雕刻《城隍庙记》，让人刮目相看。其实，他后来研制兵器的那些超强动手能力大都源于童年嬉戏。11岁那年，家乡遭遇罕见天灾，丁家更是损失惨重，自此家道败落，生活急转直下。为了重振家业，父亲长年外出经商，久无音信，小丁只能与妈妈相依为命。起初，小丁主要帮人放牛。牛吃草时，他读书。牛行路时，他也骑在牛背上手不释卷。路过私塾门口时，他更要蹲在窗下偷听先生讲课。若遇饥年，母子俩更得靠吃糠咽菜、啃树皮为生。尽管如此，妈妈仍咬紧牙关，坚持送儿子读书。没钱交学费时，她就不顾昔日千金小姐的体面，不惜上街乞讨。幸好启蒙老师并不嫌贫爱富，尤其喜欢那位曾在窗外听课的放牛娃。见妈妈如此操劳，小丁也想弃学务农，却被妈妈断然拒绝。深受感动的小丁从此更加刻苦自励。

15岁时，为贴补家用，丁守存也当起了私塾先生，一边在乡间开馆授课，一边积极准备科考。无奈家乡的书籍太少，他便转入县城一家藏书丰富的私塾当老师，自愿分文不取，但唯一的条件就是：饭管饱，书管够，想看啥书就看啥书。即使如此刻苦，丁守存也因基础太差而在当年的秀才考试中铩羽而归，受到沉重打击。此后，为磨炼意志，他从当年8月起不换衣服不洗澡，每天夜里都在屋外默念科举范文，无论是秋雨连绵还是寒风凛冽，从不间断。到年底时，他竟将400多篇枯燥的八股范文全背得滚瓜烂熟。这样，17岁时，他通过县试；19岁时又考中本省举人第19名，但在次年的进士考试中名落孙山。鸦片战争爆发前5年，23岁的丁守存再次只身步行进京赶考，终于成功考取三甲第53名进士。当快马报来喜讯时，白发苍苍的妈妈竟高兴得嚎啕大哭，良久才想起该给马童打赏报喜钱。这下可又犯愁了，幸好邻居们再一次伸出了援助之手。

其实，丁守存的内心非常清楚，科举只是敲门砖，是贫苦百姓出人头地必须承受的负担。所以，进士一入榜，他就毫不犹豫地将八股文抛到九霄云外，从此开始以曾经的备考干劲认真研读西方天文、地理、测量、数学、物理、化学、工艺制造等科学书籍，还亲自做化学实验。在一次意外事故中，他被镪水烫伤手眼，以至“月余始平复”。1840年，清政府在鸦片战争中战败，只得割地赔款。仅在3年后，丁守存就及时奉上了一本实用性专著《西洋自来火铳制法》。原来，国人也有奇才，也能自制部分西洋武器，从而树起了中国火器史上的一座重要的里程碑。此后，清军火枪就只需直接扣动扳机，而不用再像过去那样频繁点火了。于是，清政府赶紧将他调入军机处，让他负责监造各种新式武器。

至于这些武器在对付洋人时到底发挥了多大作用，后人早已不得而知。但可以肯定，丁守存的武器在镇压太平天国运动中发挥了奇效。1851年，太平天国起事后，丁守存与另一位武器专家丁拱辰（史称“二丁”）被火速调往广西主战场，负责就地监造武器。“二丁”通力合作，很快就铸造出各种火炮，大败太平军。此间，丁守存完成了《详覆地雷法》等专著。随后，农民起义频发，丁守存便成了香饽饽，哪里战争吃紧，清政府就紧急调他去哪里。1853年，他被紧急调到山东，在此期间制造了石雷、石炮等武器。1860年，他被紧急调回日照，设计了新型堡垒，对后来的捻军造成致命打击。再后来，他又被紧急调往天津，筑堡垒200多座，阻挡太平军北上。

在太平天国被彻底消灭的1864年，52岁的丁守存因镇压太平天国有功，被授予正三品的湖北督粮道等官职。据说，在这些官位上，他勤政清廉，平反了多起冤假错案。另外，丁守存的文学功底也很深厚，甚至文采飞扬。1870年黄鹤楼重建后，李鸿章亲点他撰写《重建武昌黄鹤楼碑记》。丁守存的书法也很出众，至今在趵突泉等地仍有其墨宝。

在从政40多年后，在连续不断地制造了各种杀伤性武器20多年后，丁守存开始彻底转行。他在63岁时转入教育领域，应邀前往河南大梁府书院任院长。在短短两年期间，他就培养出67位举人和5位进士。在65岁那年，他忽生悲凉之意，果断辞官回家隐居，在故乡辟宅造屋，名曰“山房”。另外，他还筑有小楼观海，自题楹联“蜃楼仙气天半出，惊涛风雨夜中来”。从此，他便安心在此吟诗作画，照看子孙，为家族培养更多精英人才。

1883年10月10日，丁守存安然故去，终年71岁。

第七十九回

科举败将通洋技，造船兴教搞翻译

1818年2月26日，在江苏无锡的一个“穷N代”贫苦农民家里，又诞生了一个“穷N+1”代的小瘦猴，名叫徐寿，字生元，号雪村。徐寿的祖祖辈辈全都是老实巴交的农民，直到爷爷辈时才在农闲时间偶尔跑街串巷，做点小生意。到父辈时才异想天开，试图通过读书来提升家族地位。可天公不作美，徐家的首位读书人、徐寿的老爸刚读了几年书就在26岁时不幸英年早逝。当时徐寿年仅4岁，可怜的妈妈含辛茹苦，将他和两个妹妹抚养成人。

徐寿从小聪明伶俐，动手能力更是强得出奇。但刚开始时，他并不爱读书，常找各种借口逃学。即使身在课堂，他的心也早已飞出九天之外。10岁时，妈妈将他转到镇上读书。不知何故，他的学习态度突然大变，瞬间就成了爱书如命的学痴。可惜，噩运接踵而至。在他17岁那年，妈妈去世。徐寿此时已成婚，并有了一个儿子。是继续读书还是务农？这是一个问题！经过反复考虑后，他打算接过老爸的科举接力棒，再与命运抗争一次。经过多年的寒窗苦读，当他精疲力竭地走出“童子试”考场后，终于认命了。唉，连考秀才都落榜，看来徐家与科举无缘了！

抛弃“之乎者也”后，徐寿终于走出阴影，开始全力以赴养家糊口。他一边务农一边经商，偶尔也往上海贩卖点土特产，小赚一笔。虽无功名，但徐寿从不在知识面前自卑，反而随时注意学习，见书就读，无论这些书是国内的还是国外的，是过去的还是现在的。他凭借超强的自学能力，掌握了众多中西科技知识，比如数学、天文、历法、物理、音律、医学和矿物学等。徐寿读书与众不同。一方面，他会努力把书读得越来越厚，既是读书也是品书，更要读出书中的言外之意，他甚至发明了奇妙的“中书洋读法”和“古书今读法”。比如，在研读《水经注》和《禹贡》等古代科技经典时，他竟将书中的山川、物产等列成表格，分析相关地域和水域的变迁；在研读《春秋》《汉书》和《诗经》等文史类古籍时，他也如法炮制，分析相关人物和事件的历史沿革。另一方面，他也会努力把书读得越来越薄。他既崇拜书本，也不全信书本，更喜欢对书中的结论进行高度凝练，甚至发明了一种“鸡蛋挑刺”读书法。他竟成了在国际顶级学术刊物《自然》上发表论文的首位中国人。书中暗表，这确实令人震惊，因为在一百多年后的今天，即使对国内外著名院士来说，想在《自然》上发表一篇论文也异常艰难，也值得庆贺。大约在1878年，徐寿在阅读著名物理学家、英国皇家学会会员丁铎尔的近代声学经典名著《声学》时，发现其中有关管长与音高的结论好像有问题。于是，他便习惯性地对该结果进行了仔细验证，果然发现其中有关“空气柱振动模式”的伯努利定律确实与实验数据矛盾。于是，借助传教士傅兰雅的英文翻译，徐寿将该重大发现以《声学在中国》为题发表在了1881年3月10日的《自然》上。此文立即引起轰动，杂志编辑部甚至专门发布编者按，指出：“（此文）科学地纠正了一项古老定律，如此鲜为人知的精彩结论竟来自如此遥远而古老的国度，简直太神奇了！”

徐寿当然不会为读书而读书，他读书的真正目的是想掌握西方的先进科技，因此经常得做许多实验。这使他本已很强的动手能力变得越来越强，也使他的生活技能变得越来越多。比如，谁家的农具坏了，他就帮忙修；谁家的乐器有毛病，他也帮助修。无论是否见过的物件，只要出问题，他都能捣鼓一番，还常有意外惊喜。大约在22岁时的某一天，当地举人华翼纶家的稀罕之物——西洋七弦琴坏了，徐寿竟三下五除二就让它起死回生。在惊讶之余，华举人便将自己的两个儿子介绍给了徐寿，希望他们仨互相帮助，互相学习。从此，华举人成了徐寿的第一位贵人，更多的西洋科技进入了徐寿的视野。华举人的大公子、比徐寿年幼15岁且酷爱数学的“科技迷”华蘅芳更成了徐寿的事业伙伴和终生好友。在贵人一家的帮助和激励下，徐寿更加坚定了自己的人生目标，甚至制定了自己的座右铭：“毋谈无稽之言，毋谈不经之语，毋谈星命风水，毋谈巫觋谶纬”。由此可见，此时他已具有近代科技文明的精神底蕴。

35岁时，徐寿迈出了科研生涯的关键一步。这一年，他与华蘅芳一起结伴同往上海，探求新知识。虽然此次大胆冒险行动的时间很短，但他的收获颇丰：既在观念上发生了重大飞跃，又结识了当时在数学、力学、天文和植物学等方面都已颇有名气的科学家李善兰，从而找到了自己的人生榜样和第二位贵人。他还买回了许多前沿书籍和物理实验仪器。一回到家里，徐寿便迫不及待地开始验证书里的物理实验。为重演七彩光谱现象，他在买不到三棱玻璃的情况下，竟一横心把心爱的水晶图章磨成了三棱柱形。华举人的二公子终生都记得自己小时候徐大哥为他演示神奇的静电的情形。一根摩擦后的玻璃棒竟能让小纸人跳舞！三年后，38岁的徐寿再次来到上海，读到了李善兰推荐的一本新译西洋书《博物新编》，其中有关氧气和氮气等的近代化学知识和实验为他打开了睁眼看世界的天窗。他又购回了若干化学仪器和药品，并按书中的指引认真做实验。他掌握了许多化学知识，也提高了化学实验技巧。总之，由于两次赴上海取经的经历以及不懈的自学精神，再加上实验与理论的充分融合，徐寿很快就成了远近闻名的“西洋通”。

徐寿42岁那年，太平军攻入他的家乡无锡。徐寿本人的脖子也被砍了一刀，“辫子成两截，皮开三寸，流血虽多，幸未丧命”。徐寿的长子被砍断右臂，落下终身残疾。经此劫难，徐寿决定离开家乡这个伤心地。此时，一颗科技新星开始冉冉升起。

原来仅在几个月前，八国联军已打进北京，火烧了圆明园。洋务运动变得刻不容缓。作为“西洋通”的徐寿自然也就有了用武之地。经李善兰等人的极力推荐，“精研器数、博涉多通”的徐寿进入了洋务派领袖曾国藩的法眼。在44岁时，他与年仅16岁的次子徐建寅（本书第八十回的主角）和好友华蘅芳一起被曾国藩聘到安徽安庆，进入了以研制兵器为主的军械所，迎接首个挑战：在一无图纸，二无资料，三无专家指导，仅能从《博物新编》一书上看到简略图纸，仅能登上停泊在安庆的一艘外国小轮船上现场观察几天的前提下，尽快研制出蒸汽机！也不知有何神助，经过精心设计，他们齐心协力，在三个月后奇迹般地完成了任务，于1862年7月研制成中国首台蒸汽机，拉开了中国近代工业的序幕。

研制蒸汽机只是手段，而目的其实是要迎接第二个挑战，即制造中国自己的“坚船”——铁甲蒸汽动力船，以克服此前鸦片战争中清军木质战舰的航速低、载量小、操作难（易受风向、风力、潮流等影响）和经受不起列强利炮的打击等致命弱点。但是，造船谈何容易，毕竟那是一个庞大的系统工程。为此，徐寿等先在安庆研制了两年，接着随军械所一起从安庆迁到南京再研制了两年，终于在1866年4月成功制造出了中国海军的第一艘蒸汽动力船——“黄鹄号”。它长约19米，排水量约为45吨，航速约为13千米/小时。可惜，它只是“半坚船”，因为其外壳仍为木质。不过，这已相当不易了，因为这标志着中国近代造船工业的正式启航。曾国藩在隆重的下水仪式上激动地说道：“古书曰，黄鹄，大鸟也，一举千里者。”此事被当成高度机密，直到两年后才对外发布中国已独立研制出蒸汽船的特大

中国第一艘轮船“黄鹄号”

喜讯。同治皇帝将“天下第一巧匠”的匾牌赐给了徐寿。随后，徐寿等再接再厉，先后造出了更大更好的“惠吉号”等舰船。

在研制蒸汽机和战船的过程中，徐寿深深地体会到了国外资料的重要性。于是，从50岁开始，他创办了中国第一个翻译和引进西方科技书籍（特别是聚焦西方化学和蒸汽机）的学术机构“翻译馆”，招集了一大批中外精英，其中包括后来帮助他翻译并在《自然》上发表论文的那位传教士傅兰雅。在翻译馆里，徐寿一干就是半辈子，还拉上了自己的两个儿子和两个孙子。在此期间，他发明了一种在中国和日本沿用至今的化学元素音译命名法，把化学元素英文读音的首音节译成同音汉字，并在需要时按如下方法造出新汉字：对于固体金属元素，一律用“金”字旁，再配一个与该元素首音节发音近似的汉字，比如锌、锰、镁等汉字就是这种造字法的产物。实际上，在如今的化学元素周期表中，大部分元素的中文译名都归功于徐寿。可见，他确实是中国近代化学的启蒙者，甚至可以说是中国近代西方科技的“盗火者”。但非常遗憾的是，由于徐寿没有科举功名，所以终生都没能得到政府的重用，仅被当作匠人临时工。不过，这也让徐寿有了充足的时间从事自己感兴趣的工作。

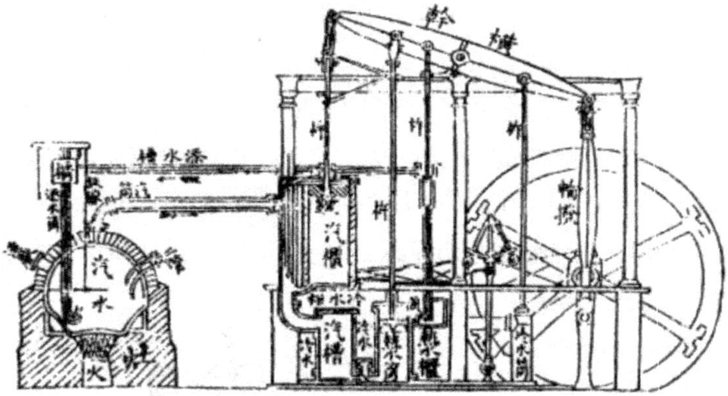

《博物新编》中的火轮机图

在56岁时，徐寿又做了一项“中国第一”的事情。他于1874年取“格物致知”中的“格致”两字在上海创办了中国第一所科技学校——格致书院，以培养科技人才，考究西方格致之学、工艺之法、制造之理。该书院于5年后正式招生，不但开设了矿物、电务、测绘、工程、汽机、制造等西洋课目，还定期举办科学讲座，现场演示化学实验，开创了化学教学之先河。为此，徐寿几乎耗尽了自己的家产。

他还支持傅兰雅创办了第一份中文科技期刊《格致汇编》，并带头在该刊上发表科技专论和回答读者提问。该刊虽只勉强维持了7年，但介绍了不少西洋知识，对近代科技的传播起到了重要作用。实际上，前面说过的徐寿在《自然》杂志上发表的那篇论文的中文版最早就发表在《格致汇编》上。

格致书院

除了“坚船”，徐寿在协助制造“利炮”方面也做出了不少贡献。比如，他发明了硝化棉等无烟火药，还发明了汞爆药等引爆火药。它们在当时都是既先进又急需之物。为此，1875年1月8日的上海《申报》发布消息称：“（徐寿的炸药）可与西国来者相比，难分轩轾矣。”他的这些发明后来经其次子徐建寅扩散到天津制造局和汉阳制造局，广泛用于生产硫酸和硝酸。所以，徐寿也是探索和实践中国化学工业的先驱。

1884年9月24日，就在格致书院十周年庆典后不久，徐寿病逝于格致书院，享年66岁。最后，必须指出的是，今天我们不但要感谢徐寿本人为中国近代科技做出的突出贡献，更要感谢他们全家。他的次子徐建寅甚至为中国的化学事业献出了宝贵的生命，成了中国近代史上首位捐躯的科学家。欲知相关细节，且听下回分解。

第八十回

洋务派政治纷争，徐建寅离奇牺牲

坦率地说，仅从科技角度看，本回就该与上回合并，因为两位主角不但是亲生父子，而且主要科研成就都系共同完成，难分彼此，唯一的区别在于：父亲在世时，以制造“坚船”为主，儿子当助手；父亲去世后，儿子以制造“利炮”为主，将昔日成果发扬光大。但由于儿子是我国牺牲的首位近代科学家，还死得莫名其妙，所以，本回单独为他立传，也算是迟到的纪念吧。当然，本回将不再重复上回的相关科研内容，只重点说清相应的历史背景，让读者明白“师夷长技以制夷”其实是多么困难，“对外开放”又是多么不易，大家真该珍惜！

道光二十五年，即鸦片战争后的第五年，清政府被迫签订《南京条约》割让香港的第三年，葡萄牙女王单方面宣布澳门为自由港而拒绝交纳澳门地租的那年，法拉第发现磁光效应的那一年。这一年，诞生了若干重要人物，比如俄国沙皇亚历山大三世以及X射线的发现者、德国著名物理学家伦琴等。当然，这一年，更准确地说是1845年3月7日，在江苏无锡的一位落魄匠人徐寿的家中还诞生了本回主角徐建寅。他是爸爸的次子，时年27岁的父亲徐寿正倒霉运，在两年前死了原配夫人。次子的诞生也算给家里冲了喜。果然，父亲的运气从此好转，并在8年后与好友华蘅芳一起迈出了探索西洋科技的关键一步，即前往上海并遇到了著名科学家李善兰。

徐建寅在青少年时期到底是如何成长的，至今谁也不知道。但他与父亲一样，也没能考取任何功名。他也很聪明，动手能力也很强，且自幼受父亲影响，热爱自然科学，喜欢做各种物理化学实验，被赞为“少勤敏，善察微”。不过，在这段时间内，外部环境倒很清楚，那就是整体上越来越乱。

16岁那年，是徐建寅留下历史痕迹的第一年。这一年，他随父亲进入了曾国藩创办的安庆军械所，从而在不知不觉中卷入了洋务运动，为随后自己的牺牲埋下了伏笔。这一年刚好是洋务运动的元年，老皇帝咸丰病死，年仅6岁的同治皇帝继位，但实际上，慈禧太后执掌国政。当时，慈禧还很支持洋务运动，支持“中体西用”“富国强兵”和“师夷长技以制夷”等政治方针。她确实也因此而尝到了甜头。仅仅3年后，清军就借助洋枪、洋炮和洋人组成的“常胜军”和“常捷军”等彻底消灭了为患13年的太平天国。7年后，清军又依赖洋务派左宗棠与李鸿章消灭了捻军。于是，洋务运动轰轰烈烈地全面展开，各种新式企业和学堂遍地开花，各种报刊和翻译馆如雨后春笋般涌现，多条铁路和电报线路也开始建设，清政府甚至还派出了首批留学生。总之，洋务运动促成了暂时的社会安定，清军装备明显改善，出现了“同治中兴”的良好局面。

也正是在如此难得的环境下，徐建寅协助父亲在科研工作中频传捷报。17岁时，他们研制出了首台蒸汽机；21岁时，造出了第一艘轮船“黄鹄号”。当父亲“日夜凝思，苦无法程”时，徐建寅则在助手岗位上“屡出奇思以佐之”，甚至还撰写了《造船全书》等学术著作。23岁时，徐建寅与父亲等一起创办了翻译馆，引进了众多西方科技论著； 29岁时，他又与父亲等一起创办了第一所科技学校——格致书院。徐建寅还应李鸿章之邀到天津机器局，成功研制出了浓硫酸，解决了军用镪水的自力更生问题。30岁那年，在父亲的推荐下，徐建寅应山东巡抚丁宝桢之邀，前往济南负责筹办机器局。在此期间，他从选址到规划设计、施工安装等，都倾心为之，“胸有成竹，亲标规尺，一人足抵洋匠数人”。果然，仅用一年多时间，他便圆满地完成任务，开创了国人设局建厂之先例。

徐建寅出使德国

从34岁开始，徐建寅越来越深地卷入到洋务运动中，他的科研生涯被推向了顶峰。他以驻德使馆二等参赞的名义，被破天荒地派往国外进行技术考察。他的主要任务有两项：一是订购铁甲舰，二是考察国外的生产制造技术。于是，从1879年到1881年的两年间，他先后对英、德、法的80多家工厂和科研机构进行了深入细致的考察，记录了所见所闻，写成了《欧游杂录》，带回了当时西方最先进、最有代表性的制造技术、生产工艺、机器设备及工厂管理方法。在尽心考察了各大造船厂后，经反复对比考证，他最终订造了两艘铁甲舰，它们就是后来北洋水师的主力舰“镇远号”和“定远号”。

从39岁起，徐建寅的人生开始走下坡路。从家庭层面看，这一年父亲徐寿去世。从国家层面看，这一年（1884年）中法战争爆发，清军战败。次年，英国入侵缅甸，清朝的抗议无效，甚至隔年还被迫签订《中英缅甸条约》，承认缅甸为英国所有。更遗憾的是，此时日本的国力在明治维新后大增，中日从此交恶。总之，国际关系再度紧张，洋务运动连遭重创。徐建寅虽为技术人员，但仍难免被冷落，甚至被以“守父丧”为名轰回了老家。两年后，他才被两江总督曾国荃聘请到金陵机器制造局，主持了两年技术工作。在此期间，他利用旧设备铸炼钢材，还研制出了新式后膛抬枪。1890年，他又受邀于湖广总督张之洞，帮助后者寻找煤矿。结果，他真的在大冶附近“勘得真煤层”一处，经开采试用，质量极佳，“与英国之上等煤，足堪匹敌”。

1894年，中日甲午战争爆发，北洋水师全军覆没，主力舰“镇远号”和“定远号”也成了牺牲品，洋务运动从此宣告结束。清政府被迫于1895年与日本签订《马关条约》，割让台湾和澎湖列岛等。同一年，光绪皇帝特别召见徐建寅，令他调查甲午海战失败的原因。于是，可怜的徐建寅便被卷入了激烈的政治旋涡。无论他怎么撰写调查报告，最终都难逃政治牺牲品的宿命。后来的事实表明，他此时埋下的定时炸弹将在几年后引爆。但是，政治神经麻木的徐建寅自我感觉良好，甚至在次年，在公务之余，他还撰写了一部名著《兵学新书》，希望以此挽救大清

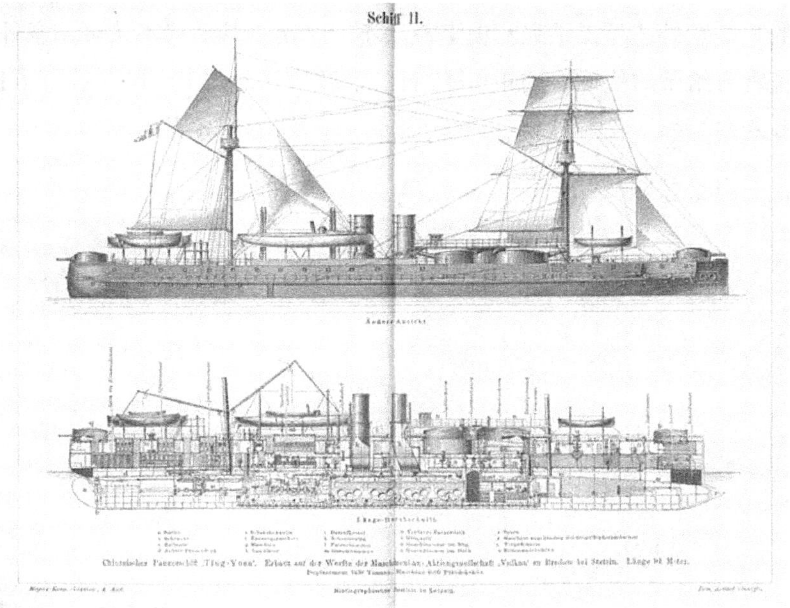

“定远号”设计图纸

于倒悬。可他哪里知道，就在他废寝忘食地撰写《兵学新书》时，愚蠢的清政府为了联俄制日，竟偷偷与俄国签订了《中俄密约》，使俄国不费一枪一弹就把中国东北纳入了势力范围。

徐建寅53岁时，清廷内讧达到新高潮。时年，光绪皇帝与梁启超、康有为等改良派发动了“戊戌变法”。于是，作为改革派拉拢的重点对象之一，徐建寅被任命为农工商总局督理，授三品衔，甚至享有随时向皇帝“专折奏事”的特权。可仅仅103天后，由于慈禧太后等保守派的反对，光绪皇帝遭软禁，变法失败。徐建寅也被列入“禁锢谪革”的名单之内。由于他“参与事晚”，被革去三品官职后，以扫墓为名，再次被轰回了老家。

1900年，八国联军打入北京，疯狂劫杀掳掠。于是，刚被贬谪的火药专家徐建寅被重新请出，由张之洞派去督办保安火药局，以应对打仗之火药急需。55岁的徐建寅捐弃前嫌，“慨然任之”，日夜操劳，只用了三个月便将保安火药局建成投产。

再立大功的徐建寅从此能否被重用呢？ 1901年3月31日，刚过56岁生日的徐建寅接到报告，要他前往炸药车间解决技术难题。突然，一声巨响，徐建寅和在场的15名员工同时身亡。后来，在数十米外才找到了他的一条穿着官靴的腿。徐建寅的死是意外还是谋杀呢？史上说法不一，至少其后代不认可“意外”之说，只默认了官方给予的优恤。同年9月7日，清政府又与“十一国”签订了丧权辱国的《辛丑条约》。

唉，一声叹息！

技术篇

鲁　班　李　冰　蔡　伦　马　钧　宇文恺　李　春　曾公亮
毕　昇　李　诚　薛景石　黄道婆　黄　成　潘季驯　徐贞明
赵士桢　计　成　茅元仪　唐　英　样式雷

第八十一回

工匠鼻祖传说多，鲁班信史有几何

提起本回主角鲁班，几乎无人不知，无人不晓。他既是建筑鼻祖，又是木匠鼻祖，还是戏班祖师，甚至基于他名字的成语“班门弄斧”也用来比喻不自量力地在行家面前卖弄本领。但有关鲁班的信史资料很少，哪怕是史书中的某些内容也有瑕疵。有关鲁班的各种传说却铺天盖地，大家都恨不能将所有无主发明全归功于他，使得他头顶的光环越来越大，越来越亮，同时也使得本回为他立传越来越难。在科学内容方面，本书相当严谨，不会随便采信不靠谱的传说。因此，下面将尽量去粗取精，去伪存真，还原一个真实的鲁班。当然，这还需要另一位比他年轻约30岁的著名科学家墨子的配合。

鲁班是春秋时期的鲁国人，姓姬，氏公输，名班，字依智，人称公输盘、公输般、班输，尊称公输子，又称鲁盘或鲁般，惯称“鲁班”。从其姬姓可知，鲁班在当时应是贵族，甚至可能是周王室后裔，因为姬姓的始祖是华夏人文初祖、长居姬水的黄帝，姬姓也是当时周朝的国姓，还是周王室宗亲分封的吴国、鲁国、燕国、卫国、晋国、郑国等诸侯国的国君之姓。

鲁班与“孔门十哲”之一的子夏同龄，生于公元前507年，至今已2500多年。他去世于公元前444年，享年63岁。鲁班生活在春秋战国时期的一个工匠世家中，从小就随长辈参加过许多土木建筑活动，再加上他自己聪明好学，所以掌握了许多技能，积累了丰富的经验。有关鲁班的生平事迹，特别是带有时间印记的事迹几乎为空白。幸好他与墨子有过一次直接交流，所以我们结合墨子的相关史料，便可推知鲁班的至少一条带时间印记的信息。大约在去世前5年，年近花甲的鲁班从鲁国来到楚国，帮助楚王制造兵器，准备攻打宋国。年轻力壮的墨子知道后，也从鲁国出发，马不停蹄，狂奔十昼夜，赶至楚国都城与鲁班和楚王辩论。最终，墨子依靠三寸不烂之舌，以沙盘演练方式阻止了楚王攻宋。当着楚王的面，鲁班动用所有武器发动攻击，而墨子仅以腰带围城，以竹片为器，与鲁班相斗。结果，鲁班的攻城器械全部用尽，而墨子的守城办法还绰绰有余。最终，鲁班和楚王心服口服地放弃了进攻计划。墨子告诉他们，自己的所有这些防卫措施均非纸上谈兵，而是由弟子禽滑厘等300多人早已在宋国布置停当。

由于接下来的故事都不再有时间印记，所以描述的顺序也就不受限制了。

战国时期，发明和制造兵器是国家大事，鲁班自然也会卷入其中，从而有机会在诸如《墨子·鲁问》《墨子·公输》《战国策·公输盘为楚设机》和《淮南子》等较正式的史料中留下较可信的故事。古代攻城用的云梯类似于现在消防车自带的升降梯，应该就是鲁班的发明。古代水战用的钩拒也该是鲁班的发明，它既可用于将对方的战船拉近，防止其逃跑，也可用于将对方的战船推开，防止其靠近。不过，据说鲁班的硬钩拒又输给了墨子用“爱”和“恭”制成的软钩拒。墨子主张和平，反对战争，信奉仁义至上，鼓励相敬相爱，所以，墨子战胜鲁班的办法就是：用爱来钩，用恭来拒。若用钩来钩人，对方也会钩你；若用拒来拒人，对方也会拒你。若用爱去爱对方，对方也会爱你；若用恭去恭敬对方，对方也会恭敬你，何必动武呢？

古代云梯

当然，就算在相对正式的史料中，某些内容也不能全信。《墨子・鲁问》中记载了鲁班的一个也许最广为人知的发明，说他“削竹木以为鹊，成而飞之，三日不下”。这显然过于夸张，或描述不够准确，因为从物理原理上看，能长期待在空中的无动力飞行器压根儿就不存在。其实，鲁班所谓的木鹊更可能是竹架绸面风筝。黄帝的元妃嫘祖早在上古传说中就发明了蚕丝的纺织技术。考古结果已证明，早在5000多年前的新石器时代，人们就开始养蚕、取丝、织绸。在仰韶文化、大汶口文化和良渚文化等遗址中都出土了丝绸遗存实物和纺织工具。另外，竹架树叶风筝也照样能借助风力升天。总之，截至鲁班生活的时代，制造风筝的原材料和工艺均已齐备。

除了比较正式的史料外，古代的许多其他书籍也描述了鲁班的许多发明。《述异记》声称，鲁班曾在石头上雕刻过一幅最早的石刻地图《九州图》，还雕刻过一只精巧绝伦的石凤凰。这些说法当然早已无从考证。《事物绀珠》《物原・器原》《古史考》和《世本》等古籍也记载了不少至今仍在使用并声称是鲁班发明的东西，比如曲尺、墨斗、石磨、木砻、碾子、刨子、钻子、锯子、铲子、斧头等。其中，曲尺、墨斗、石磨、木砻和碾子等的发明相对比较可信，但是考古证据表明锯子、铲子、斧头、钻子和刨子等的发明存在一定的疑问。

有关锯子的发明史，大约应该是这样的。早在石器时代，人们就学会了用燧石刀和燧石斧切割物品。后来，人们又发现用带有锯齿的刀更容易切割坚硬的材料。考古学家已经发现了至少1万年前的带有锯齿刀口的燧石刀，只是它们无法用于切割木头而已。大约在4000年前，古埃及出现了铁锯，它们像刀剑那样，有着细长的锯身和木制把手，只不过当时主要依靠“拉”而非现在的“推拉”动作来完成切割任务。再后来，古希腊和古罗马沿用了古埃及的刀剑式锯子，罗马人还研制了一种既能推又能拉的框锯，即把金属锯身嵌在木框内，通过推拉木框来完成切割任务。在中国，近年来也有考古证据显示，锯子大约在夏朝就已出现，比鲁班要早上千年。另外，在鲁班出生前数百年的周朝也已出现了铜锯，而且“锯”字也早已出现。一句话，锯子不可能是鲁班的发明。

关于铲子的发明，目前至少已有如下确切信息。早在约7000年前的新石器时代，人类就已经发明了石铲。早在约6000年前的青铜器时代，就出现了青铜铲，今人已发现3500年前的商代青铜铲。而中国的铁器时代最晚始于2800年前的西周末年，因此，石铲和青铜铲肯定不是鲁班的发明。若鲁班真的发明了铁铲，那么就必须满足如下苛刻条件：在已有青铜铲的情况下，在铁器已普及的300年间，竟然没人想到照猫画虎，将青铜铲改进成铁铲。这种可能性到底有多大呢？各位读者自行考虑吧。个别铁器的出现年代其实更早。比如，早在4500年前的土耳其北部赫梯墓中就出土过铜柄铁刃匕首，早在3300年至3500年前的甘肃临潭磨沟寺文化墓葬中就出土了两根铁条，早在3300年前的北京平谷商代古人类遗址中也出土了一件铁刃铜钺。

关于鲁班发明斧头的说法也值得商榷。斧子的起源很早，甚至原始人就会制作和使用石斧。作为兵器，斧与戈、矛等几乎同时出现。相传黄帝时就出现了斧钺，当时它既是兵器又是刑具。更准确地说，它是黄帝五刑之一，其他四刑分别是甲兵、刀锯、钻凿和鞭扑。当然，黄帝也是传说中的人物，不能作为否定鲁班发明的证据。但早在商朝时的确已经出现了铜斧，它既用作武器，也用作仪仗用具。有的铜斧经过雕刻嵌镂，极为精美。后来，斧头作为武器反而用得更少了。斧头作为武器在周朝的普及率远低于以前的商朝，再到“双锋剑出，与刀并用”后，作为武器的斧头就几乎消失了，转而成了砍砸工具、乐舞仪仗用具和刑场斩杀之器。当然，若硬要说鲁班发明的是铁斧，那么其情况又与他发明铁铲类似。可能性到底有多大？各位自行判断吧。

关于鲁班发明钻子的说法恐怕也得重新考证。且不说史前神话中燧人氏钻木取火所用的钻子是否与鲁班的钻子存在本质区别，就算是能在木头和骨头等硬物上钻孔的钻子至少也有9000年历史。在河南贾湖出土的骨笛是10000 ~ 9000年前的物件，而其上最小直径仅为3毫米的笛孔显然是钻出来的。当然，鲁班发明的也许又是铁钻，但同样也面临着上述与铁铲类似的疑问。目前考古界还没发现铜钻实物，但骨头上的小孔显然不可能由木钻完成。

关于鲁班发明刨子的说法也不严谨。若此处的刨子是指常见的平推刨，那么考证就更难了。一来，刨子的主体是木制结构，很难保存。目前发现的最早的刨子实物出现在山东菏泽的一艘元代沉船中。当然，也有间接证据表明，中国最迟在宋元时期就已有刨子，但此时距鲁班生活的年代已过去了将近2000年。二来，国内有关刨子的早期史料几乎为零，那些声称鲁班发明刨子的书籍大都出版于明清时代，不能作为2000年前的信史证据。三来，在大约与鲁班同时代的罗马时期（即公元前753年到公元前509年），刨子在罗马确已普及。四来，刨子在中国的突然普及出现在明朝，而此时确实从国外大量引进过刨子。所以，另一种仍待考证的说法是：目前所见的刨子是明朝时才从罗马引入的。当然，若鲁班的刨子不是指常见的平推刨，那么鲁班当年发明的到底是什么刨子呢？发明刨子是不是后人强加在鲁班头上的光环呢？

除了文字记载外，史上有关鲁班发明的口头传说就更多了。比如，人们说他发明了锁钥、凉亭、水井、滑轮和伞等。但是，毋庸讳言，许多传说也不靠谱。

实际上，5700年前的浙江河姆渡遗址中就发现了水井，那是一口相当精巧的方形木结构井，井深1.35米，边长2米。关于水井的发明者，也有多种不同的传说。有人说“黄帝穿井”，也有人说夏代的“伯益作井”，还有人说第一位挖井人是舜帝。无论如何，“井”字早在商代就已出现，甲骨文中的“井”字就形象地展示了用木料或石料围砌而成的井栏，当中的空格为井口。西周以后，“井”字当中曾多出一个小圆点，意指井中有水，或井中有汲水用的桶或罐子。当然，此字现在已被淘汰。总之，不能笼统地宣称鲁班发明了水井。至于他到底发明了什么井，这就只能是一个谜了。

有人说鲁班发明了滑轮并将它用于从井中提水，后来滑轮变成了井口的辘轳，辘轳又变成了风车，风车又变成了水车。考古证据表明，早在鲁班之前300多年的一幅亚述浮雕中就展示了一种非常简单的、只能改变施力方向的滑轮。此外，关于鲁班发明伞的说法也不能全信。早在公元前1100年的西周时期，伞就已经出现了，只是当时它被称为“簦”而已。那时伞的功用除了遮阳和避雨之外，还代表不同的身份。

好了，关于鲁班的其他传说就不再啰唆了。总之，他确实有许多实用性发明，但今人也该以科学态度来纪念这位伟大的发明家，切忌盲目夸大。

《鲁班学艺》纪念邮票

第八十二回

李冰父子生平少，岷江治水思路妙

本回主角可能是除大禹外古代最著名的水利专家了。他建设的都江堰已经使用2000多年，甚至在汶川大地震中它都毫发无损。可惜有关主角的生平资料实在太少。

先看主角的姓名。史上最早记载都江堰水利工程的文字是战国晚期的《尚书·禹贡》，但该书完全未提及其建造者的姓名。首次提及都江堰建造者“蜀守冰”的文字是西汉司马迁的《史记·河渠书》，但该书只说他的名为“冰”，却没提及其姓。东汉班固的《汉书·沟洫志》才首次点出了都江堰建造者的姓，书中提及“蜀守李冰”。本回仍采信主角的全名为“李冰”，因为史学界至今没有第二种声音。当然，后人又传说李冰号“陆海”。后来，还有人传说他的儿子李二郎也参与了都江堰的修建工作。再后来，这位李二郎竟演变成了《西游记》中的二郎神。本回只尽量保证主角的真实性和客观性，而关于其他人物和传说，大家就当热闹看吧。

再看主角生活的年代。李冰的生卒年月肯定无从知晓，一般认为他生活在春秋战国时期。但到底是春秋还是战国，或他到底是不是战国时期的秦国人呢？史学界的说法不一。有的说他生活在春秋时期，主要理由为：战国时期秦国的官方史料中从未提及如此浩大的都江堰工程，更未有记录“蜀守李冰”的只言片语。因此，我们有理由怀疑该工程也许早在公元前316年秦惠王灭古蜀前就已完成。司马迁的《史记·河渠书》中同时记载了多个重大水利工程，而且基本上是按时间先后顺序排列的，其中都江堰工程排在了公元前422年“西门豹引漳水溉邺”之前，可见李冰治水可能出现在春秋时期。此外，当时司马迁只说李冰是“蜀守”，并未说他是“秦蜀守”。东汉末年成书的《风俗通》才首次具体指出“秦昭王使李冰为蜀守”，后世学者都是以此来推算李冰治水的时间及生活年代的。但是，秦昭王是一位典型的好战分子，他在位56年，发动了伊阙之战、五国伐齐、鄢郢之战、华阳之战和长平之战等著名战役。在如此战乱时期，秦国哪有人力、物力和财力来建设都江堰这样的巨大工程呢？最后，若李冰是秦灭古蜀前的“蜀守”，那么他就该是古蜀国开明王朝的国王鳖灵，又称丛帝。在夏、商、周时期，“守”指的就是国君，而且在史料中，鳖灵也以治水而闻名，他执政的时间刚好在西门豹之前。不过，这里的“鳖灵说”也有瑕疵，因为有史书说鳖灵在担任古蜀国杜宇王朝的丞相期间曾在岷江上开挖过一条人工渠，引岷水入沱江，以除水害。换句话说，史书上为啥只记载了鳖灵在低职位上的小功绩，而忽略了他在高职位上的大功绩呢？

目前的主流观点认为李冰生活在战国晚期，他在秦灭古蜀后被秦昭王任命为“蜀守”。所以，本回也采纳多数人的意见。1974年，考古人员在都江堰发掘出了一尊东汉时期的李冰石像，上有铭文“故蜀郡李府君讳冰”，且该石像上的冠服样式也属于战国时期的秦国。即使李冰是“秦蜀守”，其任职时间也有多种说法。有的说他是“公元前256年至公元前251年的秦蜀守”，任期只有5年，但这好像太短，难以完成都江堰这样的巨大工程。有的说他是“公元前277年至公元前250年的秦蜀守”，任期为27年，这好像又太长。还有的说他是“公元前276年至公元前251年的秦蜀守”，任期25年，这好像也有问题。不过，无论李冰生活在春秋时期或战国时期，无论其任职时间长或短，都不影响本回后面对其科学成就的介绍。

最后看李冰的籍贯，其说法又是层出不穷。有的说李冰是山西运城人，主要理由是，1999年有人在该城一李姓人家的家谱总序上清清楚楚地发现了清朝之前记载的“始祖李冰赴蜀治水”等字样。可惜，这个家谱并不完整，只记录了第52代至第70代的信息，而包括“始祖李冰”在内的前面51代均为空白。质疑者认为，过去许多家谱总序中都喜欢拿名人当始祖，甚至像唐皇李世民也乐意拿李耳当其祖先。有的说李冰是陕西人，在秦灭古蜀后，由秦王从陕西派到蜀地任职。还有的说李冰是四川什邡章山人，乃蜀山氏后裔，且因积劳成疾，死在石亭江水利工程中。他死后还叶落归根，被埋在了章山，其主要理由是北宋欧阳修等撰写的《新唐书》中提到“什邡，有李冰祠山”。还有一种说法更简单，干脆认为李冰的籍贯不详。

不过，无论李冰的生平是多么迷雾重重，他建设都江堰的功绩都是千真万确的，后人对他的崇敬也毫无疑问。都江堰使成都在过去2000多年中保持了富甲一方的天府之国美名，彻底根除了岷江水患。《史记》说：“（蜀地）旱则引水浸润，雨则杜塞水门，故水旱从人，不知饥饿，时无荒年，天下谓之天府。”正因为李冰的“川西第一功”，至少从1800年前的东汉开始，他就受到了后人的纪念。他被四川人民尊为“川主”或“川父”。至今在都江堰和洛水等十多个地方还存有南朝时修建的川主庙。关于他的神话和传说，自东汉以后就不断增加。每年农历六月二十四日还被当成“李冰诞辰日”予以隆重纪念。从唐朝起，人们开始修建李冰祠；从北宋起，人们又编出了他的次子李二郎协助父亲治水的故事，后来这李二郎更演变成了二郎神。历代许多皇帝也跟着凑热闹，唐太宗封他为“神勇大将军”，唐玄宗封他为“司空相国”。五代后蜀时，皇帝们又争相追封他为“大安王”

和“应圣灵显王”等。宋太祖改封他为“广济王”，起初规定每年祭祀一次，到宋代中期增加为每年春秋各一次。祭祀场面宏大，有宋诗《离堆行》为证。诗曰：“到羊五万大作社，春秋伐鼓苍烟根。”元朝的文宗皇帝又封他为“圣德广裕英惠王”，还制订了具体的祭祀规格。清朝的雍正皇帝加封他为“敷泽兴济通佑王”，并赐“绩垂保障”匾额；光绪皇帝先后加封他为“通佑显英王”和“通佑显惠襄护王”，并赐“功昭蜀道”和“陆海金堤”等匾额。

都江堰

好了，有关李冰本人的情况就这些了，下面聚焦于他的代表性科技成果——都江堰水利工程。

为此，先得交代一下相关历史和自然背景。伙计，你知道四川为啥叫“四川”吗？因为四川境内有四条大川，它们分别是长江、嘉陵江、岷江和沱江。而防涝抗旱的都江堰水利工程涉及其中的两条江——岷江和沱江，由此可见都江堰对四川的重要性。伙计，别以为四川是天然的鱼米之乡，其实在都江堰启用前，这里完全是另一番景象，非涝即旱，素有“泽国”和“赤盆”之称。特别是四川盆地的“盆底”成都平原更惨：涝灾时，洪水排不出去；旱灾时，盆外高悬的岷江水又流不进来，因为有一座玉垒山将成都和岷江隔开，常出现“盆外涝，盆内旱”的尴尬局面。此前，为避盆地外发生洪灾，鳖灵曾开通一条人工渠，将汹涌的岷江水引入沱江，但面对盆地内的旱灾仍无良策。于是，李冰登场了。

也许谁都能想到打通玉垒山，让盆地外的岷江水流进盆地内的成都平原就行了。但理想很丰满，现实很骨感，难题一个接一个。一方面，玉垒山是一座盘石山，战国时虽已有铁器，但既没炸药，也没大型机械设备，仅靠蛮力，无异于愚公移山。咋办呢？李冰巧妙地利用了淬火法，将岩石烧红后，突然猛浇冷水，让岩石爆裂松动，然后再行开凿。另一方面，玉垒山的缺口要挖多大呢？若缺口太小，则水量不够成都平原的300多万亩良田使用；若缺口太大，那么不但工程量巨大，而且无异于自取灭亡，因为凶猛的岷江是成都平原头顶上的一条悬河，一旦失控，后果不堪设想。于是，经过精心计算，李冰在玉垒山的末端凿出了一个宽20米、高40米、长80米、形如瓶口的山口——宝瓶口。将玉垒山凿穿后分离出来的那部分山体从《尚书·禹贡》起就被称为离堆。

为纪念李冰父子而修建的二王庙

此外，宝瓶口开在何处也十分讲究。若它位于岷江的直道或弯道的凸岸处，在枯水期就没有足够的水源；若它位于弯道的凹岸处，在洪水期就很容易失控，毕竟那时没能力建筑坚固的拦水坝。于是，李冰又出奇招，他在宝瓶口以上的岷江河道中建造了另一个巧妙机关——带鱼嘴的月牙形长堤，称为金刚堤。它长800米，宽75米，将岷江河道分为外江和内江两条水道。最为神奇的是，在洪水期，金刚堤把大量洪水排到外江，防止洪水直冲宝瓶口；而在枯水期，月牙形的鱼嘴又会将大部分岷江水逼入内江，然后进入宝瓶口。江水为啥如此听话呢？嘿嘿，其实在暗地里还有其他奥妙。原来内江的水道深而窄，外江的水道浅而宽，因此，在水位较高的洪水期，外江的流量自然更大，而在水位较低的枯水期，内江的流量更大。无论岷江水流如何变化，流入宝瓶口的水量基本上都能保持恒定，既不多也不少。

遇到特大洪水时又咋办呢？别急，李冰还有更绝的锦囊妙计——飞沙堰。它其实是一座不太结实且比较低矮的堤坝，位于内江末端，几乎与宝瓶口齐平。飞沙堰为啥“不太结实”呢？如果洪水太大，飞沙堰将被冲垮，于是内江就变成了“漏底瓶”，洪水也就自然回归岷江主干道，不再伤及侧面的宝瓶口。飞沙堰为啥要“比较低矮”呢？当内江的水量超过成都平原的需求量后，多余的江水便会自动翻越飞沙堰，而不进入宝瓶口。此外，飞沙堰还有一个重要的功能，那就是自动排沙，以防止内江的河道被淤积堵塞。

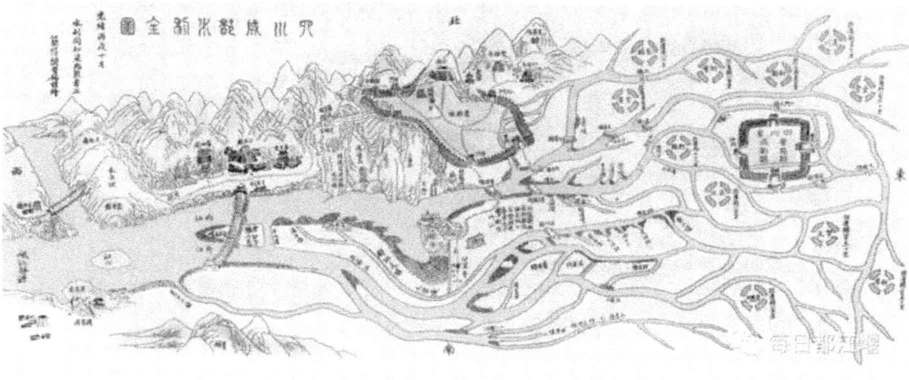

《四川成都水利全图》（清光绪年间绘制）

内江的泥沙为啥会乖乖地翻越飞沙堰呢？原来李冰还有一招，即内江末端的半开放式人字堤，它既能保护宝瓶口下游凹岸的居民免受洪灾，更能与内江凹岸、离堆和飞沙堰等一起对汹涌的洪水形成“合围”之势，从而激发若干上下翻动的激流旋涡，让它们带着大量泥沙翻过飞沙堰，从而确保内江河道常年通畅。

都江堰的奥秘还有很多。比如，李冰在宝瓶口上游立了一个标记水位的石人，宝瓶口的最低水位不能低于石人的脚，最高水位不能超过石人的头顶，否则就得人工干预。又如，李冰还在内江水下固定了一只横卧的石兽，若该石兽被泥沙埋没，就得动用人力清理内江河道。

伙计，都江堰的情况就这些。若你认为本回已说清楚了，欢迎今后游览5A景区都江堰时以本回为旅游指南；若你认为还没说清，欢迎今后游览都江堰时对本回进行改进。为啥总要诱你来都江堰呢？嘿嘿，因为它确实值得一游。

都江堰全图

第八十三回

宦官蔡伦变纸神，尚方宝剑成标准

在介绍蔡伦之前，很有必要再强调一次：不能简单地把科学和技术统称为科技。各位读者朋友若有兴趣的话，可自行查阅字典，认真研读它们的定义，此处就不再复述了。其实，科学和技术之间的差别非常大。

（1）科学与技术的目的不同。前者侧重于回答“是什么”“怎么样”和“为什么”，试图发现客观过程的因果关系和规律，从而提高人类的认识水平。后者则侧重于回答“做什么”和“怎么做”，试图追求满足需要的功利性。换句话说，一旦科学与技术被混称为“科技”，那么科学就背上了功利的包袱，科学家也就从意识上被束缚住了。如果毕达哥拉斯学派和墨家学派没有长达百余年的毫无功利目的的不懈努力，他们会取得如此重大的科学成果吗？

（2）科学与技术的任务不同。前者要认识自然，探索客观真理，揭示事物的本质、规律，它是人类改造自然的行动指南。后者则是生产力，是改造自然、创造财富、存储知识、获取信息的手段。换句话说，科学不是直接的生产力，但是当科学成熟到一定程度后便可转化出若干技术，甚至是先进技术，随之便可由技术创造出生产力。重大科学成果几乎不可能立即转化为技术，更不该由原创科学家来完成后续的技术转化工作。

（3）科学与技术的形态不同。前者是一元性的知识，将纷繁复杂的现象统一于某一种本质，从众多的假说中筛选出一种定论，使其简捷明了。后者则将某一种科学知识转化为多种技术设施、工艺、手段等，从相同的原理中做出多种类型的设计方案。比如，由杠杆原理这一科学成果就可设计出滑轮、螺丝、螺旋桨等这些看起来完全不同的技术。换句话说，如果某项重要技术的科学原理还不清楚的话，那么这可能意味着一次取得重大科学发现的机会，千万别轻易忽略。假如当年人们由指南针这项技术深入挖掘出了磁感线科学理论的话，那么人类历史可能就会重新改写，科学的中心也可能就在中国了。

（4）选题方向不同。科学是从已有理论与实验结果的矛盾、已有理论自身的矛盾、多种假说争鸣等科学发展自身的逻辑中去寻找、发现和选择研究课题，目的是从中发现新现象和新规律。技术则要从国民经济发展、国防建设需要、人类生活水平提高等实际需要中发现和选择研究课题，要求能付诸实施并产生一定的实际效益。

（5）成果形式不同。科学成果是观念形态的东西，主要是科学发现、科学预见、科学原理等，属于由物质向精神转化的范畴，其成果形式主要有专著、论文、研究报告等。技术成果是知识形态与物质形态的有机结合，更多地表现为由精神向物质的转化，其成果形式主要有技术样品、技术模型、技术规程、设计图纸等。

（6）评价标准不同。对于科学，要进行真理性评价，即判断其真假、对错；对于技术，则要进行价值性评价，特别是要有发明或创新。

（7）管理方式不同。科学的管理是柔性的、松散的，科学是无国界的，所产生的知识属于全人类。技术的管理则是通过专利法来实施的，这种管理是严格的，在一定时期甚至是保密的。技术是有国界的，是不能随意输出的。科学无专利，而技术有专利，有知识产权。

（8）对当事者素质的要求不同。科学家需要深厚的基础知识和专业知识、活跃的理论思维，科学家必须善于观察和发现问题，勤于思考，长于推理，甘于寂寞，专心致志地去做学问、做实验。而技术专家不但要有精深的专业知识，而且要有较强的动手能力和综合能力、灵通的信息来源、丰富的实践经验、顽强的攻关精神以及一定的组织才能等。

当然，不可否认，科学与技术的联系实在太紧密，以至于它们经常被混淆。科学与技术既相互依赖，又可以相互转化；既相互促进，又互为动力；既相互交织，又相互渗透。比如，本回的主角蔡伦便是一个典型例子，他显然不是严格意义下的科学家，但是像造纸术这样对人类文明有如此重大影响的技术成果无论如何都具有划时代的意义。

前面之所以要做大量的铺垫，那是因为我们将在后面介绍多位重要的技术专家，在这里一次性把相关背景说清楚，还想借机纠正一下至今人们对“科技”的误解。

好了，闲话少说，书归正传。有请蔡先生登场。

蔡伦的出生日期不详，大约是在公元61年或63年。但是，他净身的日期是准确的，即公元75年。少年蔡伦入宫前，其文化水平本来就比较高，生活经验也比较丰富，所以，他很快便得到了重视和提拔。蔡公公的一生几乎都奉献给了东汉宫廷剧，他还是最主要的配角演员。若要撰写太监小传的话，蔡伦的这一段将十分精彩。作为中国华南乃至江南地区的第一位入宫太监，蔡伦得意时真可谓权倾朝野，生杀予夺随心所欲，失意时遭千人唾万人骂。公元121年，他被迫服毒自尽，甚至关于其发明创造的档案也被彻底销毁。更奇葩的是，在冤死30多年后，又突然来了个剧情大反转，蔡公公竟然被平反昭雪。下面将略去所有宫廷剧的细节，而只聚焦于他担任尚方令（副部级）期间的两项代表性职务发明，即造纸术和尚方宝剑铸造术。

俗话说，人生有三苦：打铁、撑船、磨豆腐。而蔡伦就出身于一个铁匠世家，祖祖辈辈都以打铁为生，日夜在火炉旁忍受煎熬。因此，蔡伦从小的生活情形便可能是这样的：在一间破房子的中央放着一个大火炉，炉边架着一个大风箱，炉膛中燃烧着熊熊大火。需要锻打的铁料先在火炉中被烧得通红，再移到大铁墩上，大师傅掌主锤，助手握大锤，反复锻打，火星四溅。当铁料不再通红时，再将其放入火中重新烧软，再拿出来锻打。如此反复，直到铁料被打造成满意的形状，或几块铁料完全融为一体为止。打铁成功与否的关键在于：铁料和炉炭的质量是否上乘，锻打是否充分，火候（温度控制）是否得当。

在上一段落中，为啥要如此详细地描述打铁过程呢？嘿嘿，因为有关蔡伦如何造纸的史料不足20个字，所以，我们只好发挥合理的想象和推理，寻找蔡伦造纸的灵感源泉。根据今天已知的古法造纸术可知，打铁过程在某种程度上与造纸过程很像！只不过造纸时反复捶打的不再是铁料，而是树皮、麻头、碎布、鱼网等原料；造纸不再是在高温下捶打，而是在水中反复捶打和搅拌，直到将原料捣成细浆，越细越好；成型时，不再靠淬火，而是用细筛过滤。

蔡伦造纸灵感的另一来源可能仍然与他童年时代的家庭生活有关。他的父亲擅长冶铸，以至于长期与朝廷铁官保持着紧密的业务联系，甚至将宝贝儿子送入了宫中当太监。所以，小蔡伦也许非常熟悉这样的场景：金汤一样的铁水被浇铸在事先备好的模具中，待铁水冷却后，铁器便铸成了。如果铁水偶尔被泼在了地面上，那么待它冷却凝固后，一块光滑的铁板就出现了。这难道与纸浆变为纸板不是很相似吗？蔡伦聪明伶俐，很有才学。他曾在私塾中读过《周礼》和《论语》，对周边的生产、生活环境很感兴趣。

总之，早在入宫前，蔡伦的潜意识里可能就已经打下了造纸术和铸剑术的烙印，只待合适的机会来激活潜意识就行了。

这个机会终于来到了。某天，身为尚方令的蔡公公看见年幼的皇帝阅读沉重的竹简奏章时好不辛苦。他灵机一动，马上就发现了一个天赐良机：造出一种轻

蔡伦造纸流程图

便的奏章专用纸。心动不如行动，他马上利用职务之便，设立了一个国家级重大科研课题。于是，他让工匠们切断并捣碎精心挑选的树皮、破麻布和旧渔网等，然后把它们放入大水池中浸泡。数日后，碎料中的杂物烂掉了，而不易腐烂的纤维被保留下来了。再将浸泡过的原料捞起，放入石臼中反复搅拌，直到变成浓稠的浆状物为止。最后，用竹篾将稠浆挑起，干燥后便可揭下纸张来。经反复试验，蔡伦终于研制出了轻薄柔韧、取材容易、来源广泛、价格低廉的纸张。公元105年，蔡公公举行了隆重的课题验收仪式，他将造纸方法写成了人类历史上的首份纸质奏折呈献给皇帝。汉和帝马上诏令天下：朝廷内外立即使用并推广该项成果。由于当时流行全国的造纸法是由蔡伦发明的，人们便把这种纸称为“蔡侯纸”。很快，蔡伦的造纸术便沿丝绸之路，经中亚、西欧向全世界传播，为人类文明的传承和发展做出了不可磨灭的贡献。如今，蔡伦的造纸术已成为中国的“四大发明”之一。由于纸张对人类文明的进步做出了杰出贡献，千百年来发明者蔡伦也备受尊崇，被奉为“纸神”。

当然，史学界至今仍在争论纸张的最早发明者到底是不是蔡伦，不少专家还拿出了强有力的反驳证据。1986年，在甘肃天水放马滩的一个西汉墓里出土了一张纸。这张纸又薄又软，纸面平整光滑，上面还有墨绘的图形。因此，有专家认定早在蔡伦之前的西汉时期，中国就已造出了麻质植物纤维纸。但是，从技术角度来看，此类争议的意义不大，特别是在没有专利法的古代更是如此。本回前面已说过，技术具有明显的功利性。换句话说，同类技术到底由谁最先发明并不重要，更重要的是到底是谁将该技术大规模推广并产生功利效果。从这一点上看，显然没有任何其他发明者有资格与蔡伦相提并论。与科学不同的是，任何技术（包括造纸术）的发明几乎都是循序渐进的，都会吸取前人的经验和教训。任何技术的发展过程也都很难“断代”，即本代技术与上代技术之间的界限都不会很分明，都有不少重叠之处。退一万步来说，即使某项专利技术有明确的发明者，但是若该技术始终都无人问津的话，那么这难道不等于压根儿就没此项技术发明吗？

非常有趣的是，蔡公公本来是想用纸张来代替写奏章用的竹简，但该目的并未达到。因为东汉以后的所有皇家文件仍然沿用竹简，直到东晋权臣桓玄执政（公元402–404年）时，皇家公文才正式改用纸张。换句话说，“蔡侯纸”在蔡公公之后300年才完全代替竹简，成为御用书写载体。但是，蔡伦抓住了多次良机，很快就在东汉掀起了用纸高潮。当朝皇太后想对内廷所藏的众多经传重新进行校订和抄写，于是蔡公公便主动承担了该项工作，把档案库中的竹简资料转换成了纸质文本，大大推进了纸张的使用，使得价廉物美的纸张在民间很快就代替了竹简，纸质书籍成为了传播文化的最有力的工具。经推广后，蔡侯纸的普及程度终于达到了“自是天下莫不从用焉”的地步。

作为当时全球最高水平的技术专家，蔡伦的贡献绝不只是造纸术。他以“尚方令”身份研制的另一样东西至今仍然家喻户晓，那就是象征最高权力的、能先斩后奏的尚方宝剑。其实，尚方宝剑就是指尚方制作的宝剑，也是皇帝的御用宝剑。蔡伦则是尚方的首长，即尚方令。

传说，有一次小皇帝玩剑时一不小心把剑给弄断了。从外表上看，此剑非常漂亮，剑长七尺，一面凿有腾飞的蛟龙，另一面凿有展翅的凤凰。剑柄饰有北斗七星，以应天象之形。但是，它显然只是银样蜡枪头，用现代的话来说，此剑很可能是用生铁铸造的。惊讶于如此低劣的铸造技术，蔡公公便主动请缨，负责为皇家锻造刀剑和御用器物。凡是帝后们喜欢的东西，他都在尚方精制。《后汉书·蔡伦传》记载说：蔡伦在任尚方令期间曾“监作秘划及诸器械，莫不精工坚密，为后世法”。这句话翻译成白话便是：蔡伦兢兢业业，全身心投入到技术研发和工艺改良中，制造出了一大批精密、先进的器物，水准极高，为后世树立了难以超越的标准，长期处于技术顶峰。由于“尚方”这个皇宫作坊中汇聚了天下的能工巧匠，代表当时制造业的最高水准，因此，它为蔡伦提供了一个极好的创新平台，也使得蔡伦可以井喷式地展示自己的个性、爱好及过人的技术天分。

为研制出高质量的宝剑，蔡伦苦读相关书籍，认真观察试验结果，深入生产实践。每有空闲，他就亲自到作坊中做技术调查，学习和总结工匠们积累的经验。再加上从小就受到了作为“冶铸专家”的老爸的熏陶，蔡公公对当时金属冶炼、加工工艺的飞速发展起到了不小的推动作用。他甚至能以沙铁为料，经多次锻打而炼成钢。因此，蔡伦亲自打造的尚方宝剑其实已经是钢剑，比以往的任何宝剑都具有更好的韧性、可锻轧性和可延压性等。

第八十四回

嘴笨舌拙受冷落，心灵手巧发明多

本回主角名叫马钧，字德衡，魏晋扶风人，即今陕西兴平人。你也许对他很陌生，但他确实是中国古代最负盛名的机械发明家之一，也是中国古代百名科学家之一。据说，他不善交际，嘴笨舌拙，以至在历史上除了留下若干发明外，就再也没啥了。他是在何年出生的？不知道！他是在何年去世的？不知道！他的家庭情况及个人经历如何？全都不知道！伙计，面对这么多不知道，到底该如何为他写小传呢？

给马钧写小传还有一难，那就是如何排除文学家的干扰，在众多精彩故事中去伪存真。生平不详的名人都是文学创作的最好对象，可以被随意塑造。本回主角就被罗贯中老先生在《三国演义》第115回“武侯预伏锦囊计，魏主拆取承露盘”中，用1200多字丑化成了一个助纣为虐的帮凶。在罗贯中的笔下，马钧引上万人从洛阳远赴长安，帮助昏庸的魏主曹睿大兴土木“拆取承露盘”，以至“民力疲困，怨声不绝”。在拆迁过程中，“台倾柱倒，压死千余人”。请问，在这些描述中，哪些是真的，哪些又是假的呢？面对如此干扰，我们将采取“非真即假”的严肃态度，凡是无法确认的事情都一概予以否认，特别是对《三国演义》的要求更严。因为它明显偏袒蜀汉，意在丑化曹魏。根据《三国志》，历史上真实的曹睿其实非常正面。他是曹魏时期的最后一位皇帝，在军事、政治和文化等方面颇有建树。从公元226年登基起，他就一直大权在握，后来甚至大权独揽。他成功地抵御了东吴和蜀汉的多次攻伐，平定了鲜卑，收复了辽东。他设置律博士制度，重视狱讼审理，制订《魏律》十八篇。这在古代是重大进步。此外，他还能诗善文，与曹操、曹丕并称“魏氏三祖”。但大约从去世前四年起，或诸葛亮去世一年后，曹睿确实开始大兴土木，广采众女，因此被罗贯中抓住了把柄。在公元239年1月22日，曹睿英年早逝，年仅36岁。此处为啥要详细交代这么多具体的时间点呢？因为这将有助于大概框定本回主角的一些人生轨迹。马钧曾担任过曹睿的“给事中”，即在皇宫中陪伴皇帝左右，以备顾问应对，参议政事。

不知何故，马钧作为皇帝曹睿身边的近臣，作为拥有众多奇妙发明的罕见能人，他竟未能进入任何官方史料。西晋时的《三国志》没有提到他，约100年后南朝的《裴注三国志》正文中也没有提到他，只是在该书的注记中附上了由马钧当年的同事和朋友傅玄在不知何时撰写的一篇《马钧传》。这便是至今关于马钧的唯一史料。更让人意外的是，作为当时的著名文学家和史学家，傅玄在撰写《马钧传》时显得很粗心。他忽略了传记人物最基本的生平信息，而这些信息在当时本不难得到，因为傅玄的父亲就是马钧家乡扶风的太守，而且傅玄本人与马钧同朝为官，二人更是朋友。《马钧传》还严重跑题，在1200多字的传记中，傅玄竟用近800字发表感叹、议论和争辩，讲述自己如何替马钧的发明争取官方支持。在剩下的400多字中，要么空泛地罗列成果，要么用词含糊，歧义丛生。

在谈到马钧发明织绫机的动机时，傅玄说："为博士，居贫，乃思绫机之变，不言而世人知其巧矣。"这句话是啥意思呢？若按现行译法将"居贫"解释为"贫困"，那么显然从逻辑上就说不通！ 博士在当时不是一种学位，更不是贫穷的代名词，而是"掌管书籍文典、通晓史事"的官职，其官阶肯定不低于七品。换句话说，"为博士"就不该贫穷，至少有体面的朝廷俸禄。退一万步说，就算马钧这位博士真的很穷，该句的后半截"乃思绫机之变，不言而世人知其巧矣"也是牛头不对马嘴，因为该句明示了马钧的真正动机是"不言而世人知其巧"，即以实际行动而非语言让大家知道自己心灵手巧，并非想解决自己的经济困难。

织绫机

既然《马钧传》是唯一史料，我们就只好以它为基础，结合其中提到的相关人事等信息，利用大数据挖掘手段，努力破译马钧的某些生平信息。

马钧在青少年时生活很散漫，甚至不知道自己天生就是手巧之人，所以他从不与别人讨论任何技术问题。不过，他确实精通四书五经，甚至成了博士。当时成为博士的门槛很高，不但要"明于古今，温故知新，通达国体"，而且要通过严格的考试，更需德高望重之人举荐，名额极其有限。

后来，马钧偶然发现了自己的天赋。可是，如何在不自吹自擂甚至不说话的前提下就让众人知道自己手巧呢？对，以实际行动让大家口服心服！于是他制定了首个发明目标：将以前需要60个脚踏板才能操纵的、费时费力的旧式织绫机改进为只需12个脚踏板的新式机器，还能让它织出各种自然而奇妙的花纹。马钧果然成功了！《马钧传》评价说：新机之妙，简直妙不可言，以至“不可以言言者，焉可以言校也”？

书中暗表，虽不知马钧当年到底是如何改进旧机器的，也不知新机器的效果是否真如傅玄说的那么玄乎，但可以肯定的是马钧的这个科研选题非常好，因为他的家乡扶风位于丝绸之路，那里家家户户都有织绫机，日日夜夜都有人织绸。旧式织绫机早在此前300多年就已发明，所以，新式织绫机的市场前景应该很好。只要肯再花力气努力推广，就一定会取得很好的社会效益和经济效益。关于这一点，1000多年后的爱迪生就是好榜样。他不但热心于发明，更热心于成果转化，从而使自己名闻天下。但是，马钧的成果实现转化了吗？《马钧传》中虽未交代，但从马钧几乎被历史遗忘这一事实可以推断，新式织绫机可能未被大规模推广，甚至只被当成了吸引官方眼球的敲门砖。正是因为该项发明，马钧被朝廷提升为五品官阶的给事中。特别申明，此处绝无埋怨马钧之意，只是想借此提醒后世的发明家，千万别为了发明而发明，毕竟没有应用的发明等于没有发明。但是，若从事纯粹的科学理论研究，则应理直气壮地“为了研究而研究”，绝不该受制于“应用”的羁绊。形象地说，技术发明就该为应用而“立地”，科学研究就该敢于不顾应用而“顶天”。这二者既不能混淆，也不能颠倒。

成为给事中后，有一次马钧与常侍高堂隆和骁骑将军秦朗在朝堂上就古代是否有过指南车发生了争执。马钧认为有，而另外两位认为没有，并趁机拿马钧的名和字调侃说：“钧”者，模具也；“衡”者，定物之轻重也；你老兄枉为“马钧”之名，不配“德衡”之字，其实只是轻重无准、模无规矩之辈也。笨嘴拙舌的马钧急得抓耳挠腮，憋了半天才吐出几个字：空说无凭，我这就造出指南车让你们瞧瞧！

哈哈，马钧上当啦！对方等的就是这句话。于是，高堂隆和秦朗赶紧向皇帝曹睿汇报，终以圣旨的形式令马钧限时造出指南车。可哪知马钧竟然真的成功了，再次让大家惊掉下巴。至于马钧是何时造出指南车的，傅玄没有交代。不过，高堂隆的去世时间是公元237年，秦朗被任命为骁骑将军的时间是公元227年，故马钧造出指南车的时间就该在公元227年至237年之间。

关于指南车的传说早在4000多年前黄帝战蚩尤时就有了。后来，又传说3000多年前周朝的周公也造过指南车，还传说东汉张衡也曾利用纯机械结构造出过指南车。利用磁力的司南早在战国时就已出现，故马钧若用司南来造指南车应该不太难。马钧的指南车肯定未用指南针，因为指南针最早出现的时间是公元713年至741年的唐朝开元年间。此外，马钧发明指南车之举不宜提倡，更不鼓励为斗气而从事发明创造，因为技术发明必须以需求为牵引。后来的事实也表明，马钧的指南车压根儿就没用过，只是赢得了君臣们的口头称赞。

《马钧传》接着介绍了另一项选题很好的重要发明，即如今在乡间还能偶尔见到的龙骨水车，当时叫翻车，它能将低处的水提灌到高处的田间。傅玄当时说：该翻车能自动汲水和排水，操作非常方便轻巧，甚至连儿童都能转动；它的效率比其他汲水设施提高了上百倍。傅玄虽未提及翻车的发明时间，但从《马钧传》中的时间顺序推断，翻车应该出现在指南车之后，同时又在曹睿去世的公元239年之前，因为随后还有马钧与曹睿的故事。

马钧的翻车，准确地说也是对前人成果的改进。早在公元186年，东汉的毕岚就造出了翻车的雏形。后来，去世于公元234年的诸葛亮又对它进行了完善，并以“孔明车”之名在蜀国广泛推广。至于马钧和诸葛亮的翻车谁先谁后、谁优谁劣，那就说不清了。至于后来在全国推广的翻车到底是该归功于马钧还是归功于诸葛亮，也不知道了。但他俩的翻车肯定是独立改进的，因为当时魏蜀两国正在打仗。

《马钧传》中提到的第四项发明就让人莫名其妙了。当时有人向曹睿献上了一套木偶玩具，曹睿在喜爱之余竟让马钧把木偶唤醒。马钧利用水力驱动木轮，真让这些木偶动了起来，有的打鼓，有的吹箫，有的叠罗汉，个个活灵活现。这项所谓的发明可能出现在公元235年和239年之间，因为正是从公元235年起，曹睿才开始追求奢靡，而4年后他就去世了。不过，该“发明”有助于后人确定马钧发明翻车的大致时间。

最后，《马钧传》还介绍了另两项发明：一是马钧声称“可以五倍于诸葛亮连弩”的新武器，但文中一笔带过；二是某种能连发大石的攻城抛石机，而且做出了射程达数百步的原理样机。可惜，这些发明都半途而废。至于其原因嘛，傅玄在《马钧传》中以“傅子”之名大肆抱怨，其大意是说没能得到安乡侯曹羲和武乡侯曹爽的大力支持。本回当然不想复述或评价《马钧传》中的相应观点，但想借机挖掘一些信息。曹爽在公元249年被司马懿灭了三族，曹羲在公元245年左右才被封为安乡侯。因此，上述半成品的发明时间应该在公元245年和249年之间，当时马钧还应在世，但可能已年老体弱，因为随后就再也没有他的任何信息了。

傅玄在公元264年之前的某年曾奉命撰集《魏书》，也许他正是因此而撰写了那篇《马钧传》，此时马钧也许早已去世，否则史学家傅玄在为自己的生前好友马钧写传时就不该如此空泛，甚至有失著名文学家的体面。

第八十五回

野蛮横行杀杀杀，文明蹒跚建建建

野蛮的标志有很多，嗜杀肯定是其中之一。无论怎么美化，无论多么冠冕堂皇，战争都属野蛮行为。文明的标志主要有三：金属、文字和国家。其中，国家靠城市支撑，城市靠建筑支撑，故建筑（特别是城市建筑）肯定是文明的重要载体。在古代，改朝换代的长时间、大规模战争往往将既有城市毁灭殆尽，而每个新兴王朝的首要任务之一就是大兴土木，重建更好更大的城市。

人类从树上下来定居在地面上，最早是像北京猿人那样住在天然洞穴中的。随着家庭的出现，人口增加，天然洞穴不够用了，于是出现了传说中的首批建筑专家有巢氏。至于他们建造的房子是啥样，早已不得而知了。不过，有考古证据显示，我国已知最早的北方民居其实只是一个竖坑，一家人住在坑底，以一根斜倚在坑壁上的树干作为楼梯，通过爬树方式进出家门。当然，富有人家的坑顶还架有挡雨棚。后来，竖坑越挖越大，越挖越深。再后来，进出竖坑实在不方便，竖坑才又变得越来越浅，但在坑口垒起了带豁口的、越来越高的围墙。最后，围墙上的缺口变成了房门，挡雨棚变成了屋顶。南方的早期住房则是另一番景象，采用榫卯结构，用竹木等材料搭建双层窝棚，上层住人，下层养牲畜。此类建筑结构至今在南方少数民族地区还偶有遗存。随着房子越建越多，越建越密，原始部落就出现了。比如，在陕西临潼姜村发现了一个5000多年前的原始村落，其总面积达2万多平方米，包含百余间带火塘的、建筑面积从15平方米至100平方米不等的房屋，还有一个大广场、两个牲畜夜宿场以及大量窖穴、墓葬和排水沟等。

终于，人类文明之光出现了。

首先，汤武杀了夏桀，建立商朝，在河南安阳附近大兴土木，建设了如今称为殷墟的大型建筑群。位于偃师二里头的殷代宫殿遗址是目前已知最早的皇城，它建在大型夯土层上，四周用长屋围成内院，院子的正中还有一个大型皇宫。皇城既有正门，也有旁门，还有门卫室等。在安阳后冈，人们还发现了一座殷代陵墓，墓穴为方形深坑，坑内有许多人殉。墓穴中央用原木嵌砌成箱式墓室。墓穴有南北两个坡道：南方为斜坡，供车行；北方铺有台阶，供人走。

接着，周武王杀了商纣王，建立周朝，又开始大兴土木修建皇城。在陕西扶风县周原村，人们发现了一处西周时期的宗祠遗址，其布局已很接近当前的寺庙了。由史料可知，周朝的建筑已很规范。《周礼·考工记》说：标准的都城约九里见方，每边有三座城门，城东有神庙和祖庙，城西有社稷坛，城南是皇宫，城北是市场和民居。

再接着便是春秋战国，此时各国诸侯彼此厮杀，争相建城。据不完全统计，此阶段的大型都城有：燕都蓟城（位于北京房山琉璃河附近）、燕下都（位于河北易县，东西长8公里，南北长4公里，城墙宽达10米，内含宫室、官署、作坊等）、吴都阖闾（位于苏州，既有皇宫衙署，又有作坊、市场，还能驻扎军队，城郊山顶上建有军事要塞）、赵都邯郸（占地5公顷，内含点将台、生活区、生产区等，由东城、西城和北城组成品字形）、鲁国都城（位于曲阜，周长达12公里，四角略呈圆弧状，至少拥有11座城门）以及齐都临淄（总面积达16平方公里，周长为21.3公里，内有高达14米的高台）。虽然春秋战国时期混乱无比，但各国王宫大同小异，中轴线左右两侧对称，城外有广场，城内最南边的第一个大殿供君臣商议大事、颁布法令和举行大典等，其后的第二个大殿供君臣处理日常事务，再往北的第三个大殿用于举行册命、接见君臣及宴饮等。最北边的一排是供皇室居住的“三寝”“三宫”，每个寝宫都由前堂和后室组成，堂的左右有厢，室的左右有房。

战国末期，秦始皇消灭了各国诸侯，建立了大统一的秦朝，掀起了史上首次建筑高潮，修建了至今妇孺皆知的万里长城、可容纳上万人的阿房宫和秦始皇陵等。

秦末，项羽烧了阿房宫，自己又在4年后被刘邦杀掉，从此西汉诞生。于是，汉高祖大兴土木，在现西安西北部修建了一座比当时古罗马城还大数倍的西汉都城长安，城北为北斗星形，城南为南斗星形，宽畅的街道两旁还植有大树。未央宫、长乐宫等宫殿占去半城。西汉末年，外戚王莽建立新朝，修建了如今早已灰飞烟灭的都城常安。新朝末年，刘秀趁势而起，灭了新朝，从此东汉诞生。光武帝开始大兴土木，在洛阳修建了富丽堂皇的都城，其东西长6里，南北长9里，共有12座城门和24条街道。全城由东宫、西宫、南宫和北宫组成，城内有各种排水沟，城南还有护城河。总之，两汉建筑的特点明显。民居形式多样，地域性很强，主要以向心式结构为主，尤以四合院最为典型。皇家园林被未央宫和东都洛阳推向高潮。陵墓建筑以耗时53年、边长400多米、内圆外方的汉武帝陵最为奢华，以成都刘备墓最为特别（它竟与诸葛亮墓同在一处，是唯一的君臣合庙）。汉长城沿河西走廊一直向西，远达新疆。此外，阙在汉代也很流行。

再到东汉末年至两晋前后300多年，不知多少人死于非命，也不知多少都城毁于一旦，更不知又修建了多少亭台楼阁。此时的著名建筑虽不多，但整体建筑水平大有提高。比如，在城市建设方面，有两个新城值得称赞。一是曹魏的邺城，它呈扁矩形，中轴线北端为宫城，其形制完全打破常规。二是北魏洛阳，东西长20里，南北长15里，有12座城门，一门有三道。宗教建筑也得到了大发展，尤以云冈石窟、龙门石窟、洛阳木质永宁寺塔、河南登封嵩岳寺塔、杭州灵隐寺、扬州大明寺、镇江金山寺、上海静安寺和栖霞寺等最为著名。

南北朝之后，进入了大统一的隋朝，出现了继秦汉之后第二个建筑高峰，而这次高峰的引领者便是本回主角宇文恺。他是有史以来有名有姓的第一位建筑专家。他设计建造了隋朝的几乎所有大型工程。

宇文恺，字安乐，公元555年生于内蒙古武川的一个鲜卑族军人世家，从小在长安长大。他的父亲和两个哥哥好武成性。宇文恺刚出生时，哥哥们还是西魏悍将，父亲更是大都督，兼多达6个州的军事首领。可转眼间，父兄和宇文护等就合伙灭了西魏，扶持昔日权臣之子、宇文护的堂弟、15岁的宇文觉为新皇帝，建立了北周。他的父亲因开国有功，被北周首位皇帝授以大官。襁褓中的宇文恺也因此沾光，在仅2岁时就被赐双泉县伯爵位。在宇文恺6岁时，父亲又在战场上立了新功，被晋封为许国公。于是，父亲原有的爵位安平郡公就传给了全家唯一好文不好武的儿子宇文恺。

书中暗表，其实宇文恺并不知道，就在他自己好运连连时，北周的皇帝们可惨了。首位皇帝刚登基两年，在两次诱杀当初扶自己上台的堂兄宇文护未果后，反被宇文护暗杀。接着，宇文护将首位皇帝的大哥扶上皇位，并试图篡政掌权。可哪知这位皇帝想自力更生，于是宇文护故伎重施，在仅仅三年后毒死了第二位皇帝。可让人意外的是，皇帝在临死前竟拼尽最后一丝力气，当众颁布遗诏，让自己的四弟继位，这便是北周的第三任皇帝。这回新皇帝学乖了，老老实实听从宇文护的摆布。

皇帝们的悲剧当然没完，不过咱得回头再说主角宇文恺。他的好运也到头了。原来12岁那年，父亲突然病逝，从此他就失去了靠山，但也开始了更加勤奋地学习。他不但博览群书，而且熟悉历代典章，精通多种工艺技能，尤其痴迷于建筑学，很快成了博学多才之士。在宇文恺24岁那年，忍气吞声12年的北周第三任皇帝发动突然袭击，杀死了操纵自己的宇文护，为前两任皇帝报了仇。接着，他又用6年时间灭了北齐，在病逝前将皇位传给了长子、杨坚的女婿、北周第四位皇帝宇文赟。可这家伙实在不争气，不但沉湎酒色，而且暴虐荒淫，滥施刑罚。仅仅一年后，他就主动将皇位传给了年仅7岁的长子。又过了两年，外戚杨坚伙同宇文恺的二哥等逼皇帝退位。从此，北周灭亡，隋朝建立，杨坚成了首任皇帝。几天后，突然一声霹雳，宇文恺被莫名其妙地押赴刑场，准备就地问斩。原来杨坚要诛杀前朝宗室宇文一族，以清除北周残余势力。就在宇文恺命悬一线之际，他二哥的拼死相救，杨坚才勉强开恩，条件是宇文恺必须全力以赴为隋朝修建大型建筑。

至于宇文恺到底是如何完成这些基建工程的，目前已不得而知。按时间顺序，他设计建设的大型工程有：581年完成的隋文帝宗庙、583年完成的隋代都城（即今天的西安）、584年完成的全长三百余里的广通渠（实现了渭水与黄河间的水运交通）。31岁那年，宇文恺又差点被押上刑场。这一年，他二哥谋反未遂，被杨坚所杀。幸好，宇文恺的业绩救了自己一命，但仍被罢官闲置7年。直到593年，他才奉杨坚诏令，用两年时间修建仁寿宫。接着在602年，他又建造了隋皇陵，即太陵。宇文恺49岁那年，杨坚疑似被其亲儿子杨广所杀，后者成了隋朝第二任皇帝。杨广迫不及待地要求宇文恺在洛阳重建新都。10个月后，新都顺利建成。

公元612年10月，在留下了《东都图记》等建筑学著作后，57岁的宇文恺安然去世。

第八十六回

李春修建赵州桥，可惜生平不见了

本回主角是历史名桥赵州桥（又称安济桥）的建造者，名叫李春。给他写小传非常简单，五个字就完了：李春，男，汉族。因为关于他的所有信息都没有，甚至连生卒在哪个朝代都不清楚，只知赵州桥确实修建于隋朝。实际上，李春很可能在唐朝去世，因为赵州桥完工后仅13年左右，隋朝就灭亡了。他更可能诞生于南北朝时期，因为他不可能在十几岁时就负责建造赵州桥，毕竟基建工程需要多年实践经验，所以他很可能生于隋朝之前。修建赵州桥显然是一个大型工程，其负责人可能由朝廷或州府在全国举荐，而不会只限于本地人。当时全国石桥建设技术最高的地区并不是河北。早在西汉时期，西安就建有灞桥；早在东汉时期，马宪就于公元135年在洛阳建造了河渠桥。李春可能是外地人，因为若他是本地人，那么他早该是赵州地区妇孺皆知的名人，更可能像鲁班那样成为当地许多无主发明的代言人。而不可能消失得无影无踪，更不可能留下诸如“赵州桥，鲁班造”之类的传说。

关于赵州桥的疑云，当然不止李春的生平。想想看，如此浩大的工程在以好大喜功而著称的隋朝竟没留下任何痕迹，甚至连最基本、最常见的落成纪念碑文都没有。在约100年后的公元717年左右，唐朝中书令张嘉贞被任命为定州刺史，他在赴任途经赵州时偶然写下了如今被称为《安济桥铭》的著名碑文，并刻石立于桥畔。从此，赵州桥才有了“身份证”，李春也才凭借该碑文的开篇词“赵州蛟河石桥，隋匠李春之迹也”而被认定为建桥者。这至少说明，在张嘉贞之前的100

赵州桥

年中，赵州桥确实是一个明星工程，李春也该是一位著名工匠。可如此伟大的工程竟没留下直接文献，以至关于赵州桥的建造时间都众说纷纭。有的说从公元595年到605年，工期为10年；有的说从公元600年至605年，工期为5年；还有的说从公元594年至606年，工期为12年。这些时间虽不一致，但都有一个共同的特点，其起始时间都属于隋朝的一个史称“开皇之治”的重要年代。这时全国政治稳固，社会安定，百姓富足，文化繁荣，因此，朝廷或地方政府既有兴趣也有能力修建赵州桥。另外，赵州桥的完工时间刚好又是隋朝的另一个史称“大业盛世”的重要年代。公元605年，隋朝第二位皇帝继位后，开始迁都洛阳，对内开凿大运河、启用赵州桥等，促进南北水陆交通迅速发展；对外开通丝绸之路，开创万国来朝，终使隋朝国力达到鼎盛。总之，赵州桥的修建确实恰逢其时。

面对赵州桥的众多疑云，该如何给李春撰写小传呢？我们想辛苦一下各位，请你变成李春，然后乘坐时光穿梭机回到隋朝，负责赵州桥的设计与修建。

好了，现在你就是李春了。你正处于公元594年至606年之间的某个时间点，你刚被要求在赵州蛟河上建设一座贯通南北且能人车并用的大型桥梁。当然，你不用担心人力、物力和财力等非技术困难。

你面临的第一个问题显然是桥梁的选型。建造哪种类型的桥？纵观当时全球造桥技术，你将有4种可选桥型：堤梁桥、浮桥、索桥和拱桥。

首先看堤梁桥。这是一种最原始的桥型，在水中培土（或垒石）成梁，然后绝水而过。如今，许多水库大坝在被用作桥面时实质上就是一种堤梁桥。当然，有时为了不致阻断河水，也常在堤上留有穿水洞，或只筑起断断续续的水堤，有意让水穿过堤间空隙，从而发展成了如今许多景区中常见的“琴键桥”，又名汀步桥。堤梁桥的历史非常古老。早在夏朝之前，大禹的父亲鲧在用“堵”的方式治水时，就一定会在某些河段筑起各种拦水坝，建造了许多堤梁桥。但堤梁桥有个严重问题，它会阻断水路交通，因此，它不是赵州桥的理想选型，毕竟不能为了打通陆路交通而切断水运交通。

其次看浮桥。它的原始形态可能是横亘于小溪之上的倒木。浮桥的出现时间不会晚于船的发明，因为有船就相当于有了某种浮桥。已知最早的船桨是发掘于英国斯塔卡遗址的中石器时代的木桨，因此，至少从那时起，人类就能建造浮桥了。从文字上看，殷商甲骨文中有“舟车”等字。从明确的文字记载上看，《诗经·大雅·大明》中有“亲迎于渭，造舟为梁”等语句。早在公元前1184年，周文王就曾在渭河上架浮桥，迎新娘。黄河上最早的浮桥出现在公元前541年。当时，秦景公的一位亲戚为避祸，曾在山西临晋附近的黄河上架起浮桥，带着“车重千乘”，由陕西逃往山西。长江上最早的浮桥出现在公元35年。当时，公孙述在湖北宜都至宜昌之间架设过浮桥，以此断绝光武帝的水路交通。使用时间最长的浮桥出现在公元274年。当时，杜预在河南孟津黄河段上架设河阳浮桥，并持续使用了800多年。与赵州桥几乎同时诞生的浮桥是公元605年在洛阳建成的天津桥，它是首座用铁链锁定船只而架成的浮桥。

浮桥的结构主要有两种：其一，在船或浮箱上架梁，再铺设桥面；其二，舟梁合一，或舟体首尾相连，或船身并排横连。为使浮桥的轴线位置不致偏移太大，通常会在河中设置缆索或锚碇。为与岸边接通，也会在岸桥间设置跳板。为适应水位涨落，两岸还设有升降栈桥。浮桥的构造并不复杂，架设和拆卸也很方便，但维修成本很高。浮桥平时可用作应急设施，战时可保障军队渡河。但与堤梁桥类似，浮桥也有致命的问题，它也会断绝水运交通，自然也会被李春抛弃。

再次看索桥（又称吊桥）。它以固定于两岸的缆索为主要承重构件，缆索一般呈抛物线形。早在公元前3世纪，古蜀人就发明了竹索桥。后来，秦灭古蜀，在公元前285年置蜀守。从此，竹索桥见诸文献。公元前256年李冰为蜀守后，他建

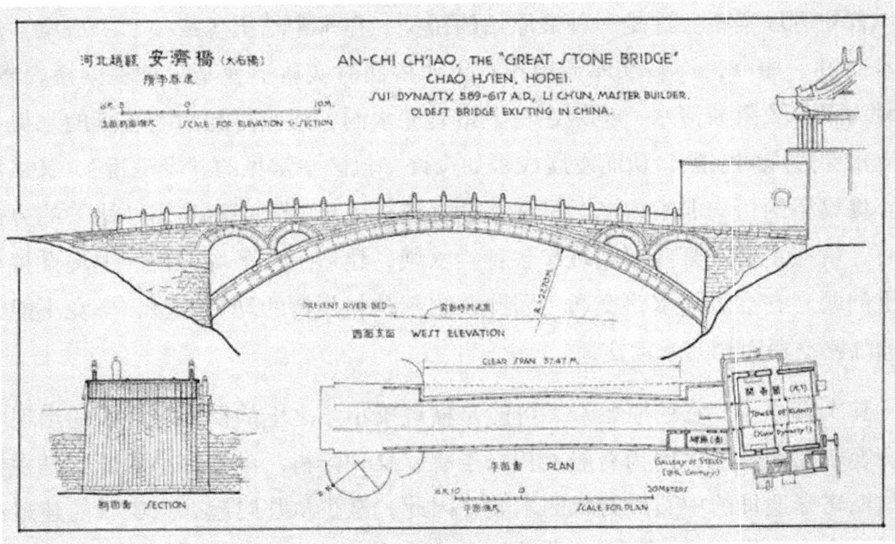

梁思成手绘赵州桥图样

造了一座横跨都江堰的、长200米、宽3米、最大跨度达60米的竹索桥——安澜桥。该桥在10根紧崩着的竹索上铺设桥面，竹索每年定期更换。首座铁索桥出现在公元前206年，由樊哙建造。早在公元前50年，长达百米的铁索桥就已出现在四川。索桥虽已成为现代大型桥梁的主体，但在李春的时代，由于没有超强钢索，所以作为南北陆路交通的主干道，赵州桥根本不可能被建成索桥。

既然上述桥型都不适合赵州桥，那就只剩下最后一种拱桥了。拱桥是在竖直平面内以拱为主要承重构件的桥梁，它又细分为许多种，因此还需李春进一步选型。从建拱材料上看，有石拱、木拱、砖拱、竹拱和砖石混合拱等，李春最终选定了石拱。从拱形上看，有半圆拱、圆弧拱、椭圆拱、蛋形拱、抛物线拱、多边形拱、马蹄形拱和尖形拱等，李春最终选定了圆弧拱。从拱的个数上看，有单拱和多拱等，李春最终选定了单拱。因为蛟河并不宽，单拱既不影响水运，也不妨碍泄洪，还省去了桥墩等易毁部分。

选定桥型后，就该全面了解国内外拱桥的情况了。这也是所有科研工作的基本常识，毕竟不能闭门造车。哇，不看不知道，一看吓一跳！人类修建拱桥的历史很长。苏美尔人早在公元前4000年就能建造砖拱。古巴比伦人早在公元前1300年就在尼姆罗宫的废墟中建造了砖拱沟渠，公元前700年又在圣奈赫里输水桥遗迹中建造了直径为3米、长为300米、用水平层砖块砌建的假拱输水管道。波斯人早在公元前500年就在舒斯脱堡河口建造了全长516.4米、含41个拱、每拱直径约为8米的砖砌尖拱桥。古希腊人早在公元前400年就在帕米苏斯河口建造了遗存至今的假拱古桥。到了公元前300年的古罗马时代，各种拱桥的建设更是达到高峰，现在还遗存有至少30座当时修建的拱桥。大约在公元2世纪的东汉时期，拱桥修建技术通过丝绸之路，途经帕抵亚传入中国。在西晋时，洛阳出现了国内已知的首座石拱桥，名曰“旅人桥”。它也是李春之前国内已知的唯一一座拱桥。

在调研并学习了全球拱桥修建技术后，李春开始兴建赵州桥。至于其工程细节，此处忽略，最终结果是全长50.83米、宽9米、动用上千块重达1吨的条石建成的赵州桥在许多方面都遥遥领先。若采信赵州桥的完工时间是公元606年，那么从主拱的直径来看，赵州桥为37.02米，它比公元前46年修建的罗马切泽蒂斯桥大6.45米，比公元105年修建的西班牙阿尔坎塔拉桥大8.18米。从拱圈厚度与拱径之比来看，赵州桥优于以前的所有拱桥，它的拱圈显得更薄，桥体更轻。从拱高与跨度之比来看，赵州桥也优于以前的所有拱桥，具有低桥面和大跨度的双重优势，桥端无陡坡，人车通行更方便，既省料又省工。

赵州桥的最大创新之处在于其拱肩不再为实肩而是敞肩，即在大拱两端各设两个小拱。一个小拱的净跨度为3.8米，另一个为2.8米。敞肩的优点至少有四个：第一，可将泄洪量提高16%左右，从而减小洪水对桥的冲击力；第二，可为桥身减重700吨，从而减小桥身的垂直和水平推压力，增强桥梁的稳固性；第三，造型更美，四个小拱均衡对称，大拱与小拱相映成趣，显得更加秀丽；第四，可减小主拱的变形，提高桥梁的承载能力。

在建筑技巧方面，李春也有许多妙招。首先，桥址选择合理，从而使桥基稳固牢靠。赵州桥位于蛟河两岸较为平直之处，地层由河水冲积而成，地表是久经冲刷的粗砂层，其下是细石、粗石、细砂和黏土层。据测，从建桥至今的1400多年间，桥基仅下沉5厘米。其次，赵州桥的砌建方法新颖，施工和修理都很方便。从表面上看，它好像只是一个宽拱，其实它由28个窄拱并排组成，每个窄拱都能独立施工、独立维修，这就大大降低了施工和维护难度。最后，为了将那28个窄拱组合在一起，李春又施绝技。他将每个窄拱都做成下宽上窄的形状，因此，各个窄拱就会在自身重力的作用下相互紧紧地挤压在一起，而不会分散。另外，他用5根结实的铁拉杆将28个窄拱串成“糖葫芦”，即使有地震或洪水等外力作用，也很难将它们分散。对于最外层的两个窄拱，李春还额外铺设了条石保护层，并用“腰形铁”将条石锁在一起。

事实证明，虽然经历了至少8次大地震、8次大的战争以及无数次洪水侵袭，赵州桥的雄姿依然不减当年，至今仍屹立在蛟河之上。

哦，其实李春压根儿无需传记，赵州桥本身就是对他的永久纪念。

第八十七回

百变奇才曾公亮，谱写密码新篇章

本回主角名叫曾公亮，他身上的标签实在太多，而且每个标签都是响当当的。

你看，作为政治家，他位极人臣，是北宋仁宗、英宗和神宗时期的三朝元老，影响力超强。他也是王安石变法的早期支持者。他提出的官员升迁考查法（“三考有善政者，则升其官资，两任有善政者，则升其任使，无成绩者则罢黜”）及时厘清了北宋吏治混乱的局面。他提出的裁兵方案大大减少了财政支出。难怪当时皇帝高度评价他道：“公亮谨重周密，内外无间，受遗辅政，有始有卒，可方汉张安世。”其实，除了曾公亮本人是政治家，他的多个儿子、孙子、曾孙和从孙等也都是著名政治家。他的次子曾孝宽官至北宋副宰相，也是一位著名诗人。曾孙曾怀又是南宋宰相，特别擅长经济管理，被皇帝赞为“当朝萧何”。从孙曾从龙不但是南宋状元，还是贤相，更是文学家。由于曾公亮一家至少有四位宰相和一位状元，所以被后世誉为“曾半朝”。

作为思想家，曾公亮的思想，特别是军事和外交思想，对宋朝及后世都产生了重要影响。在外交方面，他主张“治天下之根本，需先怀柔，后征伐，否则，师出无功，敌寇愈加猖狂而劳损官军”。在选择军事将领方面，他主张“择将之道，唯审其才而用，不以远而遗，不以贱而弃，不以诈而疏，不以罪而废”，还主张“选将必先试其才，所试有效，方给显官厚禄以重其任，然后委其命而勿制约，用其策而无怀疑”。在分析将领不称职的原因时，他认为“并非世无将才，而是选之不得其要，或用之未尽其才也”。

作为文学家，他不但著作等身，参与编撰了250卷《新唐书》，撰写了30卷《英宗实录》、3卷《勋德集》以及《唐书直笔新例》《元日唱和诗》等。至今网上还流传着他的许多优美诗篇。比如，那首名叫《宿甘露寺僧舍》的绝妙诗文独辟蹊径，意外起笔于感觉和听觉而非人们惯用的视觉，把长江边的甘露寺夜景描写得既奇妙空阔又震撼人心，其用词之豪放，想象之瑰丽，夸张之大胆，逻辑之颠倒，足以让人叹为观止。不是我们夸张，君若不信，可自行品味该诗。诗曰：“枕中云气千峰近，床底松声万壑哀。要看银山拍天浪，开窗放入大江来。”

作为军事家，准确地说是军事科学家，曾公亮虽没打过一天仗，也没造过一杆枪，但他奉旨主笔，与端明殿学士丁度一起，从1040年起，历经5年时间，完成了中国历史上首部官方兵书《武经总要》（40卷），集当时及更早期兵器之大成。宋仁宗亲自核定该书内容，并为之作序。该书包括军事理论与军事技术两大部分。第一部分详细反映了宋朝的军事制度，包括选将用兵、教育训练、部队编成、行军宿营、古今阵法、通信侦察、城池攻防、火攻水战、武器装备等，特别是在营阵、兵器、器械方面，每件都配有详细的插图。第二部分辑录了历代用兵故事，保存了不少古代战例，分析品评了历代用兵得失。该书首次完整地记录了三种火药配方，它们已很接近现代的黑火药，具有爆破、燃烧、烟幕等功用。书中还记载了我国首批热兵器，比如引火球、蒺藜火球、霹雳火球、毒烟球和普通烟球等8类火球，以及普通火箭和火药鞭箭等。

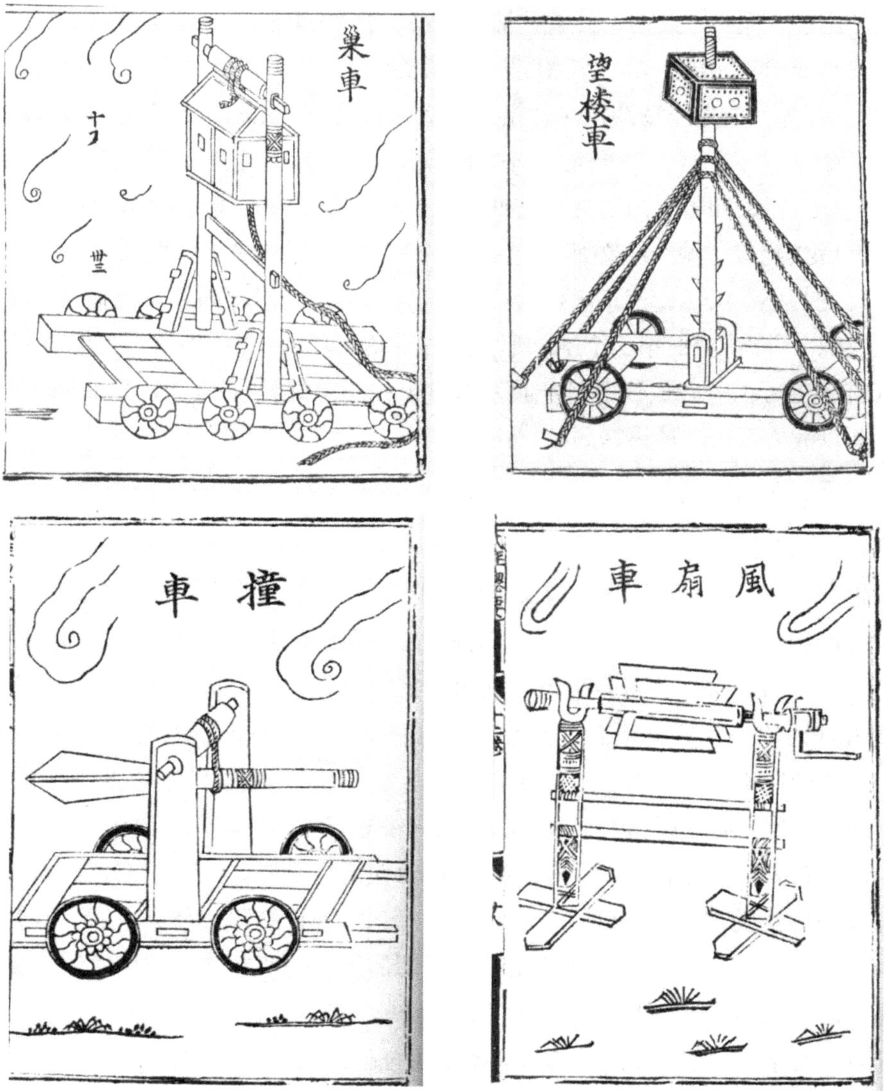

《武经总要》插图

不过，本回将重点突出曾公亮的密码学家形象。在《武经总要》中，他基于浅显易懂且有趣的思路，发明了一种名叫“字验”的信息加密方法，以及两种验明正身的方法（“符契”和“信牌”）。

先看“字验”加密法。它的加解密原理非常简单。首先，通信双方事前约定某首五言律诗，共40个汉字。比如，约定的五言律诗是王勃的《送杜少府之任蜀州》。该诗曰：“城阙辅三秦，风烟望五津。与君离别意，同是宦游人。海内存知己，天涯若比邻。无为在歧路，儿女共沾巾。”其次，在事前约定分别用1到40代表40种情况和要求。比如，用“1”代表“粮食将尽，请求增援”，用“2”代表“大获全胜”，等等。前方战场缺粮时，指挥官就可以根据事先约定，找到那首诗的第一个字“城”，然后随便写一封无关痛痒的家信，只要其中含有“城”字，并在“城”字上做一个标记即可。当这封家信抵达后方时，收信方先找出带标记的那个“城”字，然后找到该“城”字在那首诗中的字序，即“1”。最后，根据事先约定便知“1”代表“粮食将尽，请求增援”，于是赶紧响应。当然，如果前线来信中标记的字是“阙”，即诗中的第二个字，那么就该准备庆功了。在“字验”密码中所用到的五言律诗可以随时更换，只要收发双方事先约定好就行了。而五言律诗多如牛毛，所以敌方很难破译该密码。

再看专用于身份验证的“符契”和“信牌”方法。这里的符就是皇帝的调兵凭证，共有5种符。其中，在电影和戏剧中经常出现的虎符最为知名，它一般由铜、银等金属制成，背面刻有铭文，以示级别、身份、调用军队的对象和范围等。各种符的组合表示调兵的多少。每个符分左右两段，其中右段留在京师，左段由各路军队主将收掌。使者带着圣旨和由枢密院封印的右符前往军营调兵。主将听完使者宣读的圣旨后，须启封使者带来的右符，并与自己所藏的左符进行验合。只有左右两段确实吻合时，主将才能接受命令。然后用自己的官印重新封好右符，交由使者带回京师。所谓契就是主将派人向镇守各方的下属调兵的凭证，共有3种契。它们都是鱼形，可分为上下两段。上段留在主将处收掌，下段交各处下属收掌。契的使用方法类似于上述的符。符契的思想其实一直沿用至今。比如，常有人把纸币一撕为二，作为接头联络的工具。所谓信牌就是两军阵前交战时派人传送紧急命令的信物和文件。北宋初期使用的信物是一分两半的铜钱，后来又改成木牌，上面可以写字，它们其实就是今天各类身份证件的前身。

上述密码成果的历史地位如何呢？欲知详情，可阅读我们的另一本书《密码简史》。简单说来，曾公亮代表着中国古典密码学上的第三个里程碑。第一个里程碑出现在商朝，其代表人物是首次提出并实施情报战的商朝开国元老伊尹，其代表性成果包括烽火传情等。第二个里程碑出现在周朝，其代表人物和成果主要有：周文王及其发明的著名符号系统《易经》，姜子牙及其在《六韬》中提出的“阴符”和“阴书”。其中，阴符其实只是一种符节，通信双方事先约定不同长度的符节所代表的意思。比如，长度为一尺时，意指“大胜克敌”；长九寸，意指“破军擒将”；长八寸，意指“降城得邑”；长七寸，为“敌军败退”；长六寸，为“士众坚守”；长五寸，为“请求增援”；长四寸，为“败军亡将”；长三寸，为“失利亡士”。从理论上说，阴符长度的含义可由通信双方事先自行约定。而阴书则是阴符的一种改进，它将一封竖写的密信横截成三段，然后分别委派三人各执一段，于不同时间沿不同路线出发，先后送达收信者。在获得了三段密信后，收信者只需重新拼接，便知密信的全部内容。万一某位信使被截，敌方也难知全部内容。

当然，这并不意味着从周朝到宋朝的2000年间中国就没有其他密码专家，比如诸葛亮、曹操、司马懿等著名军事家都可算作密码专家；也不意味着在此期间密码学就没有进展，比如《孙子兵法》《孙膑兵法》等著名兵书或多或少都涉及信息保密。汉朝时，人们发明了一种旗语密码，利用旗帜发送秘密信号，用不同的旗帜代表不同的军队。直到今天，旗语还在广泛使用。从纯粹的密码技术上看，宋朝之前2000年来原创性突破确实不多，只是在前人基础上做了不少改进。比如，伊尹虽是用间第一人，但《孙子兵法》把这一计谋发挥到极致等。

曾公亮这样的百变奇才到底是如何炼成的呢？嘿嘿，很简单，只有两个字：家教！曾公亮，字明仲，号乐正，福建泉州人。他与包青天一起都出生于公元999年。他的先祖在唐末从固始县避乱南下，定居于泉州晋江县。他的高祖只不过是一位普通的“公务员”——五代十国时期的泉州录事参军。他的曾祖也仅为泉州节度掌书记。他的祖父是泉州德化县令，对子女的管教很严格。他跟子女约法三章：一是不得表露他的县官身份，二是不得好逸恶劳，三是不得拿取他人赠物，以养成“清约自持”的品德。从此，家风纯厚，人才辈出。5个儿子都走上仕途，其中三人考中进士，更有曾会（即曾公亮的父亲）高中榜眼。后来，曾会的6个儿子，即曾公亮的众兄弟也都一个更比一个厉害。后代子孙就更甭说了，文学家、政治家、科学家、思想家等应有尽有，多达11人都被封了侯，难怪后人赞曰“仕宦世家连科第，祖孙数代众进士”。

在如此良好的氛围中长大的曾公亮自少时起就颇有抱负，气度不凡，为人“方厚庄重，沈深周密”。23岁那年，他受父命进京朝贺宋仁宗登基，深受皇帝器重，被破格任命为大理评事。但他立志要“从正途登官，不愿以斜封入仕”，故未赴任。两年后，他考中进士，被授为越州会稽知县。在任期间，他为官德能勤廉，特别是在治理镜湖的水利工程中表现突出。他通过设置水闸等方法，巧妙地将洪水泄入曹娥江，使湖边民田免受水涝之苦。可惜，在29岁左右，他突然受牵连，被贬到湖州酒厂任监理。原来，他的父亲以权谋私，在会稽境内低价购买粮田。这是曾公亮少有的人生污点之一。据《宋史》记载，曾公亮为人端重沉厚，办事细致周密，平时谨守礼仪，遵守规矩，但为人吝啬，积累财富达巨万。

直到数年后，曾公亮才又咸鱼翻身，入京师担任国子监老师，后改任诸王府家教，不久再升任了一大堆令人眼花缭乱的官职（此处略去细节）。仁宗皇帝曾当面赐他一件金紫衣，并拍着他的肩亲切地说道：“朕于讲席赏赐你，是由于尊重宠爱儒臣。”46岁那年，他奉旨完成了前面提到的那部《武经总要》，从此奠定了自己的军事科学家和密码学家地位。

52岁时，曾公亮又被升为郑州的长官，其治理才能突出，以至盗贼全都逃窜到其他州县，辖境之内竟“夜不闭户”。曾有外地高官在郑州境内丢失财物，状告到曾公亮处时，他自信地说道：“我郑州无贼，恐怕是你的随从在作案吧。”结果，曾公亮真的说对了！62岁时，他升为宰相，并代表病弱的英宗皇帝在宴会上轻松解决了持续多年的宋辽边界纠纷。75岁左右，他总算被皇帝批准光荣退休。因为他太熟悉朝廷的规章制度，新任宰相经常向他请教。

公元1078年，曾公亮安然去世，享年79岁，身后留下三子一女。皇帝闻其死讯后竟临丧哭泣，罢朝三天，亲自题写碑词。约150年后，他又被宋理宗追誉为“昭勋阁二十四功臣”之一。

第八十八回

活字印刷发明早，可惜推广没搞好

一提起活字印刷，人们肯定就会想起毕昇。可惜这位教会人们以最快的方式印出最多文字的鼻祖只为自己的生平留下了区区两个字“布衣”，即平头百姓之意。实际上，目前有关毕昇的唯一确切记录是沈括在《梦溪笔谈》中所写的毕昇于公元1041年至1048年间发明活字印刷术。不过，考古专家经长期努力，还是找到了一些蛛丝马迹。虽非信史，却可参考。1990年，有人在湖北英山县田间偶然发现一个宋代衣冠冢，墓主之名也叫毕昇。若非同名同姓，毕昇的身世将获重大突破。该墓主毕昇诞生于公元972年，卒于公元1051年，享年79岁，葬于公元1052年2月7日清明节前夕。他生前至少有四个儿子（毕嘉、毕文、毕成、毕荣）和三个孙子（毕文显、毕文斌、毕文忠），他的妻子名叫李妙音。另外，关于毕昇的籍贯，也有多种说法，且都有一定的道理。若以上述墓碑为准，毕昇就是湖北英山县人。而清末进士李慈铭则说毕昇是益州人，因为他曾在一本名叫《居易录卷》的古书上发现更早的读者在该书空白处标注了“益州人”三个字。部分专家又说毕昇是杭州人，因为记录毕昇业绩的沈括也是杭州人，那时杭州确实是全国的印刷中心。还有人说毕昇是安徽歙县人。

毕昇的生平虽为空白，但《梦溪笔谈》对活字印刷术的介绍相当清晰。活字的制作过程是：用胶泥做成众多规格统一的毛坯方块，在其一端雕刻反体单字，笔画突起的高度接近铜钱的厚度，再经火烧成字砖，便得到单个胶泥活字。对于常用汉字，则需多个字砖，以适应排版中多次使用的需要。若遇冷僻字，也可随时制用。为了便于拣字，把胶泥活字按音韵（相当于现在的拼音）顺序分类放入不同的木格中，再贴上标签。排字时，用一块带框铁板当作版面底托，上面铺一层用松脂、蜡和纸灰混合制成的黏稠药剂，然后把相应的胶泥活字粘在框内。排满一版后，用文火适当烘烤，让药剂稍微熔化，然后用平板把字面压平。待药剂冷却凝固后，就制成了版型。印刷时，先在版型上刷墨，再覆上纸张，用干爽的刷子适当加压就行了。为了提高效率，可以同时使用两块铁板，一板印刷，另一板排字，两板交替使用。印刷完成后，再烤化药剂，轻轻一抖，活字就从铁板上脱落了，然后再放回原来的格子中，以备下次使用。除胶泥外，毕昇还曾试验过木质活字印刷方法。但因木料纹理疏密不匀，刻制困难，且木活字浸水后会变形，与药剂粘在一起后也不易分离等，最终未被毕昇采用。

伙计，有关毕昇及其胶泥活字印刷术的信史资料就这些了。满意吗？若不满意，那就与我们一起再玩一次穿越游戏，化身成毕昇，重新演绎活字印刷的发明和推广过程。好了，现在你就是公元1041年的毕昇了，你需要发明一种比当时已知的雕版印刷、拓印和印章等都先进的新型印刷术。

毕昇

当然，首先得破题，了解前人的相关成就。

所谓印刷其实包括“印”和“刷”两部分，缺一不可。关于刷的历史，已很难考证，因为相关的考古实物证据几乎无法找到。不过，早在黄帝时代，嫘祖就发明了蚕丝，而杂乱的丝团就可用作毕昇之前所有印刷术中的刷子。实在没有刷子时，人的手掌在某种程度上也可当作刷子，更不用说后来又出现了马毛刷、猪鬃刷、羊毛刷等用天然材料制成的毛刷。总之，刷不是印刷中的难题，所以此处忽略，重点考虑印。

关于印的历史就相当悠久了。若考虑无意为之的印，则十几亿年前的动物脚印等便是最早的印迹。若考虑有意为之的印，早在石器时代，人类在岩石上雕刻的壁画就可算是印了，它们确实可以通过拓印方式被复制出来。大约在6.4万年前，尼安德特人就能画十字形图案了。大约在5.2万年前，就有人在位于印度尼西亚、马来西亚和文莱三国交界处的加里曼丹岛上的一个洞穴中绘制了几幅岩画。其中一幅是一头带有犄角的野兽，很像牛，其腹部上还扎着一把长矛；另一幅则是手掌印记。大约在4万年前，有人在德国用猛犸象牙绘制了另一幅岩画。在中国，7000多年前就有人在江苏连云港的将军崖刻下了一幅包含有人面、兽面、禾苗与9个奇怪符号的摩崖岩画。若只考虑文字出现后的情况，刻有甲骨文的每块龟片实际上就可当作一方印。“印”字也已出现在甲骨文中，说明早在商朝就有专用的印了。

毕昇墓碑拓片

若只考虑狭义上的印，则以玺为代表的印章也非常古老。最早的实物印是战国古玺，其印文笔画细如毫发，多出于铸或凿，多有边栏或在中间加一竖界格。官玺印文以“司马”“司徒”等名称为主，有时也含吉语和动物图案等，其形状很不规则。从战国末期到西汉初期流行以秦篆字体雕凿的秦印，其印面常有田字格，以正方形居多。官职越高，其印越大。低职官印约为正方形官印的一半，为长方形的“日”字格。私印一般也为长方形，偶尔也有圆形和椭圆形的。印的内容除官名、姓名、吉语外，还有格言和成语等。从汉朝到魏晋时期，汉代官印的印文整齐，外围平直方正，风格雄浑典重，尤以王莽新朝时期的官印最为精美生动。汉代官印多为铸造，只有少数军中急用的官印系凿刻而成。汉代私印的形式最为丰富，外观各异，印文既有姓名，也有吉语、籍贯、表字以及“之印”和“私印”等辅助性文字。西汉私印以凿印为主，东汉则有凿有铸。这里需要特别突出一种名叫“子母印”的玺印，它起于东汉，盛行于魏晋六朝，由大小两方或三方印章套合而成，既可分别使用，也可绑定使用。因此，若不考虑成本，就可以用石质印章代替毕昇的胶泥活字。从原理上看，早在毕昇之前800年左右，子母印就已是广义上的活字印刷术了，只是那时人们还没有意识到而已。

分别说清印和刷后，就该综合考虑印刷了。最早的印刷术可能要算拓印。将一张坚韧的薄纸或布事先浸湿，再敷于石碑上，用刷子或布团轻轻拍打，使纸布陷入字口。待纸布干燥后，再用刷子蘸墨，轻轻地拍刷，将墨汁均匀地涂在纸布上，然后揭下纸布，黑底白字的拓片就完成了。至今，拓印也是印刷并保存古碑文的常用方法。关于拓印的起源，史料没记载，说法也不一。多数专家认为，拓印术始于公元172年至178年的东汉熹平年间，其起始时间误差不会超过100年。因为公元105年时，蔡伦才发明廉价的纸张，几乎没人舍得拿丝绸当拓布。到了隋朝，文字拓印术已很发达。到了唐朝，拓印术就基本普及了，不仅有民间拓印作坊，政府也专门成立了拓印机构。现存最早的拓印品是敦煌石窟中保存下来的公元6世纪的遗物《温泉铭》。

毕昇之前的常见印刷术是雕版印刷术。在已雕刻好待印图文阳文（即笔画凸出）的版料上，先刷一层湿墨，再铺上白纸，接着用干爽的刷子在纸背上均匀地刷涂，最后揭下纸张就行了。这里的版料一般选用纹质细密而坚实的枣木和梨木等。雕版印刷术发明于唐初，前承印章和拓印，后继活字印刷。

早期的雕版印刷主要限于民间，多用于印刷神像、经书及历书等。目前已知最早的雕版印刷品是印于公元704年至751年之间的一页梵文陀罗尼经咒。现存最早的标有年代的雕版印刷品是收藏于伦敦博物馆的唐咸通九年（公元868年）王玠为双亲敬造普施的《金刚经》，它由7页纸张粘成一卷，全长488厘米，卷首刻印佛像，后面刻有全部经文。待到9世纪初，雕版印刷已相当普及。公元824年，元稹在为白居易的诗集作序时写道：“至于缮写模勒（即雕版），衒卖于市井，或持之以交酒茗者，处处皆是。”可见，那时的雕版印刷品已可换酒了。公元835年前后，在四川和江苏的市场上已开始出售雕版印刷的日历了。公元883年，在成都的书肆中已能看到雕版印刷的阴阳杂记、占梦相宅、九宫五纬等书籍了。总之，在雕版印刷术发明后的最初200年内，它已是民间文化的一种重要传播技术。

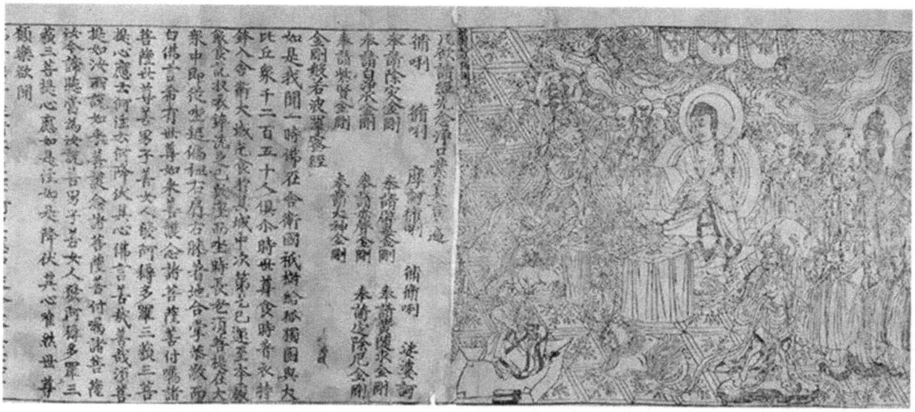

雕版印刷《金刚经》

到了五代时期，官方开始大规模刻印儒家书籍。从公元932年的后唐到公元953年的后周，刻印了《五经文字》和《九经字样》各两部，共计130册。到了宋代，雕版印刷更加发达，技术也相当完善，杭州和成都成为刻印中心。从宋太祖开宝四年（公元971年）起，有人在成都整整用了22年时间刻印《大藏经》1076部，共计5048卷，雕版多达13万块。这是早期印刷史上最大的一部书。

好了，毕昇之前的印刷史就这些了，下面该活字印刷术登场了。

从原理上看，活字印刷并不难，它只是将印刷的排列组合单元缩小了而已，即由印章、石碑和雕版缩小为刻有单个汉字的胶泥块而已。实际上，活字印刷的思想很早就有。秦始皇统一度量衡时就让人在每个陶质衡器的泥胚上用木戳印上了四十字的诏书。这便是活字排印的开始。

但从工艺角度来看，活字印刷的难度很大，毕竟胶泥经高温烘烤后会严重变形，字迹更会受到影响。所以，后来在国内又陆续发展出了锡活字（13世纪中期）、木活字（1298年王桢发明）、铜活字（15世纪末至16世纪初）、陶活字（1718年）等。其中，木活字对后世的影响较大，仅次于雕版印刷。

从经济角度看，由于中国古代的经典（比如四书五经和宗教文献等）都很稳定，销量很大的新书并不多，故在雕版印刷术面前，新兴的活字印刷术很难打开市场。而对于销量很少的书籍，活字印刷术又败给了手工抄写。实际上，活字印刷术发明很久以后，甚至在整个宋朝，雕版印刷仍居统治地位。现存最早的活字印刷品竟是公元1100年至1103年间印刷的一本《佛说观无量寿佛经》，而此时距毕昇发明活字印刷术已过了半个多世纪。又过了100多年，元代的姚枢才开始大力提倡活字印刷，并在13世纪后期印成了朱熹的《小学》和《近思录》等。

从实用角度看，在工艺水平不高的情况下，与英文等拼音文字相比，中文、日文和韩文这样的方块文字确实不大适合活字印刷。汉字的活字印刷需要数千个常用文字和更多的胶泥块，而英文则只需26个笔画简单的字母。这一点也可从活字印刷术的传播过程看出。活字印刷术传到韩国后，出现了铁活字，并在13世纪末出现了现存最早的金属活字印刷品《清凉答顺宗心要法门》。1376年，朝鲜出现了木活字印刷品《通鉴纲目》；1436年，朝鲜又出现了铅活字印刷品。16世纪末，日本出现了活字印刷品《古文孝经》等。但是在中日韩，活字印刷术都未引起高度重视。直到它传入欧洲，特别是在1440年左右，铅活字印刷术出现后，印刷革命才真正爆发，印刷术才成为影响人类文明的重大发明，而此时距毕昇发明活字印刷术已过去了400多年。

总之，关于活字印刷术，我们在骄傲的同时也该好好地反思一下，为啥会墙内开花墙外留香呢？

第八十九回

是金子总会发光，是人事总有规章

北宋景祐二年（公元1035年），在河南新郑的一个官宦世家诞生了一个大胖小子。他就是本回主角李诫，字明仲。这李氏家族可不得了，李诫的长兄长辈们要么是朝廷大官，要么是科举学霸。

从李诫的曾祖父起，李氏家族就开始兴旺。他的曾祖父是朝廷红人，官至“尚书虞部员外郎”。此官虽不大，但权柄极重，掌管盐、铁、茶等重要物质的流通，绝对是难得的肥缺。

待到李诫的祖父出山时，李氏家族早已更上一层楼了。李试的祖父竟于1031年，即李诫出生前四年，考中了“中制科”。啥意思呢？他的祖父与苏轼和苏辙两兄弟一样，通过了宋朝的一种特殊的不定期考试，其难度远大于常规科举。考生必须由朝廷大臣推荐，考题由皇帝亲定，考试选拔更为严格。在整个宋朝三百多年间，科举考试所选进士超过4万人，而通过“中制科”者只有区区41人。

至于李诫的父亲和哥哥嘛，不但全都是进士，也都是高官。他的父亲更是官场不老松，一生为官60年，官至掌管户籍和财经的户部尚书，同时兼任左谏议大夫。他的哥哥长期在陕西任职，后来还成了类似包拯的龙图阁学士。

幼时的李诫满眼看到的全都是学霸和大官，一时间真不知该咋办，好像除了给全家“垫底”就真没事干。于是，李诫一咬牙：算了，科举罢了，当官免了，就做一个纯粹的自己得了。于是，天赋异禀的李诫就在家里撒开了欢，反正他家里有的是钱，不用担心没饭吃。他家里也有的是书，想看啥就看啥。据说，他家藏书数万册，其中有好几千册是他亲手从朋友处抄录而来的。他喜爱书法，把那个什么篆、籀、草、隶等书法皆玩成了上品，以至他用小篆书写的《重修朱雀门记》被皇帝下旨雕刻在朱雀门下。他也喜欢绘画，并深得古代名家真谛，他的《五马图》受到了同样精于绘画的宋徽宗的称赞。后来，他又成了旅游达人，迷上了地理学，还撰写了记录山川奇闻的十卷本《续山海经》。他还想当“伯乐”，四处相马，还完成了三卷本《马经》。他曾研究家谱，并煞有介事地推出了二卷本奇书《续同姓名录》。后来，他干脆见啥玩啥，玩啥写啥。于是，像什么音乐类的三卷本《琵琶录》、文学类的十卷本《古篆说文》以及博弈类的三卷本《六博经》等漫无边际的书籍源源不断地从他的笔下诞生。

光阴似箭，转眼间李诫就50岁了！仍在官场的老父亲一看，幺儿如此啃老，总也不是办法，还得在朝廷给他谋个官职才是呀！刚好，这时老父亲又升了官。

于是，他赶紧趁机派幺儿进京，代表自己向皇帝谢恩献礼。皇帝一高兴，当然得回礼，于是李诫便被恩补了一个闲差“郊社斋郎”，负责掌管祭祀和衣冠等事。紧接着，他又被任命为兰考的“公安局长”（县尉）。在这个冷板凳上，李诫一坐就是8年。其间有无业绩，早已无从考证，但肯定没出问题，否则他就不可能在58岁时被升调开封，在主管土木建筑的机构“将作监”里担任“秘书”（主簿）一职，专门管理皇家的土木建设工程。在这里，他又熬了整整13年，主持营建了不少精美华丽的宫殿，比如五王邸、朱雀门、景龙门、九成殿、太庙、太后佛寺等。他也监造了若干其他大型建筑，如学校、军营、尚书省和开封府的办公场所等。他在61岁那年再升一级，成了将作监的将作监丞。若无意外，李诫的一生基本上就该平淡收尾了。可偏偏在他62岁那年，天上突然掉下了一个大馅饼。

在北宋中晚期，官方的基建任务很重，到处都在大兴土木。另外，基建中的贪腐问题也很严重，官商勾结、偷工减料更是屡禁不止，甚至将作监中的许多官员也都监守自盗，虚报工料。咋办呢？宰相王安石在变法时想到了一个妙法来对付此类腐败行为。早在宋神宗时期，皇帝就敕令将作监起草一套“监理标准”，明确何种建筑需要多少工，需耗多少料。如此一来，监理者只需考虑当前的工料单价，便能大致框算基建开销。王安石的想法很好，但谁愿自断财路呢？于是，起草组能拖就拖，能赖便赖。一年过去了，没啥进展；二年过去了，仍没踪影。王安石的变法被保守派合力拖死了，而“监理标准”尚未完成。后来颁布敕令的皇帝也被熬死了，可草稿仍未完成。再后来，朝廷内乱，高太后垂帘听政，起草组便趁机“中场休息”，静观其变。终于，新皇帝宋哲宗亲政了。于是，起草组又在竭力拖延了5年后，才总算在李诫被升为将作监丞那年递交了一部名叫《元祐法式》的监理标准，其中只含建材的大致形状，描述的工料也很宽泛。总之，它根本不能用作监理考据，无异于废纸一本。皇帝一看，鼻子差点没被气歪。

于是，起草监理新标准《营造法式》的任务就这样落在了李诫的头上。李诫当时已在将作监积累了8年工作经验，而且他家里有的是钱，无须通过监理来挣外快。所以，他很认真地开始了编写工作。在借鉴前人建筑史书和专著的基础上，他经三年多的努力，终于在公元1100年顺利完成任务。刚接过草稿时，皇帝还不放心。后来，经过在京师地区试行，效果奇好。于是，公元1103年，宋徽宗便敕令刊印李诫的《营造法式》，正式将它推向全国，成为通行的建筑监理规范。后来到了南宋，《营造法式》也一直被沿用，许多建筑要么根据《营造法式》而建，要么在其基础上演化而来。南宋绍兴十五年（公元1145年），朝廷又重新刊印了一次《营造法式》。在元代水利工程中，《营造法式》也基本上被照搬了一遍。到了明朝，《营造法式》还被收进《永乐大典》。即使到了清朝，李诫的许多成果也被充分吸收。后来，《营造法式》还对日韩等国产生了重要影响。

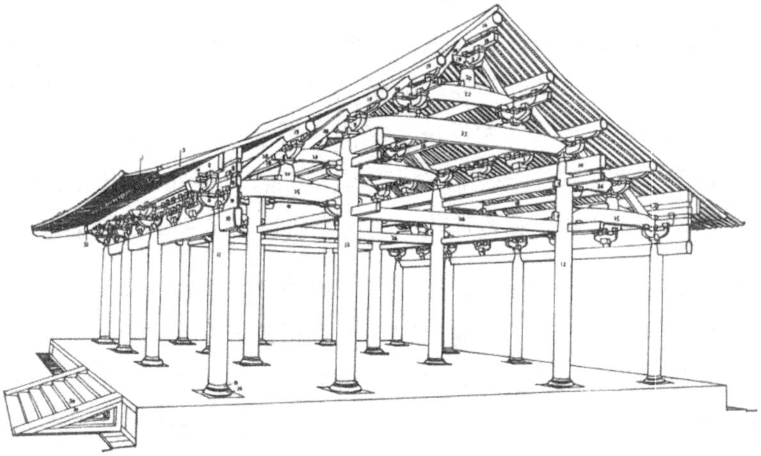

陶湘版《营造法式》插图

如今回头再看时，我们发现当初李诫并未受到应有的重视。《营造法式》完成后，他仅被官升一级，在1102年变成了将作监的少监。次年，他被外放，数月后又被平调回来继续当少监。直到《营造法式》被正式颁行后，他才在69岁时被升为将作监一把手，官阶也不足四品。李诫70岁那年，他的父亲以罕见的高龄去世。于是，他按规矩返回故里丁忧三年。由于父亲劳苦功高，再加李诫表现出色，皇帝亲赏钱财百万，用于办理丧事，以示优待。李诫将这笔赏赐施给了寺院建造佛像。由此可见李诫对钱财之淡漠，实际上这也是他能顺利完成《营造法式》的重要原因之一。

为父服丧期满后，李诫升任自己一生中最高的官职——虢州知州。可惜，仅仅两年后，他就于公元1110年病逝于知州任上，享年75岁。宋徽宗很为李诫的逝世而惋惜，于是下诏给李诫的儿子封了一个官职。李诫去世后，与他的父亲等一起被葬于新郑梅山附近的李氏家族墓园。

实际上，李诫生前从未被当作科学家。他只不过奉旨起草了一部建筑监理标准，虽有功劳，但功劳不大。所以，不但《宋史》没为他立传，甚至连明清两代的《郑州志》和《郑县志》等方志也都把他忘得一干二净。《宋史》中倒有他的父亲和哥哥的传记，只可惜留下的都是千古骂名。《宋史》说他父亲为人“反复诡随，无特操，识者非之”，又说他的哥哥“为人刻薄”。

李诫在宋朝时不是科学家，在元朝时也不是科学家，在明清时还不是科学家。总之，在去世后的800年内，他从来就不是科学家，因为发现他的伯乐还没诞生。

时间到了1925年，即李诫去世后的第815年，美国宾夕法尼亚大学建筑系的一位中国留学生收到了父亲从中国寄去的、刚由考古专家陶湘整理完成的新版《营造法式》。一时间，该留学生激动得浑身发抖，因为他终于见到了传说中的“中国古代建筑学百科全书”，找到了打开唐宋建筑艺术之门的金钥匙，读到了中国古代建筑最全面、最系统的权威史料，找到了中国古代建筑史上承前启后的关键桥梁。可一阵狂喜后，愁云迅速挂上了他的脸庞。他发现这部图文并茂的建筑学巨著对他来说犹如天书，根本无法看懂，甚至连许多名词术语都不知所云。于是，在后来的日子里，这位留学生便倾尽半生精力，与同样是著名建筑学家的漂亮妻子一起竭力研读这部天书。为了表示对李诫的无比崇敬，这对夫妇给唯一的儿子取名“从诫”。他们大概想让儿子跟从李诫，成为像李诫那样的建筑学家吧。这对夫妇从1932年春天起，带领中国营造学社的多位建筑学家到全国各地考察，寻找宋代建筑实物，印证书中的名词。在此后十余年间，他们调查了两千余座古代建筑，包括40多座唐、宋、辽、金时期的木结构建筑。他们终于断定《营造法式》的科学性“在古籍中实属罕见”。

伙计，别急，至此李诫仍未被公认为中国古代著名科学家。这倒不是因为那对留学生夫妇在学术上不够权威，实际上他们是近代中国建筑学界最著名的一对夫妇，即梁思成和林徽因；也不是因为国内其他建筑学家不承认，实际上《营造法式》已被公认为中国古建筑第一书，其作者李诫自然是古建筑学家；而是因为在1966年之后，古建筑学家遭到了打击，梁思成本人更被当作“复古典型”而受到严厉批判并被抄家，所收藏的《营造法式》等全部图书皆被抄没。直到去世近900年后，李诫才在1978年成了公认的科学家。2003年，在《营造法式》颁行900周年之际，有关单位重建了李诫墓。2006年5月26日，该墓被定为“全国重点文物保护单位”。直到最近几年，李诫才总算被评为中国古代百名科学家之一。

第九十回

金元梓人薛景石，博览古今写遗制

本回主角名叫薛景石。你也许没听过，因为与祖冲之和华佗等一代代流传下来的古代著名科学家不同，薛景石只是国内外众多古建筑专家千辛万苦从厚厚的历史尘埃中挖掘出来的一位“新人”，其生平信息几乎为零，科研信息也残缺不全。所以，本回与其说是撰写他的科学家小传，还不如说与你一起扮演福尔摩斯，努力侦破相关无头案。

1931年2月14日，一位英国人向大英博物馆捐赠了一套残缺不全的《永乐大典》，内含一本仍然残缺不全但含有序言的奇书《梓人遗制》(以下简称《梓》)。于是，国内外建筑学界一片哗然，因为《梓》在历史上只被提到过三次。它的名字曾出现在晁瑮（1560年去世）所编的《晁氏宝文堂书目》中。它的名字又出现在1602年出版的新修《经籍志》中。因此，《梓》应该是公元1560年前编写的一本古书。但《梓》的作者是谁呢？它是在何时完成的呢？它的内容又是啥呢？这就存疑了。当时谁也不知道《梓》的原本被收录在《永乐大典》中。光绪年间，一位进士家里竟发现了《梓》的一小节残本。从此，学界才知道《梓》是一部木质机械学专著，以接近现代制图学的手法，精准而详细地描述了如何制造传说中历代帝王的座驾，包括畜力车五明坐车子以及人力车圈辇、靠背辇、屏风辇、亭子车等。可惜，有关人力车的部分只剩下外形图了。《梓》的其他内容又会是什么呢？这时，《梓》的主体（虽然也有残缺）总算在英国意外现身了。

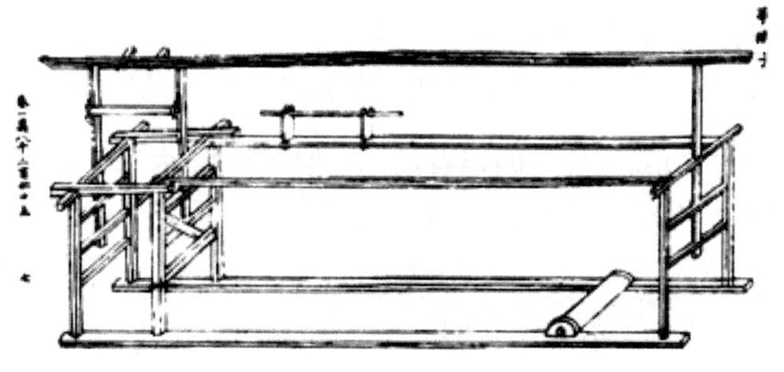

《梓人遗制》的华机子插图

1933年2月，当时国内最权威的古建筑学机构中国营造学社便在第一时间“首举此书”，并将它比作元代版的《周礼·考工记》。中国营造学社还立即组织专家整理出版了《梓》的残缺版本，并对相关示意图进行了适当的解读，以供全球专家共同研究。由此可见，《梓》在古建筑学界的学术地位如此崇高。曾编写过《中国科学技术史》(李约瑟主编）第九分卷“中国纺织技术史”的德国学者狄特·库恩将《梓》中论及的纺织机部分当作博士学位论文选题。他不但顺利完成学业，还于1977年在德国施泰纳出版社出版了专著《元代〈梓人遗制〉中的纺织机》。库恩还干了一件国内学者很少做却应该做的“笨事”，他竟按《梓》中的图纸制造出了相应的零配件，并成功地组装出了书中介绍的四种主要纺织机（华机子、立机子、罗机子和小布卧机子），还发现并补正了原图中的个别缺陷和误差。这至少证明《梓》绝非纸上谈兵，而是一部切实可行的有关古车和纺织机的详细制造指南。1994年，中国丝绸博物馆也终于按《梓》的指引，成功复原了一种名叫“立机子”的纺织机，还发现了原书中的一个小瑕疵，即有三种原件的图纸未配说明，但这并不影响复原工作。可惜，至今还没听说过《梓》中古车的复原消息。想来这应该更容易，也许有关专家认为没必要吧。不过，建议有兴趣的读者不妨试试，特别是复原其中的五明坐车子，没准儿你也能有所发现。

《梓》是一本木质机械学专著，用上百幅整机和零部件设计图纸，配以精准的文字介绍了当时和更早期的多种古车和纺织机。可惜，现在《梓》仅存34页，计7370字。

好了，有关《梓》的学术内容就到此为止，没必要介绍太多技术细节。所以，“破案”的重点就转移到了《梓》的作者身上，而唯一的线索就是《梓》的原序中那区区400多字。若再去掉其中与生平无关的内容，则只剩下更少的百余字了。

下面的问答式“破案”分两部分，其一是原序中相关字句的直接翻译；其二是福尔摩斯式的逻辑推理，依靠相关背景来给出某些可能的结果。

问题一：本回主角、《梓》的作者是谁？原序中直接给出了答案：姓薛，名景石，字叔矩，河中万泉人，即今山西万荣县人。

问题二：《梓》的成书日期，或原序的写作日期是什么？原序中明确写着“中统癸亥十二月既望”。可是非常奇怪的是，如此明了的日期在历史上闹出了不少乌龙。比如，《中国大百科全书》一会儿在“纺织卷”中说这个日期是1261年，一会儿又在“机械卷”中说这个日期是1263年。直到2006年，才有人仔细考证出这个日期其实是1264年1月16日。中国古代的纪年方法实在太不科学，每次改朝换代或每有一个皇帝去世就要马上更换纪年，甚至同一皇帝也可以随时更换纪年。若再加上阴历和阳历的换算，那就更乱了。上述的“中统癸亥”年确实是1263年，但若再考虑月份，“中统癸亥十二月既望”的年份就乱了。阴历，这个日期就该是

1264年1月16日。此处为啥要介绍得这么详细呢？因为我们想借机介绍科学家必备的一项基本功，即在科研活动中巧妙地排除各种不必要的干扰。这一点在现代物理实验的设计中表现得尤为突出。换句话说，如果干扰太多，那么再简单的问题也会很复杂；若能充分去掉干扰，那么再复杂的问题也许都能一目了然。另外，1264年很诡异。这一年，忽必烈刚杀死自己的亲弟，抢到了蒙古大汗之位，然后又迫不及待地改纪年。所以，这一年还是同一人的两个纪年：阴历八月前是忽必烈的中统五年，阴历八月后又是忽必烈的至元元年。此时距元朝的正式建立时间（1271年）还差7年。因此，撰写《梓》不是元朝的朝廷行为，虽然它很像朝廷行为。当然，原序用中统纪年还表明此时的山西已牢牢控制在忽必烈的手中。

问题三：是谁为《梓》写的序？原序的答案是：稷亭段成己，即山西稷山县的段成己。这个段成己可不是一般人，他的身世将有助于推测主角的背景。段成己生于金朝的1199年，35岁时金朝被蒙古所灭，但此前他已考中词赋进士，并担任过金朝的宜阳主簿一职。后来，他坚辞忽必烈请他为“平阳府儒学提举”的诏令，从此躲进龙门山隐居四十余年。在元朝正式建立后的第八年，即为《梓》写完序后的第15年，也就是公元1279年，段成己逝世。段成己的哥哥也是金朝进士和著名诗人，也不愿为忽必烈服务，以隐居了却一生。

问题四：段成己为啥要给《梓》写序？原序说“既成，来谒文，以序其事”，意思是说薛景石写完《梓》后向著名隐士诗人段成己提出书面请求（谒文），希望后者能为该书作序。根据此话，再结合前面对问题三的分析，就有许多推测。比如，《梓》肯定不是应忽必烈的要求而写的，否则段成己就不会为它作序。所以《梓》不是元朝的官方书籍，这也许是它几乎被埋没的重要原因之一。薛景石绝非普通木匠，因为普通木匠绝不会将造车和造纺织机的方法公诸于众，更不会请某位名人为书作序，以图出版。在当时出版书籍是赔钱的事情，可能还要赔大钱。事实证明，可能薛景石也赔不起大钱，所以后来《梓》未能正式出版。这也是它几乎被埋没的另一原因。另外，《梓》的文笔非常好，作者对四书五经非常熟悉，甚至不亚于为该书作序的进士。这从《梓》的“叙事”中可以看出。即使某位木匠大公无私，且能笔下生花，他也很难写出《梓》，因为该书在很大程度上是一本考古书，甚至是高级考古书，其中介绍的许多机械也是当时的“古物”，不是民间的常见之物，所以书名中带有一个“遗”字。《梓》在介绍了每种机械后都立即跟进一段“功限”，即说明制造该机械到底需要多少人工和木料。这显然很像一本工程监理指南，绝非普通木工书籍，其读者更该是负责工程验收的将作监官员。

伙计，综上分析，薛景石的身份就越来越清晰了。他可能与段成己兄弟俩类似，也是一位才华横溢的金朝成功人士，否则像段成己这样的名士咋会轻易为普通人的书籍作序呢？薛景石撰写《梓》的动机可能来自金朝当初的朝廷，并且可能在金朝灭亡前就已借助官方力量完成了素材收集工作。但薛景石收集的素材很可能相当粗糙，因为在他之前的所有工程类书籍（包括最受追捧的《周礼·考工记》等）从未有《梓》那么强的可操作性。要将一幅普通的车辆或纺织机草图变成接近现代制图学的图纸，不但要有相关的理论知识，而且要有相当多的时间，甚至需要首先造出可运行的样机，再按样机来绘制图纸。而所有这些工作在下述假设下都可能完成。

若薛景石也是隐士，他就有足够的时间来慢慢琢磨素材中的草图。

若薛景石也有足够高的才学，他就有能力将机械实物画成精准的实用性图纸，虽然这确实相当困难，还需足够的耐心。关于这一点，段成己在序中已予以充分肯定，他说："（薛景石）对每一器，必离析其体而缕数之，分则各有其名，合则共成一器。规矩必度，各疏其下。使攻木者揽焉，所得可十九矣。"这段话翻译成白话大概就是说：薛景石对每个机械部件都进行仔细分析，说清不同构件的形制，并逐一标注。拆开后各个部件都有名称，装配后又是一个整体。各部件的大小尺寸都经严格测量，并仔细说明。总之，使得普通读者能有九成把握完成复制工作。

若薛景石具有足够高的木匠技巧，他就有能力根据自己琢磨透的草图制造出具体的机械设备。而这种木工技巧刚好被段成己在序中描述得清清楚楚，他说薛景石"夙习是业，而有智思，其所制作不失古法，而间出新意，砻断余暇，求器图之所自起，参以时制而为之图，取数凡一百一十条，疑者缺焉"。此段话的大意是：薛景石从小就喜欢做木活，且很有思想，既能遵从古法，也能有所创新。闲暇时，他都在认真研究古代器物图纸，考证其历史起源与变迁，琢磨其机械构造原理。书中共绘有110幅详图，对有疑问者，宁缺毋滥。这段话是在表扬一个木匠还是在表扬一个具有木匠功底的朝廷命官，表扬该官员在全力以赴撰写"监理指南"呢？好像后者更靠谱吧。

最后，也许有的读者会问，若既非为名又非为利，那么薛景石写《梓》到底图啥呢？嘿嘿，两个字：“兴趣”。更准确地说，可能是隐居者的兴趣，正如段成己隐居40年沉溺于写诗一样。

其实，兴趣是所有科学家最重要的成功秘诀。无论多么聪明，无论有多少时间，只要是自己不感兴趣的事情，一般都很难做成。

第九十一回

宋元嫘祖黄道婆，天降棉神悬疑多

衣食住行乃人类最基本的需求，其中又以衣为先。为了突出重点，本回中的衣主要指衣料而非衣饰。也许是习以为常吧，许多人对衣的来龙去脉并不了解，也不关心，其实这非常有趣。

北京周口店遗址出土的骨针表明，18000多年前的山顶洞人就有御寒衣了。此时的衣料除了树叶，可能还有兽皮。后来，粗麻布织物登场了。在仰韶文化遗址中发现了6000多年前的“经纬各有10根的粗麻布印痕”。几乎与此同时，人类还发明了另一种衣料，即羊毛。考古人员在中东一带的史前遗址中发现，人类早在6000多年前就开始编织羊毛衣物。接着，纺织的葛布和丝绢纷纷亮相。在4000多年前的良渚文化遗址中发现了“每平方厘米各有20～30根经纬的细葛布”和更细的“每平方厘米各有40～50根经纬的绢”。传说黄帝的元妃、四川盐亭人嫘祖发明了养蚕和缫丝的方法。至此，丝绸成为富贵人家的重要衣料，嫘祖也成为“蚕神”和“衣被天下”的代名词。

进入信史时代后，人类又发明了另一种衣料——皮革。公元前约1450年的埃及浮雕描述了皮革的加工情形。此外，“衣”字也出现在甲骨文中。所以，至少在商朝，衣服就已普及，而且能区分上衣和裤子了，因为甲骨文中的“衣”字确实像一件上衣。到了周朝，金文中常说周天子对下赏赐“赤芾”。它其实是一块系于腰间的红布，以示其主人的贵族身份。这时，遮羞和御寒之外的衣饰也出现了。至此，人类的衣料已包括皮、革、麻、葛、丝和羊毛等。

细心的读者也许已发现，咋还没有最常见的棉呢？嘿嘿，别急，这就来了。大牌角色总得几通锣鼓后才露面嘛。实际上，野生棉的种类很多，被人类驯化的品种主要有四种：非洲棉、亚洲棉、陆地棉和海岛棉。由于海岛棉和陆地棉被引入中国的时间太晚（分别是1865年和1939年），因此下面只考虑前两种。

先看非洲棉。在4000多年前的埃及法老墓中，人们已发现盛有非洲棉籽的器皿以及缠绕木乃伊的棉布彩带。大约在公元3世纪左右，非洲棉传入新疆。唐朝的《梁书》记载：“（高昌，今新疆吐鲁番）有草木，其草实如茧，茧中丝如细纑，名为白叠子（非洲棉），国人多取织以为布。布甚软白，交市用焉。”1960年，考古人员在高昌时期的古墓中发现了棉织品，以及一张公元460年（北魏时期）的借贷棉布契约，可见当时棉布已在市上流通了。非洲棉可能在唐朝已通过河西走廊传到黄河流域，因为晚唐农书《四时纂要》中记载了渭河和黄河下游的棉花种植技术。到了宋代，非洲棉的种植范围好像并未向南推进，但因西域同宋人的贸易频繁，可能有棉布进入内地市场，故“棉”字首次出现在《宋书》中，而过去只有“绵”字（意指丝之绵）。到了元朝，由于忽必烈的大力提倡，非洲棉的种植技术被写进公元1273年的政府文件《农桑辑要》中。但非洲棉的南下脚步始终停滞不前，因为万事俱备，只欠东风。至于这股东风到底是什么，嘿嘿，稍后请本回主角揭晓吧。

再看亚洲棉。1928年，在印度河流域发现了4500多年前的亚洲棉布标本，且织造技术已较成熟。公元前500年，古希腊著名史学家希罗多德在印度旅行时记述了那里种植棉花的情景。他说：“有一种长在树上的，比羊毛还美、还好的毛，被印度人制成衣服。”与此同时，亚洲棉也从印度向东传播，经越南、柬埔寨等地传入中国。大约成书于公元前5世纪的《尚书·禹贡》提到“岛夷卉服”，此处的“岛夷”即海南岛原住民，“卉服”即棉布衣服。西汉以后，关于海南岛人用棉花织布的记载就不绝于书了。《后汉书·南蛮传》曾提到武帝末期，海南岛太守向皇帝进贡棉布之事。所以，最晚在公元前1世纪，海南岛的织棉技术就已经很好了。也是大约在西汉，亚洲棉又经海南岛迅速传至温暖的广东、广西和闽南等地。待到亚洲棉想继续向北传播时却又举步维艰了，直到宋朝才勉强进入长江流域，但仍不成规模。元朝于1289年在浙东、江西、湖广、福建等地分别设置专门机构（木棉提举司），大力提倡棉花种植并高价征收棉布。公元1296年，元朝强行规定纳税者必须交纳一定数量的棉花或棉布实物，官方如此用力，棉业发展为啥仍然受阻呢？嘿嘿，仍请本回主角稍后揭晓。

列位看官，书说至此，想必你已明白。无论是非洲棉想要往南传播，还是亚洲棉想要往北传播，无论政府怎样花力气推广，棉业在江南腹地都始终难以发展。咋办呢？随着时光流逝，上海县在1292年成立了。后来在上海县附近的一个穷镇乌泥泾（今上海徐汇区），一个重要人物出场了。她就是后来所说的黄道婆或黄婆婆。

黄道婆攻克了当时乌泥泾棉业的三大难题：一是发明了机器“捍”，它能迅速剥去棉籽；二是发明了机器“弹”，它就是现在偶尔还能见到的弹棉弓；三是发明了机器“纺”，她将原来仅纺一根棉纱的单式手摇纺车改造成能同时纺三根棉纱的脚踏纺车（称为黄道婆纺车）。总之，她的这三大神器立即提高了棉纱的生产效率，将过去的纯手工操作改进成了半机械化操作。同时，她又总结出一套先进的错纱、配色、综线、挈花之法，由此便可纺织出颜色和图案千变万化的棉布，用古书《辍耕录》中的话来说就是使得织成的“被、褥、带、帨，其上折枝、团凤、棋局、字样，粲然若写”。总之，经过黄道婆的一番努力后，“一个人改变一座城”的神话真的实现了！黄道婆的发明迅速从穷镇乌泥泾传至该镇所属的上海县，再传至松江全府，进而传遍整个江南。在随后的元明清三代约600年中，江南棉纺织业独步全国，甚至占据半壁江山，从而成为棉纺织业最发达的地区。

黄道婆纺车

若干年后，黄道婆突然去世了，只留下一大堆悬疑。除了她是女性之外，好像所有其他信息都没定论。关于她的姓氏，有人说她的本姓已被遗忘，而黄是其夫姓。又有人说她本姓黄，先后嫁过两任丈夫，前任姓顾，后任姓宋。第二任丈夫去世后，她出家当了道士。还有人说她没有姓氏，是被扔在黄泥路上的弃婴，故名“黄道”。

关于她的民族和籍贯，有人说她是汉族，是童养媳，是上海人，因受不了婆家的虐待，才在年轻时从乌泥泾流落到海南，或被人贩子从乌泥泾拐卖到那里。也有人说她本来就是海南岛的黎族妇女，原籍崖州，老年后才受邀去乌泥泾传经送宝，其名“黄道婆”乃是黎语发音。

关于她的纺织技术是从哪里学来的，有的说她是从海南黎族同胞那里学来的，有的说她是从黎族地区的汉人那里学来的，也有的说她是从闽南人那里学来的，还有的说她是从海南临高人那里学来的。

关于她的身份，有的说她是道士，专为别人诵经做法事，故称“道婆”；有的说她是明教徒，既信道也信佛，尊张角为教祖，提倡素食、戒酒、裸葬等。

关于她的去世时间，人们大多采取存疑态度，也有人大胆推测，说她去世于公元1330年左右。关于她的出生时间，有的推测她大约生于1245年，有的说她生于1240年至1245年之间的某年；有人采取谨慎的说法，认为她生于“13世纪末”或“14世纪初”；还有的干脆图省事，说其生卒时间不详。当然，百姓也有办法，那就是约定俗成，将每年农历四月初六定为黄道婆的生日，将每年农历七月二十日定为“棉花生日”，还尊她为“织女星”和“棉神”等。

不过，与她扑朔迷离的身世相反，无论在海南或上海，后世对她的纪念都惊人地热情。早在1336年，即传说中她去世后的第六年，上海松江百姓就为她立祠。后因战乱，该祠被毁。1362年，该祠重建时，元代著名诗人王逢专门为此写诗纪念。待到明熹宗天启六年（即1626年），她的像（当然是想象中的像）被塑于宁国寺。再到清嘉庆年间，在上海渡鹤楼西北的小巷中又设立了黄道婆小庙（或称黄母祠）。该祠曾被七建七毁，最后一次重建是在1991年3月，为纪念上海建县700周年，在原址附近重建了黄母祠，改称“黄道婆纪念堂”，于1993年12月竣工。上海不但有先棉祠，还有黄道婆禅院。现在上海豫园内仍有清咸丰年间修建的跋织亭，专门供奉黄道婆为棉业始祖。据不完全统计，仅在上海地区，与纪念黄道婆有关的祠、庙、堂、楼等就多达十余处。在上海黄浦区，纪念黄道婆的街道有花衣街（因为棉花俗称花衣）和先棉祠街等。建于元朝的黄道婆墓仍存于上海华泾东湾村，过去因年久失修，难以辨认。1957年，该墓才得到重新维护，加高坟台，设立石凳供桌，刻石立碑。1984年，该墓被列为“国家文物保护单位”。

1980年11月20日，国家邮政局发行了一套《中国古代科学家（第三组）》纪念邮票，其中第四枚就是黄道婆。1989年，中国人民银行也发行了一套“中国杰出历史人物纪念币第六组银币”，其中有一枚银币是黄道婆立像。至于有关黄道婆的各种影视和文学作品，那就更多了。不过，其中的绝大部分细节都属文学创作，所以，各位朋友姑妄听之吧。

黄道婆纪念币

总之，无论黄道婆的身世多么含糊，我们对她的纪念都不该含糊。在此，真诚地对她说一声：谢谢您，黄婆婆！

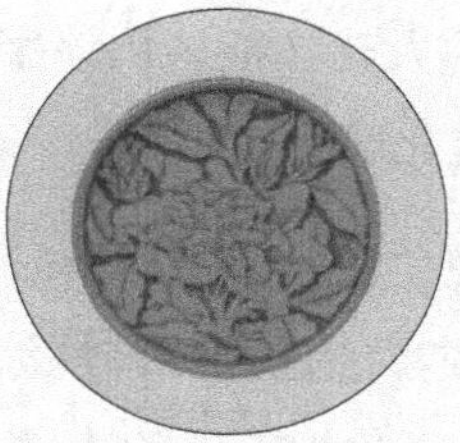

第九十二回

黄成首著漆器书，作品精湛技法酷

有一句夸奖人的话叫“有两把刷子”，还有一句话叫“化腐朽为神奇”。其实，这两句话之间有着深刻的内在联系。若不信，咱们马上就来测验一下。请问，你认识“髹”字吗？坦白地说，在撰写本回前，我们也不认识这个字。但只要“有两把刷子”的人就必须认识该字，否则就有“南郭”之嫌；只要认得该字，没准儿就有本事“化腐朽为神奇”。

字典中说“髹”字读作xiū，作为动词时意指在器物上刷漆。刷丹漆时，叫髹彤；用红漆或黑漆进行装饰性涂刷时，叫髹饰；以漆涂物时，叫髹漆等。作为名词时，“髹”字意指赤黑的生漆。油漆工又叫髹工，漆器也叫髹器，饮食用的漆器叫髹钵。“髹”字是漆器行业中最基本的汉字，不识该字者怎敢混迹于漆器江湖呢？

漆，是化腐朽为神奇的法宝。任何东西，哪怕它再腐再朽，只要用漆一刷，瞬间就焕然一新。确实，漆的核心功能就是防腐，包括防水、防油、耐光、耐温、耐化学腐蚀等。难怪大到航空母舰，小到水管龙头，上到太空飞船，下到深海潜艇，几乎所有与外界接触的东西都得刷漆。油漆当然还有别的功能，比如装饰功能，在不同材质的物件表面刷上不同颜色、不同光泽的油漆，便可得到五光十色的外观，让人赏心悦目。又如标志功能，利用油漆的不同色彩来表示警告、危险、安全、前进、停止等信号。总之，油漆几乎无处不在，无时不有，甚至让人们都忘记了它其实并不现代，而是相当古老，比文字还古老。

油漆在多数情况下都饰演配角，不过本回只考虑它饰演主角的场景。此时，厚厚的漆层覆盖在器物表面，制成称为漆器的日常器具和工艺品。如今，漆器已成为中华文化的重要符号之一，是各大博物馆重点珍藏的对象。当然，普通家庭也可能拥有几件精美的漆器，比如漆杯、漆碗、漆盒等。

漆器是如何制作的呢？简单说来，先要有合适的胎骨，接着在胎骨上反复涂漆，干燥后即可。当然，也可以在漆中调色，涂饰花纹，安装配件。若再详细一点，漆器工艺大概可分为如下几步。

第一步：制胎。漆器的胎骨主要有两种：一是木胎，即无缝木器，最好是纹理细密而不易变形者；二是脱胎，即以泥土或石膏等塑成胎坯，再以生漆为黏合剂，用麻布或丝绸在胎坯上逐层裱糊，待阴干后再脱去胎坯，只留下漆布层。再经适当打磨，便可制成坚实轻盈的胎骨。这便是成语“脱胎换骨”的出处。该道程序的行话叫“夹纻”。

第二步：剔犀。使用红、黑等多种天然生漆，在胎骨上有规律、有层次地交替涂刷，直至累积到一定厚度为止。此时的半成品称为剔犀品。在实际操作时，该道工序非常耗时，一般历时百余天，涂漆百余层。具体说来，每件剔犀品都得用红黑两色生漆涂刷，至少包括5个红色层和黑色层，每个新色层又得经数十遍涂漆来覆盖原先的色层，且每次涂漆的厚度还要均匀一致，并在恒温恒湿环境中氧化24小时。

第三步：描绘。在剔犀品的外表描绘美丽的纹饰。

第四步：剔刻。这是整个漆器工艺的重点和难点。采用多种巧妙的刀法，对剔犀品加以雕饰，得到剔刻品。此时的刀口应当断面清晰，使层层漆纹形成回旋生动、流转自如的云纹回钩，呈现红黑相间的纹饰。

第五步：抛光。这是最后一步，用合适的粉末细细打磨剔刻品。每个角落都得打磨上百次，力度还得适当，才能最终制成优质漆器。

实际上，漆器的制作远比上述五步复杂，而且许多技巧都要保密。在本回主角黄成之前的数千年中，竟没能流传下来一本关于漆器的著作，只是传说中五代时期的朱遵度曾撰有一本《漆经》，可惜早已失传。所以，黄成在明穆宗（1567—1572年）时撰写的《髹饰录》便成了当时唯一的漆器专著，也是现存的唯一一部漆器古书。它以高度浓缩的方式，全面系统地总结了此前数千年中国古代制漆的设备、方法、原料、要点和注意事项，以及漆器的胎骨、分类、品种、形态、命名和装饰方法等。此处不打算介绍《髹饰录》的具体内容，因为它太专业，太难懂，除非道行高深的漆界大师，一般人根本不知所云。大约在半个世纪后的明朝天启年间，另一位名叫杨明的漆界大师结合自身的丰富经验，对《髹饰录》全书18章的186条内容进行了注解，不但增强了这本书的可读性，而且使其内容更加完善翔实。即使如此，阅读这本书仍然困难，以至该书最终在国内彻底失传。它的手抄本不知在何时传到日本，并成为那里的国家级收藏品。约300年后，《髹饰录》的一份手抄本才在1926年辗转回到国内，终于在次年得以公开出版。现代漆器大师潜心三十余年，对《髹饰录》进行全面注解，于1998年写成《髹饰录解说》一书。如今，《髹饰录》既成了漆器的重要史料，也成了古董的定名依据，还成了继承传统漆器工艺的经典。

在历史上，漆器由粗陋到精细，由朴实到华美，由日用到装饰，经历了曲折而漫长的发展历程，其间既有辉煌，也有衰落。实际上，在距今约7000年的浙江余姚河姆渡文化遗址中出土了木胎漆器。2013年，浙江萧山跨湖桥遗址中出土了一件8000年前的漆弓。在其后的良渚文化墓葬等新石器时代的遗址中，又相继发现了若干漆器。在夏商周和春秋时期的遗址中，漆器的种类和数量大增，漆器的用途也从日常生活扩大到祭祀，制作技艺更先进，分布区域更广泛，遍及河南、河北、湖北、内蒙古、北京、陕西、山东等地。在商代以前，漆器的颜色以红为主，从西周开始才有了黑色。由《周礼地官·载师》可知，漆器在周朝时已相当普及，以至漆林税收竟高达当时财政收入的25%。

河姆渡文化遗址中出土的木胎红色漆碗

漆器的第一次辉煌始于战国并延续至秦汉，形成了长达500多年的空前繁荣。此时的漆器风格古朴，器型硕大，品类齐全，但很昂贵，一般都是红黑两色，表面还有绚丽的图案装饰。从功能上看，此时的漆器主要包括兵器、乐器、服饰、生活用品、丧葬用品、文娱用品、计量仪器、天文仪器和交通工具等；从胎骨上看，主要有木胎、布胎、竹胎、陶胎、金属胎和皮革胎等；从髹饰上看，主要有雕刻、漆绘、油彩、锥画、堆漆、填漆、戗金和描金等；从纹样上看，主要有动物纹、植物纹、几何纹、人物故事纹和自然景象等；从金属配件上看，此时较高级的漆器上常会安装实用性构件，比如金属耳、足和纽扣等。

战国时期，漆器逐渐取代青铜器，并与铁器一起宣告了青铜时代的结束。这是因为漆器具有如下优势：更轻、更艳、隔热、洁净、高雅、易洗，与铜器一样耐腐、耐用且坚固，但搬运更方便。战国时期漆器的生产已初具规模，不但出现了专门的王室和私人漆园，还设置了专门的漆园管理者。庄子就曾当过宋国的漆园小吏。根据出土文物可知，战国漆器以楚蜀两地为主。此时的漆器生活用品主要包括饮食用器（如耳杯、盒、盘、碗等）和宫室用品（如床、枕、桶、扇和梳等）。其中，耳杯最为常见，比如早在春秋时就已出现并到汉代才绝迹的圆耳杯以及战国中期才出现并延续到汉末的方耳杯。此时的漆器娱乐用品主要有乐器和舞具等，比如鼓、瑟、琴、笙、竹笛、排箫和五弦等。战国漆器陈设品主要有彩绘漆鹿、飞鸟、卧鹿和立鸟，以及彩绘木雕禽兽座屏等。战国漆器丧葬用品主要包括镇墓兽、虎座立凤、彩绘木桶、木棺椁和木剑等。有些漆棺造型恢宏，体积庞大（甚至重达10吨），图案精美多彩，内容丰富，包括龙、鸟、蛇和神话故事等。战国漆制兵器主要包括弓、箭、盾、矛和甲胄等。战国漆器不但装饰手法多，其造型也更有特点。比如，漆器的外形和图案刻意模仿青铜器，常与雕刻相结合，既讲究功能也讲究浮华，既模仿自然动物也模仿神话动物，还模仿现实事物。

秦朝将漆器产业列为国家战略，甚至制订了漆园管理法律条款。秦朝的漆器不但改进了制作方法，其造型也更加美观大方，注重实用，并率先将漆饰用于建筑。比如，阿房宫中就有大量漆物，甚至秦二世还有过“建设漆城”的荒诞想法。秦朝漆器上的图案几乎都以云纹为边饰，自然景象中的雷、电、雨、水波等也多有表现，更有方、菱、圆、半圆、椭圆、三角形等组合几何纹。

漆器的第一个辉煌期在汉朝达到顶点，无论是精致程度或规模此时都跃上了新台阶。从造型上看，汉朝漆器虽继续模仿自然生物，但更为简洁；虽继续模仿青铜器，但更加纯朴，全无多余的无关造型，也没任何额外附件。在贴近生活方面，汉朝漆器最为突出。为了便于使用和搬运，漆器都很轻，胎体都很薄，容量都很大。此时出现的夹纻工艺标志着漆器工艺的真正成熟。汉代漆器的雕刻工艺明显减少，彩绘明显增多，用色更加丰富。除了红黑主色外，也出现了金、黄、褐和灰黑等色。彩绘内容更加关注人事，漆器上的文字更加丰富，既有制造者的标记，也有物主的标记（包括物主的姓名、官爵）、吉祥用语，以及器物的容量、数量和用途等。从汉朝起，漆器开始影响朝鲜、日本及东南亚，在朝鲜北部曾出土过大量汉朝漆器。

由于瓷器的迅速崛起，汉朝以后，漆器的地位急剧下降，不过漆器制作技术还在向前发展。南北朝出现了漆器脱胎技法，唐朝出现了稠漆堆塑的凸起花纹，元朝的雕漆工艺也大有进步。

剔红曲水流觞图圆盘

漆器的第二个辉煌期始于本回主角所处的明朝并延续至清朝，这主要得益于此时兴起的家具制造产业。黄成的《髹饰录》便是这次辉煌的重要见证和标志。进入明朝后，漆器工艺开始由实用转向摆设。

敏感的读者也许已注意到，本回即将结束，却还没谈及主角的生平。为啥呢？唉，实在遗憾，因为黄成没留下任何个人信息，今人只知他是民间漆器大师。明朝古书《燕闲清赏笺》中说：明穆宗时，安徽歙县黄成制作的漆器水平之高，不输于宫廷用品，“花果人物精妙，刀法圆活清朗”。

第九十三回

束水冲沙治黄河，筑堤堵决谱颂歌

国人都说自己是龙的传人，但到底是何龙的传人呢？若从中华文明的发源地来看，这条龙便是全长约5500公里、流域面积约75万平方公里的中国第二大河——黄河。在进入黄土高原之前，黄河的上游其实与长江的上游类似，河水清澈。只是从中游开始，才有大量泥沙卷入，从而成为全球含沙最多的黄色河流。黄河每年都会冲走16亿吨泥沙，其中12亿吨流入大海，4亿吨被留在下游。这些泥沙形成了有利于农作物生长的冲积平原，孕育了古老的中华文明。但是，这些泥沙使得黄河的脾气特别大，它总喜欢在下游以决口和改道的形式玩起“龙摆尾”游戏，在留下众多黄河故道的同时，也致使水系紊乱，数灾并发。每次黄河改道都会造成新流域的大面积洪灾，也会造成旧流域的大面积旱灾，还会引发瘟疫和蝗灾。据不完全统计，在过去有历史记载的2000多年中，黄河下游的决堤事件达1593次，因洪水泛滥而造成的黄河改道共26次，故有“黄河三年两决口，百年大改道”的说法。

在本回主角诞生前，治理黄河的成功案例几乎只有两个，由此可见其难度之大。第一次远在东汉，即公元69年的王景治河，其主要措施是修高堤坝和修整分洪道，从而致使黄河800年不曾改道，当然决口之灾仍然不断。如今回头再看时，王景的成功主要基于两点：一是在地面上修筑的堤坝较稳固；二是众多分洪道能将大水化小，小水化了。但是，随着黄河河道泥沙的逐年淤积，河床越来越高，王景的办法就很难奏效了，因为在堤上筑堤或筑堤过高都将不再稳固，黄河再次改道更不可避免。第二次成功治黄是在元朝，即公元1351年的贾鲁治河，其主要措施是疏堵并举，疏通较低的南道，堵住较高的北道，使黄河改变方向，引导它流入南面较低的故道。与第一次的情况类似，贾鲁的办法也会随着河沙的不断淤积而逐渐无效。进入明朝后，黄河治理又多出两大困难：其一是朱元璋的祖坟——明祖陵位于黄河南面的泗州城，这是万万不能被淹的，也是万万不能迁坟的，因此，贾鲁之法就会受限；其二是明朝迁都北京后，首都所需粮食等必需品都得通过运河从南方运入，因此，运河便成为生命线，必须确保其畅通无阻。可是，那黄河又偏偏不听圣旨，不但照常泛滥，而且频繁冲垮运河。

总之，在新的限制条件下，在前人治河之法均已失效的情况下，如何治好黄河就成了明朝君臣的头等大事。于是，本回主角隆重登场了。

话说明朝正德十六年，即麦哲伦完成人类首次环球航行的那年，准确地说是公元1521年5月28日，在浙江湖州诞生了本回主角潘季驯（字时良，号印川）。

有关潘季驯的生平信息几乎都是空白，如今只知道他在29岁那年登进士第，先后前往江西和广东任职。

潘季驯37岁那年，即公元1558年，黄河又一次向东南方向改道，同时冲毁淮河和运河，夺走两河的水源，巨量泥沙淤塞河道，中断运河，危及明祖陵。7年后，黄河再次决口，致使沛县上下游200多里运河淤塞，徐州上游泽国纵横几百里。在这种情况下，潘季驯开始了长达27年之久的治水生涯。在工程实践方面，他总结出了“筑堤束水，以水冲沙”和“蓄清刷黄”等全新的治黄思路。在学术研究方面，他完成了《河防一览》《两河管见》和《宸断大工录》等水利专著。总之，他的这些科研成果成了随后300多年直至清末治理黄河的主导思想。清朝最为成功的“靳辅治河措施”基本上沿袭了潘季驯之法。即使在今天，他的治黄措施也被经常采用。从1969年到1977年，他的方法曾用于黄河山东段200多公里的堤防工程，并经受住了多次洪水考验。此外，他的思想还被用于其他水利工程。在20世纪70年代，人们曾借鉴他的“蓄清刷黄”思路，提出了“动水冲沙，静水过船”的方案，圆满地解决了葛洲坝水利工程中的重大技术难题。

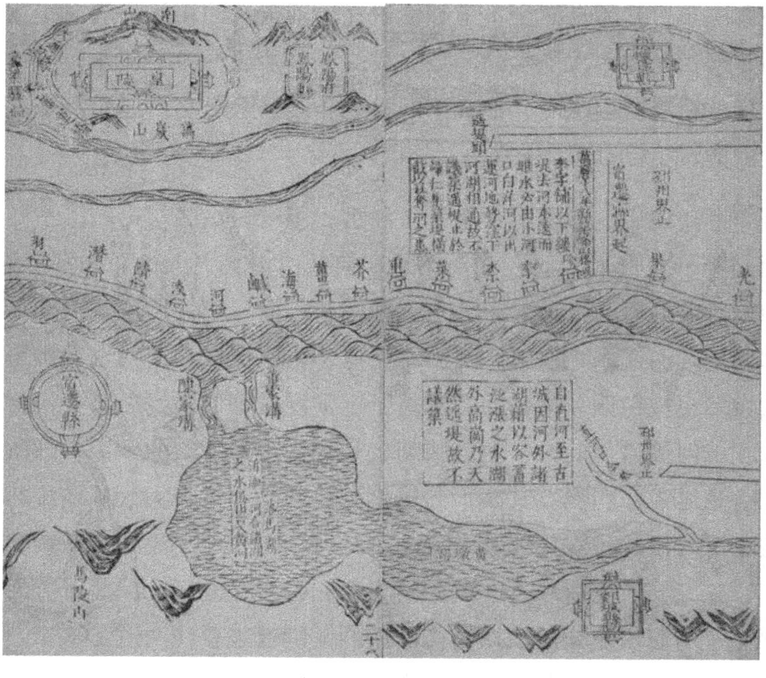

《河防一览》插图

潘季驯的这些成就到底是如何取得的呢？他当然不是从书中抄来的，也不是凭空想来的，而是他在多年实践中不断失败，反复摸索，最终总结出来的。

其实，潘季驯起初并不懂水利。他在45岁那年首次受命治水时，只是担任工部尚书朱衡的助理。当时，黄河在沛县一带决口，严重破坏了运河的山东至江苏段。因此，这次治水的首要任务是保证运河通畅。在协助治水的过程中，他努力学习，积极实践，进步神速。此外，他不迷信权威，甚至胆敢冲撞顶头上司朱衡。原来朱衡见运河故道淤塞严重，便主张重新开挖新运河而不考虑治理黄河。潘季驯则主张既要恢复黄河故道也要恢复运河故道，既治黄河也治运河。二人争执不下，朝廷最终采用了他俩的折中方案，既部分修复运河故道，也适当开挖新运河，并因此取得了较好的治水效果。

由这短短一年的治水经历可见，潘季驯此时已有了治运河的根本在于治黄河的朦胧思路。不过，此时他的理论还不成熟，更缺乏工程方案。比如，除了人工挖掘外，他还不知该如何给黄河清淤。待他正想继续勘察黄河上游，改进其治水理论时，突然传来了母亲不幸去世的消息。按当时的规矩，46岁的他只好离职回家，为母亲守孝三年，其间自然少不了继续研究治理黄河的相关问题。实际上，他的众多水利专著正是在多次治水的间隙完成的，并最终形成了理论与实践相互促进的良性循环。在每次治水时，他都不断验证和改进上次总结出的治水理论，然后用这些理论指导随后的治水工程。

三年守孝期满后，潘季驯再次受命治水。不过，这次与第一次不同，他不再是副手而是第一负责人。他在守孝期间，前任治水负责人彻底抛弃了他的思路，只是全力以赴确保运河畅通，一心一意开挖新运河，尽量躲避黄河对新运河的破坏。可哪知新运河还未挖通时，黄河又泛滥，再次造成运河淤塞。皇帝大怒，前任负责人自然也被免职。前任的教训更坚定了潘季驯的治河思路，他将大部分精力用于恢复黄河故道。此时，他已找到了一种为黄河清淤的妙法，即所谓的束水冲沙法。啥意思呢？嘿嘿，其实很简单。黄河的含沙量很大，只要流速稍缓，水中泥沙便会沉入河床，致使泥沙淤积。一旦河床淤积，水流又会减缓，泥沙淤积也会更甚，最终导致水流减速和泥沙淤积之间的恶性循环。因此，黄河清淤的关键就是要保持高速水流，而保持高速水流的关键就是要让河道足够窄，而不是足够宽。保持河道足够窄的关键就是要想办法把水约束在较窄的河道中。一旦黄河水被约束在较窄的河道中，水中的泥沙不但不会沉淀，汹涌的河水还会把河道中原有的泥沙冲走，从而使得河道越来越深，束水能力越来越强，最终形成束水与冲沙之间的良性循环。这便是束水冲沙法的玄机所在。可惜，此法还没来得及施展，黄河就再次突然决口，淹没了近百艘正在运河中行驶的官船。于是，与前任治水负责人一样，可怜的潘季驯于1572年被罢官。不过，此时的他对治理黄河已相当自信。他利用罢官的闲暇时间对治水理论进行了完善，重点思考如何束水，如何降低河水中的含沙量。

罢官在家的潘季驯虽然闲下来了，可黄河总也闲不住，不是决口就是改道，搞得朝廷手忙脚乱，接二连三地派出了若干治水能人，尝试了海运说、开泇口说、开胶河说、疏海口说等办法，但总也不见效。最终，运河不断被毁，官员不断被罢免，受灾面积不断扩大，治黄难度不断加大。无奈之下，朝廷又想起了潘季驯。于是，58岁的他临危受命，开始实施自己的第三个治河方案。

这次，潘季驯面临的情况更糟，黄河泥沙将淮河的入海口堵塞，原本平静的淮河也开始大肆作乱。于是，治水变成了治黄、治淮、保运河、保祖陵、保民生五大难题并举的综合工程。此时的潘季驯早已今非昔比，其治水理论已相当成熟。在罢官期间，他已想出了束水妙招，即在黄河沿岸的薄弱地段修筑四种功能不同的河堤：其一是离水较近的“缕堤”，用于在平时束水于主河道；其二是离水较远的“月堤”，用于在小洪期间将水逼入主河道，以加强主河道的冲沙效果；其三是离水更远且被横置的“格堤”，用于在大洪期间使河水减速，让尽可能多的泥沙淤积于主河道两岸，同时让主河道的水流更急，冲沙效果更好；其四是离水最远的“遥堤”，用于防止洪水大面积泛滥成灾。更有意思的是，潘季驯本来对减少黄河的含沙量一筹莫展，结果淮河却自己送上门来。于是，他借力打力，将清澈的淮河水注入黄河，不但加快了黄河主干道的流速，还降低了水中的含沙量，顺便也治理了淮河。这次治水效果奇佳。两年后，淮河就治好了，黄河也刷深了，大运河更通畅了。当然，潘季驯也升官了，他的儿子还受到了荫封。

可惜4年后，他又成了官场斗争的牺牲品，再次被罢官。

68岁那年，另一段黄河再次决口，潘季驯只得第四次也是最后一次出山治水。这次治水本无实质性技术困难，只需采用老办法就行了。可经过深入调研后，他发现了一个重大隐患，在不远的将来，明祖陵将不可避免地与泗州城一起被淮河水无情地淹没！于是，他大胆主张“泗州迁城”。如此“不负责任”的主张，当然不受皇帝的待见，甚至还成了被弹劾的把柄。在72岁那年，他被批准告老还乡。三年后的1595年5月20日，潘季驯在家中病逝。

潘季驯的故事当然没完。由于“泗州迁城”的建议未被采纳，仅仅几十年后，泗州城和明祖陵就在康熙年间被淹没于今天的洪泽湖中。直到近年，由于洪泽湖水位降低，明祖陵才重新露出水面，成为旅游景点。如今在潘季驯的湖州老家还可见到他的一处遗迹，那就是他当年在罢官期间捐资修建的潘公桥。

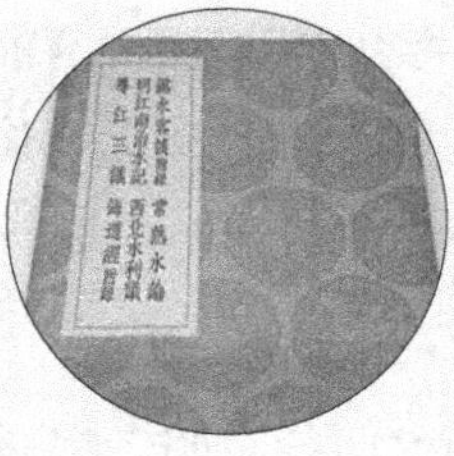

第九十四回

潞水客谈献良计，明代名臣数第一

伙计，请问在整个明朝三百余年间，哪位官员的计谋最高明，哪条治国良策最好？这个问题的答案当然不唯一，毕竟判断标准不同。若从清朝受益程度的角度来看，清朝学者赵一清在其名著《东潜文稿》中谈到本回主角时给出了一个参考答案。他说："终明代名臣无有能及之者。"在谈到本回主角的代表作《潞水客谈》时，他又说："终明代良策无有逾此者。"此外，《明史》对本回主角的评价是"识敏才练，慨然有经世志"。这些答案和评价到底是否恰当，还请各位读完本回后自己判断吧。

本回主角名叫徐贞明，字孺东，又字伯继，祖籍江西贵溪。他于何时何地出生呢？不知道，只知道他去世于1590年。也有人说他生于哥白尼创立日心说的1530年。他是如何长大，又如何成家立业的呢？不知道，只知道他在去世前19年才考中进士，出任浙江山阴县知县，而且是"明敏而有仁爱"的好知县。在此期间，他主持修建了一条50多里长的挡潮堤，"有益于民甚大且久"。当他于4年后升官离任时，沿途哭拜者不绝，"送行者万人，自邑门而达于江"。他的生平和家庭情况如何呢？不知道，只知道他的父亲徐九思是一个青史留名的好官，曾担任江苏句容县知县。他的父亲生于1495年，为明朝孝宗、武宗、世宗、穆宗和神宗五世臣，一生刚正廉洁，爱民如子，但官运不通。他的父亲终生践行的理念便是那著名的勤、俭、忍"三字经"，即勤则不惰，俭则不费，忍则不争。

父亲的"勤"主要表现在勤于政务、勤于生产。为了避免其他官员营私舞弊，父亲经常亲自处理公务。为了平衡徭役轻重，父亲亲自调查实际情况，亲自分配税务指标。在审理案件时，除亲自主持或监督全过程外，他还"必命其人与亲识皆往"，以此加强百姓监督，避免造成冤狱。他不但亲自督导指挥全县生产，还率众亲自参加劳动，以此补贴公务开销，减轻百姓负担。

父亲的"俭"更显"过分"，甚至要求自己"生平不嗜肉，惟淡菜也"。他在居室正中悬挂《青菜图》，其旁题曰："为民父母，不可不知其味；为吾赤子，不可令有菜色。"按当时朝廷规定，县官本有一笔可自由支配的招待费，既可用于接待过路官员，也可用于公款宴请和送礼。但父亲从来分文不动，后来干脆自作主张，取消了这笔招待费。

父亲的"忍"主要体现在他随时告诫自己要甘于清贫，不争名利。但在维护民利时，他丝毫不让步，绝不与贪官为伍。有一次，上级官员的秘书来句容县索贿，遭到父亲严词拒绝。这位秘书借酒装疯，大闹公堂。父亲竟将对方捆起来，赏了一顿杀威棒。若遇灾年，父亲对发国难财者更不忍让，必绳之以法。父亲一心忙于政务，不畏权贵，秉公办事，直言不讳，但总也不被重用，以至最终被罢官了事。

回归故里后，父亲继续兴办义学，布施赈济，招抚流民，兴修水利。1580年，父亲以85岁高龄在家中溘然离世。此时距他罢官已有36年之久，可句容县的逾万百姓仍蜂拥至父亲祠前，争相祭奠，对其爱戴之情不减当年。

此处为啥花这么多笔墨来介绍主角的父亲呢？嘿嘿，主要是想让你了解主角的成长环境。急性子的读者也许早已盼着主角赶紧登场了，但非常抱歉，还得麻烦各位耐心看完下面这段文字。

从公元1435年开始，明朝便将首都从南京迁到北京，但整个北京的军民用粮及生活必需品主要依靠江南地区通过水运供应，因此运输成本长期居高不下。随着北京地区的人口越来越多，运输量也越来越大，运河的交通更是越来越拥挤，朝廷的负担当然就越来越重，江南百姓的税赋越来越高，甚至面临财力枯竭之险。另外，运河随时随地受到黄河泛滥和改道的威胁。运河沿途还会穿越长江和淮河等大江大河，任何一条河流发生洪灾，都可能冲毁运河。朝廷几乎每年都得花费大量的人力、物力和财力来保障运河畅通。为此，要么得拼命治理黄河，防止它发脾气冲毁运河；要么得全力维护淮河，避免它断绝运河的水源。因此，仅仅依靠一条运河很难长期维持北京及周边地区的发展。总之，努力降低朝廷对运河的依赖已势在必行，但如何才能让北京甚至整个北方自给自足？为此，朝廷上下绞尽脑汁，却总想不出万全之策。难道北方没人吗？当然不是，甚至北方人比南方人更强壮。难道北方没地吗？当然更不是，甚至北方的土地远比南方更平整和辽阔。难道北方没水吗？当然也不是，北方雨水虽不及南方丰富，但也足以浇灌养活本地人所需的农田。关键问题是没人知道如何在北方兴修水利，发挥北方人种粮的积极性。

于是，本回主角徐贞明终于正式登场了。公元1575年，他以侍从在皇帝左右的工程顾问（工科给事中）身份，提交了一份名叫《水利议》的方案，基本思路是在海河流域等北方地区兴修水利，推行屯田，发展生产，寓兵于农。《水利议》的大意是说：北方水利基础很好，在陕西和河南等地处处都有黄河故道和废旧的堰坝等，它们完全可以拿来就用。北方的水源也不少，比如山东丰富的泉水若能巧加利用，就足以浇灌众多新开垦的农田。即使在京郊，有的地方有河流经过，有的地方有山涧泉水。只可惜过去北方人受尽水害之苦，却不会兴修水利。其实，水若大量聚积就是祸害，水若及时疏散就是福利。若挖渠修壕，便可在洪涝期间减灭水势；若像南方那样在高处筑堤拦水，则干旱时就有水可用。总之，水利可兴，水患可除。《水利议》针对京郊几个地区的具体情况，提出了切实可行的兴利除弊方案。比如，可在海河上游开渠灌田，在下游开支分洪，低洼的湖泊用以蓄水，湖泊周围开辟水田。

可是，迎接《水利议》的是接踵而至的双重打击。一方面，当时的工部尚书认为在北方种水田劳累百姓，故没采纳。另一方面，更要命的是，徐贞明与他爹一样，也缺乏政治敏感性。他竟然前往狱中看望一位刚被治罪的朋友。于是，他自己也被降职为当涂县知县。他在当涂期间，在长期实地考察和反复推演的基础上，对被冷落的《水利议》进行了补充和完善，并在途经潞水时完成了那份影响明末和整个清朝200多年的《潞水客谈》。此文虽然不长，只有区区5700多字，但以对话形式，较完整地阐述了华北水利建设只要逐步推行就一定能成功的宏大设想。在论及华北水利的方案及战略意义时，《潞水客谈》给出了几条简短的理由：旱涝虽为天灾，但能以蓄泄之法加以控制，以备不时之需。都城在北方，供给却全靠南方，这绝非长久之计。来自南方的千里漕运成本奇高，民力疲惫，为运一石米，常需耗数石米。因此，若北方自产一石，就相当于南方节省数石，于国于民皆有大利。在北方多开沟渠，便可减少各河水量，从而减轻水患。兴修水利可使百姓安居乐业，消除社会不稳定因素。南方地区人多地少，北方则相反，若能吸引南方百姓来北方开垦荒地，则可一举两得。兴修水利不仅可以安民富国、兴教化、美风俗，而且有利于国防。

《潞水客谈》还重申：经实地考察，华北地泉众多，引水容易，确可营造大片水田。此外，为了调动百姓在北方开荒种田的积极性，徐贞明还建议朝廷以南运粮食之高价无限制收购北方自产水稻。如此一来，国家并未增加开销，但百姓获利更多。商人若从南方运米到北方出售，其利润大约为十分之三；但若省去长途水运之苦，而在北方开垦水田，其售粮获利将更加丰厚。长此以往，北方农业就自然得到发展。

后来的事实表明，徐贞明的方法在北方多地试行后确有成效。与戚继光齐名的明朝杰出军事家谭纶在读到《潞水客谈》后，立即大赞道：“我在边塞任职多年，知道此法必然可行。”后来明末的许多高官也充分认识到了《潞水客谈》的价值，并加以大力推广。当然，清朝才是《潞水客谈》的最大受益者，因为在整个清朝期间，北方农业的发展思路基本上都沿用了徐贞明的策略。但遗憾的是，正当徐贞明想在当涂县大面积推广其思想时，他的父亲却在1580年去世。于是，按当时规矩，他只好回家为父守孝三年。

直到徐贞明去世前5年的1585年，他才终于有机会开始实施自己的理想。此时，徐贞明被任命为尚宝司少卿，并受命开展北方的治水和垦田两项工作。于是，他以“手不停指挥，口不停画诺”的忘我精神，全身心地投入到工作中。他马不停蹄地巡视了京东各州县，摸清了哪里是低洼涝地，哪里适宜播种何类作物，哪里有山，哪里有水，哪里有泉，河流在哪里分支，在哪里汇合，流经哪里，水量多大，四季水流如何变化。接着，他在第一时间提出了被皇帝认可的多条可行措施：以垦田业绩考查各州县官员，适宜种水稻的土地要逐渐改种水稻；多吸引南方有经验的农民，并免费发给耕牛和农具等；垦田百亩以上者可获当地户口，可享受赋税优惠，甚至可被重用，其开垦的土地可算祖业，可传子孙。为便于农民全力以赴种好自己的庄稼，徐贞明还建议：当地农民只负责疏通本地河道，而官方垦田则另招民工。

在垦田方面，徐贞明更是大张旗鼓，他在全国各地招募能手，结果仅用数月时间，就垦田三万九千余亩。此外，他还普遍考察了包括海河在内的诸多河流，探究其源泉，统筹相关职责，准备随时开展更大规模的垦田和河道疏通工程。可哪知徐贞明又犯了错误，被皇帝命令停止垦田。原来已经在北方拥有众多田地的既得利益者担心垦田太多会使自己原有的资产缩水，于是经过一番政治斗争后，徐贞明自然又成了牺牲品，并像他父亲一样被迫告老还乡，甚至差点被皇帝追究责任。

1590年，心灰意冷、报国无门的徐贞明满怀遗憾，在家乡郁郁而终。54年后，明朝灭亡。

第九十五回

书法名家赵士祯，研制火器如有神

虽不知火器到底始于何时，但史料记载，早在春秋战国时期，火器就以“拍车”形式出现了。此时，火药被装入陶罐中，然后用类似于抛石机的拍车将点燃的陶罐抛入敌营。到了三国时期，改进后的拍车叫作“砲”，后来再演化成“炮”。据说，新型拍车之所以叫砲或炮是因为它们是“抛”的谐音。到了隋唐宋金元时期，砲已得到广泛使用，其形制也开始多样化。目前已知国内最早的实物砲是收藏于中国历史博物馆的一枚“唐朝青黄釉陶火蒺藜”，它形似满身长刺的陶罐“地雷”。再后来，“地雷”越来越大，“陶刺”也越来越多，罐中火药也被特制的纸张紧紧包裹住，既可防潮又可防意外爆炸。

火器的第一个繁荣期出现在宋朝，朝廷还设置了专门机构来管理和研制新式火器，同时广招天下英才，奖励“知军器利害者”。重赏之下必有勇夫。公元970年，兵部令史进献火箭，它能借助火药的推力射出箭矢。公元1000年，神卫水军进献火蒺藜。公元1002年，冀州团练使进献自制火药和火球等。宋仁宗在公元1040年命令曾公亮（本书第八十七回的主角）等撰写了中国首套官方兵书《武经总要》，总结归纳了当时已知的所有先进武器。比如，最早的生化武器“毒药烟球”爆炸后能产生大量毒气，“烟雾弹烟球”爆炸后能产生大量烟雾。不过，此时的所有火器几乎都离不开抛射。

自带枪管且可单兵操作的火器早在南宋时期的公元1259年就已出现，当时它叫作突火枪，以竹管为枪身，管内填装火药和弹丸。点燃火药后，枪口立即喷出火焰，射出子弹，最远可达150步。到了元朝，突火枪的竹枪管换成了金属管，并改名为“火铳”。在黑龙江曾出土过一批铜火铳，它们虽然做工粗糙，长短和大小都不一，但形制基本相似，都有前膛、药室和尾孔三部分，都有细长的管身，在尾部都有木制手柄。从元朝开始，出现了具有三根枪管的“三眼铳”，它能以较小的间隔完成三连发。发射时，士兵只需左手握柄，右手点火，然后对准敌人就行了。当然，若火铳的枪管足够粗，它实质上就是一门炮了。所以，枪和炮在原理上并无本质区别。这种炮最迟在元朝的至顺年间就已得到广泛使用。

火器在明朝达到鼎盛，其中最具特色的是碗口火炮，其炮管像喇叭，口大尾小。现藏的一门明朝碗口火炮的青铜炮管口径达26厘米。使用前，先在炮身内填满火药，再从炮口装入炮弹，接着点燃火药，炮弹便被发射出去。大型碗口火炮的射程较远，可用于海防；中型碗口火炮可架在特制的板凳上，其两头各有一个炮口，中间有一转轴。一个炮口完成发射后，只需一转，便可用另一个炮口再发一弹。小型碗口火炮很轻，炮管也很短，通常不足40厘米，适合随身携带。此外，明朝还有其他重型火器。比如，有一种名叫“叶公神铳”的、重达280斤的铁质重炮，它嵌在特制的战车上，威力巨大，发射的散弹可覆盖方圆数丈，适合守城。还有一种名叫“威远大将军”的、重达110斤的重炮，它可将约4斤重的铅弹射出十里之遥。除火炮外，明朝的多发火箭也很厉害。比如，“一窝蜂”火箭可同时发出32支火箭，像群蜂出击一样。至于明朝还有啥火器宝贝，抱歉，暂时保密，将由本回主角亲自告诉你。现在有请主角登场。

碗口火炮

明嘉靖三十二年，在浙江温州的一个官宦之家诞生了一个大胖小子。爷爷一高兴就给孙子取名为赵士桢，字常吉，号后湖。爷爷名叫赵性鲁，博学多才，好诗词，精书法，甚至因书法太好而被皇帝破格提升为从九品的“鸿胪寺序班”，负责外事接待和礼仪工作。爷爷还参与过明朝行政法规《大明会典》的修订工作，后来官至相当于现在最高法院副院长之职的“大理寺副”。

关于赵士桢的成长经历和家庭情况，目前还真没啥信史资料。成年后的他确实好谈兵法，善骑射，并醉心于火器研究。这可能与他的早年生活有关。实际上，由于赵士桢的家乡温州靠近海边，而当时又正值海盗猖獗，所以，赵士桢在青少年时期一定没少受过海盗之苦。从明军与海盗的激战中，他也一定听说过枪炮等火器的神威，因为冷兵器在海战中显然鞭长莫及。就在赵士桢出生那年，当时的大海盗汪直自称徽王，“控制要害，而三十六岛之夷皆听其指使”。赵士桢1岁那年，当时的第二大海盗徐海竟纠结约3万人，在大年三十晚上突袭浙江，仅9天后就攻破崇德县城，杀死县令，随后大败明军，分兵多路，袭扰江南各地。赵士桢3岁那年，徐海再度入寇江南，同时引发其他海盗纷纷仿效，以至海盗人数超过6万，搞得整个江南鸡犬不宁。赵士桢4岁那年，朝廷实在没办法，只好同意招安汪直。朝廷内部意见不一，强硬派竟在次年诱捕了汪直，并在一年后将其杀害。这下可捅了马蜂窝。从赵士桢6岁开始，海盗们各自为政，抢杀更甚。书说简短，直到赵士桢14岁那年，在戚继光等抗倭名将多年不懈的努力下，东南沿海的海盗才被基本荡平。其实，史书记载，直到赵士桢去世13年后，海盗才最终被消灭。由此可见，海盗对赵士桢的人生走向甚至对明朝的兵器政策等肯定都有影响。

实际上，赵士桢的前半生几乎是他爷爷的拷贝。据说，早年的他曾是在京师游学的太学生，诗坛声誉甚高，更写得一手好字，其书法号称“骨腾肉飞，声施当世”，以至众人争相购买他题写的诗扇。碰巧赵士桢的粉丝中有位宦官，他买了一把诗扇带入宫中，结果偶然被明神宗看见，神宗大加赞赏。于是，赵士桢便以布衣身份被召入朝，任鸿胪寺主簿，相当于国宾馆秘书，负责接待到京师朝见皇帝和进贡的各国使者。但非常奇怪，作为皇帝喜爱的名士，赵士桢的官运并不亨通，他在鸿胪寺主簿这个职位上干了整整18年，然后才勉强升为从七品的武英殿中书舍人，专门负责奉旨撰写册宝、图书、册页等。他的这次升职仍得益于他那绝妙的书法，因为该官职“专选书法优良者”。究其原因，这可能与赵士桢的性格有关。他为人慷慨，有胆略，好交朋友，但“生平甚好口讦，与公卿亦抗不为礼”，是典型的“杠精”，总喜欢当“出头鸟”，所以经常受到他人诽谤和质疑。在他24岁那年，在皇帝的支持下，首辅张居正因“夺情事件”廷杖了五名大臣。此事本与赵士桢毫无干系，结果他不知好歹，竟不怕连累，前往问候了被责罚的大臣。

当然，赵士桢官场失意的另一个原因也许是他从未做好本职工作，因为他“不务正业”，在火器研制方面确实花费了不少心血。他经常研习兵器书籍，并与戚继光的部下保持密切来往，了解有关火器的知识。39岁时，他曾向朝廷递交《倭情屯田议》，希望借助屯田之法来对付海盗。在42岁那年，他从同乡好友、曾在朝鲜与日本人打过仗的游击将军陈寅那里看到了缴获日军的精美火绳枪，顿时就两眼放光，立即迷上了这种他从未见过的“新”火器，并对其制造方法和性能等展开了全面深入的研究。书中暗表，其实火绳枪早在此前约150年的公元1450年就已出现在欧洲，它与现代鸟枪很像，只是不用撞针，而是用一截捻绳来点火。每当扣动扳机时，捻绳点燃枪膛内的火药。与火铳相比，火绳枪的优点很明显。比如，射手可双手托枪，在瞄准后再射击。而火铳的发射者只能一手点火，一手托枪，根本没机会瞄准。早在1521年和1548年，明军就分别从葡萄牙人和日本人那里缴获过火绳枪，但遗憾的是未引起朝廷的足够重视。而火绳枪直到1543年才由葡萄牙人和大海盗汪直传入日本，结果很快就被日本仿造，并在随后的战争中广泛使用。更遗憾的是，早在1575年，火绳枪就在欧洲被簧轮枪部分取代，即火绳换成了由弹簧驱动的粗糙铁轮。扣动扳机后，旋转的铁轮就会摩擦出火花，点燃火药。

除火绳枪外，赵士桢还广泛研究了其他火器。43岁时，他曾专门拜访滞留北京的土耳其火器专家、锦衣卫指挥使朵思麻，见到了后者所收藏的噜密铳等多种鸟铳。经全面分析比较后，他发现噜密铳的操作更简单，威力更大，性能更优良。于是，他向朵思麻学会了噜密铳的制造方法。44岁时，赵士桢向皇帝提交了《用兵八害》，建议朝廷模仿国外火器制造噜密铳、鹰扬炮和掣电铳等“番鸟铳”，特别建议大量制造他自己发明的一种新式火箭“火箭溜”以及在模仿基础上改进的、可连发18弹的“迅雷铳”。该提案还详细介绍了7种重要火器，包括它们的设计图纸、结构说明、制作方法、操作技巧等。皇帝看后非常高兴，大赞其书法精妙，并将它作为书法新贴珍藏了。

赵士桢一看，哪敢轻举妄动，只好回家把多年来的火器研究成果写成《神器谱》等学术专著。在认真研究了噜密铳、海盗鸟铳、西洋铳、日本铳以及当时明军自己的各种火铳等火器后，他详细介绍了自己研制的24种从未在中国官方武库中出现的先进火器。45岁时，他再次向朝廷提出了制造新式火器的提议，并附上了更详细的资料。终于在他51岁那年，朝廷按《神器谱》试制了相应的火器，结果发现“其器械委实锋利，其制作委实精巧”，并建议京营“依此制造”。

《神器谱》插图

各位，赵士桢随后该飞黄腾达了吧？非也！原来，这时连续出现了两封对皇室极为不利的匿名信，史称“妖书案”，搞得人人自危。本来一位倒霉的书生已被当成替罪羊给处死了，可突然又冒出“妖书系赵士桢所为”的谣言。可怜的赵士桢瞬间压力陡增，甚至精神错乱。1611年，赵士桢一病不起，抑郁而亡，享年58岁。后来，清军按《神器谱》造出了相应的武器，打入关内。再后来，《神器谱》持续影响清朝200多年。

第九十六回

计成明末造园林，园冶清初遭查禁

伙计，若你希望好好体味本回内容，建议你移步某个山水公园，在晴朗安静之日，慢慢品味下面的文字。若再有一杯清茶，效果将会更佳。本回主角是苏州人计成，字无否，号否道人，生于1582年。他既是中国园林建筑学的奠基者，也是首部园林建筑学专著《园冶》的作者。你若能充分体会园林建筑之美，就算是对他的切实纪念了。

阅读本回的上乘之地是初夏的承德避暑山庄。在这座现存最好的皇家园林里，你可徜徉在任何一座楼、台、殿、阁、轩、斋、亭、榭、庙、塔、廊中，或倚于小桥流水之畔，静心感悟园内建筑的嵯峨威严和古朴雅典。

南方读者阅读本回的理想之地可以是沧浪亭、狮子林、拙政园和留园等苏州园林。虽然它们的面积不大，更无皇家园林的恢弘之势，但精巧玲珑，在艺术手法的表现方面更是不拘一格。苏州园林广泛运用了山水花鸟的情趣和唐诗宋词的意境，还充分利用了假山、怪石和树木等来点缀有限的空间，用楼台亭阁和池塘小桥等来营造以小见大的艺术效果。

对那些有本事穿越到古代的读者朋友来说，阅读本回的最佳地点是被毁前的圆明园。圆明园以园中之园的艺术手法，将诗情画意表现在千变万化的景象中，继承了中国优秀的造园传统。它既有宫廷建筑的雍容华贵，又有江南水乡的委婉多姿，还吸取了欧洲园林建筑的精华，将不同风格的园林艺术融为一体，“虽由人造，宛自天开”。它曾以宏大的规模、杰出的造艺、精美的建筑、丰富的收藏和博大精深的文化内涵而享誉世界，被称为“一切造园艺术之典范”和“万园之园”。据说，圆明园中不但仿造了全国各地的著名园林（比如海宁的安澜园、苏州的狮子林和西湖的平湖秋月等），还模拟了《仙山楼阁图》中的蓬莱瑶台，再现了《桃花源记》中的武陵春色，更引进了大水法等西洋式喷泉建筑以及具有文艺复兴风格的万花阵迷宫等，甚至在湖中还建有威尼斯水城。

伙计，你若没条件进入以上任何一座园林来阅读本回的话，也甭着急，因为你还可以走进附近的休闲公园、寺庙或道观，只要那里建有供游憩或观赏的建筑就行。实际上，所有园林建筑的功用几乎相同，无外乎以下几点：要么造景，即它本身就是被观赏的风景；要么观景，即它能提供观景点；要么提供休憩空间；要么提供简单实用的功能；要么作为主体建筑的必要补充或过渡等。所有园林建筑都以山水地形为主，巧妙布局花草、树木、庭院、廊桥、楹联和匾额等，将人工美与自然美融为一体，使得山石流水处处生情，让建筑物源于自然而又高于自然，隐建筑于自然之中，达到巧夺天工之效，将自然美提升到更高的境界。这里所谓的更高境界有三：治世境界，这是皇家园林所要表现的重点境界，通过园林造景来反映讲求实际、重视道德、突出政治和增强责任感等思想；神仙境界，这是寺庙和道观所要表现的重点境界，即充分体现浪漫主义的审美观，如青城山的古常道观和武当山的南岩宫等都重点表现了道家思想的自然恬淡和修身养性等；自然境界，重在写意，表现园林所有者的情思，这一境界大多反映在文人园林中。

与普通建筑相比，园林建筑的特点非常明显。首先，园林建筑会因地制宜地与环境结合，总体上依形就势，与地形、地势、地貌等协调。其次，建筑的体量宁小勿大，以山水为主，以建筑为辅。在平面布局与空间处理上，力求活泼，富于变化。建筑物的内外空间交会处更是施展神功之地，也是观者感情转移之所在。虚与实、明与暗、人工与自然的相互转移都在此处展开。空间的依次过渡尤为重要，所以，常用落地长窗和空廊等作为内外交融的纽带，实现半室内半室外的渐变过渡，使内外变化更自然、更和谐。在考虑自然环境之间的结合时，很重视气候和季节等因素。比如，江南园林中常有一种鸳鸯厅，它的一面向北，一面向南，分别适用于冬夏两季。从建筑材料上看，园林建筑，特别是亭、廊和桥等多为竹木结构，以彰显其文化底蕴。

园林建筑的选址也很讲究。一方面，必须符合自然和生活要求，既得体又合宜。比如，在高崖绝壁处，筑奇观精舍，掩映成趣；在松杉幽静处，建山亭；在双峰夹峙处，置关隘；在广阔处，辟田园等。另一方面，选址还要同时兼顾观景和造景。以观景为主的建筑多位于开阔处，以造景为主的建筑多位于风景优美处，且有合宜的观赏视距与视角。此外，园林建筑还得巧于借景，善于把其他佳景借到自己的景观中来，从多个视角欣赏每一景物。因此，园林建筑既不拘泥于对称，也不拘泥于朝向。有时为了一树，可去掉半间屋；为了一石，可让廊道转弯；为了借墙外之景，可破壁开窗。

书说至此，也许有读者会问：人类为啥需要园林建筑这种中看不中用的东西呢？其实，这可用马斯洛需求层次理论来解释。当人的最基本的生理需求得到满足后，便不可避免地产生诸如安全需求、归属与爱的需求、尊重的需求、自我实现的需求等更高层次的需求，而园林建筑显然是更高层次的需求的典型代表。所以，早在3000多年前，中国就出现了园林建筑。从发展角度看，中国古代的园林建筑可分为5个阶段，即秦汉之前的形成期、隋唐之前的发展期、宋之前的成熟期、元之前的高潮期和明清的鼎盛期。

先看形成期。甲骨文中已有“园”“圃”和“囿”等字，因此有理由认为早在商朝就有园林建筑了。《诗经》明确指出，商末周初的园林建筑“囿”中含有“台”，即用于观天象、通神明的石筑高台。秦始皇的阿房宫、汉朝的未央宫和众多私家豪宅也都是典型的园林建筑。不过，截至西汉时，园林建筑的规模虽大，种类也多（已有堂、楼、阁、亭、廊、榭、沼等），但造景水平不高，布局不甚讲究，不善因地制宜，园林类型单一，艺术水平低，造园目的是以狩猎和求仙为主，游赏为辅。

再看发展期。进入魏晋南北朝后，厌倦战乱的文人富豪纷纷寄情于山水，开始将自然风景与园林宅院融为一体。北魏武帝迁都洛阳后，私家园林大量涌现，从“写实”发展到“写意”，开始受到山水、诗文、绘画的影响，比如山水画的空间布局理念被运用到园林空间布局中。由于佛教的兴盛，寺庙园林也迅速发展。此时的园林已由模仿自然发展到艺术地再现自然和融于自然；园林的功能也以游赏为主，更加注重视觉效果；园林布局渐趋完善，不再是简单的摆放，而是艺术创作。

接着看成熟期。隋唐时期山水诗画的盛行启迪了造园的思路，此时的园林规模大，数量多，手法成熟。隋炀帝的西苑更是豪华至极，它以山水为主要脉络，以水系贯通全园，或跨水建桥，或望山筑亭，或景区之间配长廊。唐朝的华清宫则更上一层楼，以温泉构成水面，环山建宫，并巧借骊山之势，其间点缀有望京楼、石瓮寺、红楼和绿阁等，建筑与环境彼此相融，形成了优美的景观。游者可居高临下，视野开阔，尽收四季之烂漫。此时的私家园林也已达到相当高的水平。比如，有一种“自雨亭”，它能让清水从屋顶缓缓流下形成水帘，既凉爽又惬意。供市民游憩的公共园林此时也已出现。相关园林不但规模大，而且种类多，选址巧，布局精。园林建筑不再限于市井之地，开始进入山水之中，寺观园林成为亮点。此时的“因画成景，以诗入园”标志着园林建筑基本成熟，园林艺术也开始传入日本和朝鲜等亚洲国家。

再接着看高潮期。宋朝在诗词和绘画方面的繁荣大大促进了园林艺术的发展。北宋的“艮岳”便是此阶段的代表性皇家园林，它先以构图立意，再按画选址。全园布局井然，以山水为基础，在不同的景区布置不同的建筑，亭、台、轩、榭等疏密错落，重点追求清淡脱俗，让游人可以坐观静赏。在峰峦之巅，还筑有可供远眺近览的楼亭。北宋私家园林主要有三类：以种植和观赏花卉为主的花园型，模仿自然和再造山水的游憩型，以及住宅和园林相结合的宅院型。南宋最典型的园林建筑当然是留存至今的“西湖十景”。此时的园林建筑已出现预制的构件成品，造园进入工程化阶段。

最后看园林建筑的鼎盛期。这个时期的标志便是本回主角计成及其在49岁时撰写的中国首部园林建筑学著作《园冶》。该书系统地论述了园林建筑的空间处理、叠山理水、建筑设计、树木花卉的合理配置等具体的艺术处理手法和制作技术。有关《园冶》的核心思想和主要内容，我们已在前面各段中不知不觉地加以介绍了，因此不再复述，但有关《园冶》一书的遭遇还得说说。

对历史事件敏感的读者也许已注意到，《园冶》的完成之年是1631年，这一年的形势相当不妙。这一年，清军制造出了红衣大炮，湖广等地发生地震，农民起义频发。由于计成当时经济紧张，没钱出版《园冶》。在阮大铖的资助下，《园冶》终于在1635年正式出版，阮大铖还热心为《园冶》写了一篇文字优美的序，名曰“冶叙”。可哪知阮大铖在明末的名声很差，使得《园冶》备受冷落。在11年后的1646年，阮大铖向清军投降，于是由他作序的《园冶》一书自然被明人唾弃。后来也不知何故，《园冶》在清朝又被列为禁书，以至在整个清朝只有一本闲书《闲情偶寄》简单提及《园冶》一书。总之，可怜的计成及其《园冶》在国内被彻底遗忘了。幸好《园冶》从民间传入日本，并在那里出版过至少5种版本，对日本的园林建筑产生了重大影响。直到300年后的1931年，当时的中国营造学社才从日本购回《园冶》残本，并在补充校订后，予以重新出版。从此，国人才知道《园冶》的存在，才知道中国曾有过一位杰出的园林建筑学家。

可是，计成的生平信息等早已被遗忘，今人只能从《园冶》的序言中看到只言片语。比如，只知道他从小就有很强的好奇心，喜欢写诗和绘画，尤其喜欢关仝和荆浩两位画家的作品。他曾游历过北京和湖北，中年时回到家乡苏州，定居在镇江。他有两个儿子，分别名叫长生和长吉。计成因“以假山造壁”在家乡一举成名，遂开始应邀为多位达官贵人建造园林。41岁时，他曾在常州营造了占地5亩的东第园。50岁时，他在仪征营造了寤园。后来，他又在南京营造了石巢园，还在扬州改建了影园。

更让人遗憾的是，计成的逝世时间也成了谜。唉，安息吧，计成。我们会以优美的园林建筑来纪念您的。

第九十七回

书房挥墨兵法佳，沙场舞枪敌人怕

一提起兵书，军事迷便两眼放光，立即想到《孙子兵法》。但这只对了一半，因为中国古代兵书其实很多。早在西周时就已出现了研究战争规律和作战原则的《军志》和《军政》等兵书，可惜它们早已亡佚。春秋战国时期，征战频繁，既为兵学的发展提供了丰富的素材，又刺激了军事研究，大量兵书应运而生。春秋末期的《孙子兵法》是现存最早的兵书，它广泛论述了战略、战术和战争观等问题，深刻阐述了众多军事思想，奠定了兵学基础，标志着中国古代兵书的成熟。此外，流传至今的战国兵书还有《吴起兵法》《司马兵法》《尉缭子》和《六韬》等。

秦汉至隋唐五代时期的原创性兵书并不多，主要有《黄石公三略》《阴符经》《握奇经》《将苑》《卫公兵法》《唐太宗李卫公问对》《太白阴经》等，可惜大都失传，只在相关史籍中留下书名或残缺章节。从东汉开始，又出现了注疏类兵书，比如许慎的《六韬注》、曹操的《孙子注》、贾诩的《吴起兵法注》等。

北宋前期曾把兵书列为禁书，后因屡屡惨败于外敌，才开始诏令官修兵书，作为军事教材。南宋时，由于抗击外敌的需要，再次掀起兵书编著高潮，出现了内容和形式都有创新的兵书，比如军事人物评论方面的《何博士备论》、军制专著《历代兵制》、名将传记《百将传》、军事教材《武经七书》、城防专著《守城录》、大型综合兵书《虎钤经》《武经总要》以及汇集类兵书《十一家注孙子》等。

从明朝开始，倭寇猖獗，火器得到广泛使用，军队编制、装备、战法等都已发生显著变化，必须研究新问题，总结新兵法，于是再现兵书编著热潮。这个时期出现了海防专著《筹海图编》、阵法专著《续武经总要》、编队专著《车营扣答合编》、军训专著《纪效新书》《练兵实纪》、火器专著《神器谱》《火龙神器阵法》《火攻挈要》以及综合兵书《登坛必究》等。

本回主要关注明末的另一部大型综合兵书《武备志》，它是继宋朝《武经总要》之后涉及面最广的一部百科全书式兵书，长达200多万字，集各家之大成。该书的刊行在很大程度上改变了明末重文轻武、将军不知兵法韬略、武备废弛的状况。由于《武备志》中多处出现“不敬之语”，在乾隆年间它被列入《违碍书目》而遭毁禁。后来经出版商巧妙处理后，新版《武备志》又在清朝广为流传，并最晚在18世纪传入日本，后来又传到欧洲，还出现了多种翻刻本。从当前角度看，《武备志》的价值主要体现在如下三点。

首先，它辑录了许多其他古代兵书很少记载的珍贵资料，比如诸葛亮的八阵、李靖的六花阵、戚继光的鸳鸯阵等阵法图，尤其是收录了《郑和航海图》《航海天文图》以及明代罕见的舰船兵器和火器。

其次，《武备志》图文并茂，生动形象，书中的738幅插图可使后人清晰地看到古代兵器和车船的形制，涉及行军设营、作战布阵、旌旗号令、审时料敌、城池攻守、炸药配制、火器造用、河海运输、战船军马、屯田开矿、粮饷供应、人马医护等内容。该书既保存了不少古代军事资料，又提供了许多重要线索，故在军事史上占有重要地位，为后世所推崇。它为研究中国古代的军事、火器、海防和地理等提供了翔实的资料。

最后，《武备志》本身也具有一定的理论价值。它是历代兵学知识的汇编，所包含的军事思想非常丰富，其中不乏作者自己的一些精辟观点。作者主张加强武备，富国强兵，随时提高警惕；要开矿屯田发展经济，经常训练军队，因为“士不练，则不可以阵，不可以攻，不可以守，不可以营，不可以战”；在国防方面，边防、海防和江防应该并重，不能偏颇。此外，该书还对古代兵制、兵器和兵书等进行了全面综合，探寻了攻守器具等600多种武器的沿革，仅仅火器就有180多种，其中既有陆战用的，也有水战用的，还有地雷式的，更有飞行器。

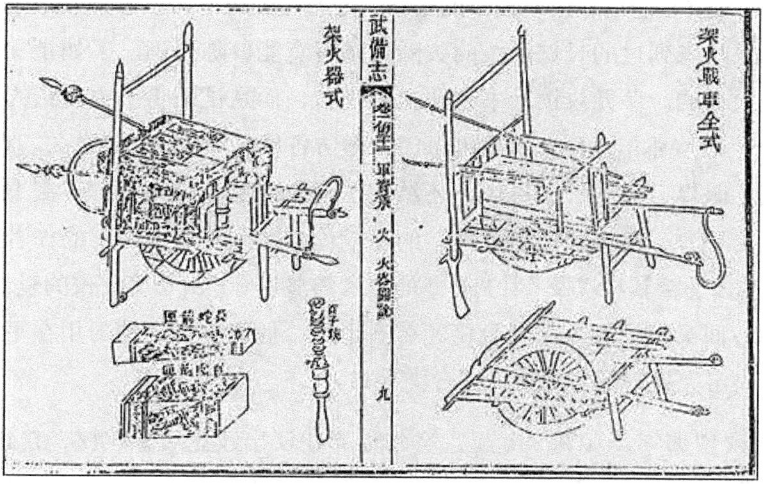

《武备志》中的插图

当然，《武备志》也有不足之处。比如，它误认为《黄石公三略》是周太公所作，其实这只是后人假借周太公之名。好了，下面有请该书作者、本回主角闪亮登场。

明万历二十二年，准确地说是1594年9月17日，在浙江吴兴的一个书香世家诞生了一个大胖小子。他叫茅元仪，字止生，号石民，后来他有众多称号，比如东海波臣、梦阁主人、半石址山公等。

他的爷爷茅坤是明代著名的散文家和书法家，是当时文坛中“唐宋派”的领袖，其作品《白华楼藏稿》和《茅鹿门集》等流传至今。爷爷的藏书之丰，竟达到令人咂舌的地步，“有藏书楼数十间，仍充栋不能容”。除了笔杆子，爷爷的枪杆子也十分了得。据说，当年广西数股匪徒利用壁立山势，为祸乡里，劫杀吏民，朝廷曾动用三省兵力，多面夹击，均未奏效。结果，爷爷竟用老鹰抓兔子的“雕剿之法”，“倏而入，倏而出”，大获全胜。朝廷叹其为奇才，赶紧将他升官两级。可爷爷恃才傲物，终遭忌者所害，被迫解职还乡，度过了长达半世纪的乡居生活。爷爷在此期间的主要任务之一自然就是全力以赴培养自己的宝贝孙子茅元仪。所以，茅元仪的人生轨迹几乎成了爷爷的翻版。

茅元仪的父亲也非等闲之辈，他不但是进士和官员，还著有诗集《薮园诗草》和史书《晋史删》等。茅元仪的妈妈更是少见的才女，生于相当于今天的后勤部长的“光禄寺署正”之家。在如此家庭环境的熏陶下，茅元仪自幼勤奋好学，博览群书。在他7岁那年，爷爷去世了；在他13岁那年，父亲也英年早逝。从此家道衰落，茅元仪只能依靠祖辈留下的书籍，更加刻苦地学习。此时，他迷上了兵书，以至对自己从未到过的长城沿线的关隘险塞等竟能口陈手画、了如指掌，好像是在那里长大似的。茅元仪读兵书绝非死记硬背，而是试图将书中介绍的韬略用于现实生活。16岁那年，他大胆走出家门，遍访各地名师长达5年之久。在此期间，他既开阔了眼界，又增长了见识，还结交了众多朋友，比如人称“藏书万卷，著书千卷，治一方，遗名联，谱逗腔”的曹学佺、名画《岩居图》的作者和“华亭画派”代表人物董其昌以及《牡丹亭》的作者汤显祖等。由于茅元仪的爱好太广泛，他在科举方面又没用心，故未金榜题名。于是，他把更多的精力用在军事和文史研究上，决定完成一部实用性的综合类兵书。

在他22岁那年，女真族崛起，努尔哈赤在辽宁建立后金政权，自称金国汗，建元“天命”。两年后，努尔哈赤以“七大恨”为借口，兴师攻明，从此辽东战火纷飞，战乱屡起。反观明廷，深受万历皇帝信任的辽东总兵李成梁大肆谎报军情，骗取军功封赏，最终致使明军在1619年的萨尔浒之战中惨败。战败消息传出后，举国震惊。几个月后，万历皇帝驾崩，其长子继位，是为光宗。可光宗在一个月后因吃错药而一命呜呼，然后熹宗继位，改元天启。

茅元仪见如此乱象，心急如焚，赶紧加快创作兵书，终于在全面钻研历代兵法理论的基础上，将多年搜集的战具、器械、治国方略等资料编成了《武备志》，并在他27岁那年刻印。一时间，他的名声大振，被兵部右侍郎杨镐以知兵之名聘为“赞画”，相当于无行政级别的军事参谋。后来，他又被兵部尚书孙承宗重用，成为其得力助手，并随同孙承宗前往辽东督师。在此期间，他与袁崇焕等一起在山海关内外考察地形，研究敌情，讨论攻防方案，协助孙承宗作战。他还到江南筹集战舰，加强辽东水师的实力。在孙承宗的指挥下，明军收复辽东失地，茅元仪也因功升为从九品的“翰林院待诏”，在熹宗身边负责整理文史资料等杂事。

可明末朝廷的斗争太复杂，刚立大功的孙承宗竟被排挤去职。受此连累，茅元仪也被削职，于32岁那年被迫告病回家。一年后，熹宗去世，崇祯即位，形势出现大反转。茅元仪趁机赶往京城，向崇祯进呈自己撰写的《武备志》，还多次提交关于强国富民的大计。他自然少不了一些激烈言辞，甚至对当时“武备废弛”的现状提出了尖锐批评。结果，茅元仪被以“傲上之罪”放逐到河北江村去闭门思过了。在此期间，他创作了许多优美诗篇，比如那首流传至今的《江村村外有野水一湾就看秋色》。该诗曰：“江村是处好清秋，倍爱寒塘特地幽。但有白杨晴亦雨，瞥惊霜荻浪生洲。饱看枫色还思影，送尽秋鸿更忆鸥。漫说江南千万里，只须扶杖便江头。”

在他35岁那年，后金骑兵直扑北京，朝野震惊，孙承宗临危受命督师。茅元仪这才又有机会施展才华。他与孙承宗等一起率军，出奇不意，从东便门突围至通州，击退了来犯之敌。于是，茅元仪因功升为副总兵，督理辽宁兴城菊花岛水师。可不久以后，他又被莫名其妙地解职。再后来，他更受辽东兵变之累，竟被以“贪横激变”的罪名押送到福建。途中，他又写了另一首流传至今的凄凉小诗《赴狱旅中示客》。诗曰：“暂脱南冠坐水湄，残觥沥尽与君知。时危只恐英雄老，世乱非忧富贵迟。已见生来同李广，只须死后傍要离。十年征战兼羁系，见惯休猜不惯悲。”

后来，报国无门的茅元仪寄情于文学，创作了大量诗词歌赋。据不完全统计，他撰写的文学类著作有60多种，累计百余万字。在目录学方面，他的《九学十部目》也是业界名著。可惜，这些书中常有诅咒后金的文字，遭到了清政府的多次禁毁，以致散佚较多。

多年后，辽东军情越发严重，茅元仪多次请求到前线，却惨遭阻挠。1640年，茅元仪去世，年仅46岁。

第九十八回

前无古人写瓷经，后无来者超唐英

瓷器在中国历史上一直扮演着重要角色。考古证据显示，中国人早在一万多年前就已发明陶器。在距今约7000年的仰韶文化时期，彩陶已相当普遍。年代稍晚的马家窑文化时期制作的陶器表面光滑，器型匀称，并以黑色单彩加以装饰。除了实用功能外，这时陶器开始成为艺术品。到了商代，陶器的制作水平大幅提高。西周出现了青釉器，其质地更加细腻坚硬，胎色以灰白居多，胎质基本烧结，隔水性更好，表面还施有石灰釉，已初具瓷器的基本特征，但还不够成熟，故称原始瓷。

从周朝到东汉，历经1000多年的发展，原始瓷制作技术终于成熟。进入魏晋后，出现了高水平的青瓷，其加工精细，胎质坚硬，不吸水，表面施有一层青色玻璃质釉。这意味着真正的瓷器时代开始了。到了唐朝，瓷器烧制工艺已相当成熟，出现了越窑和邢窑等著名瓷窑。晚唐诗人皮日休曾吟诗赞曰："邢客与越人，皆能造瓷器。圆似月魂堕，轻如云魄起。"

瓷器发展历史上的第一个高峰出现在宋代。此时瓷器的胎质、釉料和制作技术等都上了一个新台阶，烧制瓷器的作坊星罗棋布，比较有名的有耀州窑、磁州窑、龙泉窑、越窑、建窑等，更有被称为宋代五大名窑的汝窑、官窑、哥窑、定窑和钧窑。此时还出现了一匹瓷界黑马，那就是因创制"烧影青瓷"而一举成名的、今人最为熟悉的瓷都江西景德镇。从那时起，景德镇瓷器就一直以"白如玉，明如镜，薄如纸，声如磬"的独特风格蜚声海内外。

到了元代，富丽雄浑、画风豪放的青花瓷开启了由素瓷过渡到彩瓷的新时代。元瓷的品种琳琅满目，其中青花、红釉、蓝釉、白釉、釉里红、卵白釉等最受青睐。名窑遍布全国，其中龙泉窑、德化窑、潮州窑、磁州窑、钧窑、霍县窑等更为突出。

到了明代，瓷器的发展进入新阶段，从过去以单色釉为主发展到彩绘，无论是官窑还是民窑都能烧制精美的彩绘瓷器。在成化年间，人们还创烧出了"斗彩"，在釉下青花的轮廓线内添加彩釉。在嘉靖和万历年间，人们又烧制出了"五彩"。这是一种直接在半成品上描绘多种色彩而无须青花勾边的制瓷工艺。元代的众多瓷器珍品为后来彩瓷的发展奠定了坚实的基础。此时的青花瓷名声最响，窑址也开始集中在景德镇，瓷都雏形初现。

清代的制瓷水平到达巅峰。康熙时期的五彩、郎窑红和豇豆红等别开生面，独树一帜。雍正时期的粉彩、斗彩和青花等粉润柔和，朴素清逸。乾隆时期的彩色釉、转心瓶和象生瓷等精妙绝伦，巧夺天工。不过，本回主要关注我国瓷器发展历史上的一位标志性人物，即清代陶瓷艺术家、书画家、篆刻家、剧作家唐英。他于1743年撰写了历史上堪称“瓷经”的首部瓷器专著《陶冶图说》。这部著作的篇幅虽不大，只有区区4500字，但借助20幅精美的图画，系统地介绍了瓷器生产的主要工艺流程，包括采石制泥、淘炼泥土、炼灰配釉、制造匣钵、圆器修模、圆器拉坯、琢器做坯、采取青料、拣选青料、印坯乳料、圆器青花、制画琢器、蘸釉吹釉、旋坯挖足、成坯入窑、烧坯开窑、圆琢洋彩、明炉暗炉、束草装桶、祀神酬愿等。该书既具有工艺学价值，又具有艺术价值，还具有民俗学价值，甚至具有一定的哲学价值。不过，为了不影响本书的可读性，我们不再对这部专著进行学术评价，而是直接让主角登场，请他现身说法。

《陶冶图说》中的制瓷场景

1682年的端午节那天，在沈阳的一个正白旗满族人的汉族奴仆家里诞生了一个奄奄一息的小瘦猴。他名叫唐英，字隽公。由于后来他以多种名号标注自己的瓷器和书画作品，故其笔名和别名很多，有叔子、俊公、陶人、沐斋居士、陶成居士、榷陶使者、蜗居老人等。请注意，这些名号中带“陶”字者居多。

唐英生活在社会底层，从小就胆小怕事，为人谨慎，行为乖巧。他7岁读私塾，16岁入宫，随后进入内务府造办处，管理御用画品的设计和生产。聪明勤奋的他趁机学会了绘画和篆刻等技艺，经常受命画制陶器样稿，后来更成了能书会诗的高水平画家。他的画作多次得到皇帝表扬，特别是在他43岁那年，后宫称赞他“奉旨画的款式甚好”。46岁那年，唐英接到雍正的圣旨，以内务府员外郎的身份进驻景德镇御窑厂“佐理陶务”，协助管理御用瓷器的设计和生产。听罢圣旨，唐英的头就大了：如此重任咋能胜任，万一出啥差错，就得掉脑袋哟。当时的他面临着如下三大挑战。

挑战之一：自己对陶务一窍不通，外行如何领导内行？后来唐英在回忆当时惴惴不安的心情时说：“陶务细事，但为有生所未经见……（对相关技术）茫然不晓，日日唯诺于工匠之意者，惟辱命误公之是惧。”行事本来就稳重的唐英很快就想出了应对办法，那就是尽快把自己变成内行。于是，他立即动身前往千里之外的江西，充分发挥务实的作风，闭门谢客整整三年，与景德镇瓷工同吃、同住、同劳动。年近半百的他不顾病痛，撸起袖子埋头苦干，像年轻学徒那样，从淘泥、揉泥、拉坯、捧坯等基本功开始潜心学习。日夜竭心求索的他很快就成了陶务内行，还归纳出一套独有的瓷器烧制方法。从此以后，他还真迷上了陶瓷，随时随地都以“陶人”自居，常说要“致力陶之业，以求陶中所有之事”，还说要像陶人那样“有陶人之天地、陶人之岁序、陶人之悲欢离合”，更要以“陶人之心，化陶人之语而出之”。他既是这样说的，也是这样做的，甚至与当地瓷工结下了深厚的友谊。在离任12年后，当他以年迈之躯重访景德镇时，瓷工们竟夹道欢迎。这让他感泣万分，遂赋诗曰：“青丝染霜回故地，何劳镇民夹道迎？衰翁有负众家恩，关外孑身吾陶人。”

挑战之二：北京和景德镇相距1300多公里，一个在寒冷干燥的北方，一个在闷热潮湿的南方，饮食与生活习惯有天壤之别，气候与语言风俗完全不同。他孤身一人刚赴任时，举目无亲，水土不服，思念家乡之情更浓。他开始把自己的所思所想用优美的诗歌表达出来，创作了不少精品。他到景德镇的第二年创作了一首悲凉的思乡诗。诗曰：“炎凉经两度，远客意悠悠。暑减连朝雨，风来一线秋。旅思常作病，良药不医愁。北雁生堪憎，乡书隔岁投。”

挑战之三：当然也是最大的挑战，那就是如何让皇帝满意，如何做出皇帝喜欢的瓷器。雍正喜欢“轻巧俊秀、工丽妩媚之风”，对器型之美也有很高的要求，特别强调瓷器各部分的比例要协调，务求恰到好处。唐英按照雍正喜欢的风格，仿制宋代瓷器，结果雍正相当满意。至于唐英到底是如何完成这项艰巨任务的，如今早已无法考证。他在此时监造的瓷器上巧妙地融入了自己的诗、书、画等审美情趣，既保持了皇家御用器物的富贵大气，又不失文人阶层的儒雅清淡，被后人评价为“其烧制之精，空前绝后”。至今，唐英为雍正烧制的瓷器仍被认为增一分则拙，瘦一分则陋。

8年后，即唐英54岁那年，雍正驾崩，乾隆继位。乾隆只喜欢有创意的新作品，对司空见惯的瓷器完全没兴趣。在唐英60岁那年的4月，他不远千里奉旨进宫，竟受到乾隆劈头盖脸的一通训斥，并被重罚了一大笔银子。唐英竭尽全力，掀起了一股持续时间长达20年的瓷器创新高潮，其间烧制的新品美不胜收。此时，唐英的心中只有瓷器。有一次，他偶然看到一个“美观炫目、色彩鲜明”的果盘，发现其中的苹果、葡萄、李子、桃子和黄杏等竟能形成别具一格的视觉效果。他灵机一动，马上想到一个创意：烧制仿生瓷器！谢天谢地，经多次失败后，一盘足以乱真的瓷器果盘端到了乾隆面前。皇帝大喜，连声叫好。于是，乾隆喜欢的大量瓷质鹤、鹿、鸡、鸭、螺、瓜子、核桃、莲子、荔枝、树根等就应运而生了。这便是史称的“象生瓷”，至今仍为瓷界神话。

乾隆时期的象生瓷粉彩螃蟹百果盘

据不完全统计，唐英的创新主要表现在57种不可思议的瓷器工艺上。从造型上看，唐英的瓷器花样百出，既有生活器具，又有赏玩精品，还有陈设物品，更有宗教用品。从装饰手法上看，唐英的瓷器富贵华丽，图案主要有双鱼、灵芝和缠枝莲花等吉祥物，镂刻技术更是登峰造极，甚至创制了由内胆和外壳组成的青花转心瓶，其外壳能转动自如，简直让人叹为观止。此外，各种精美奇巧的镂空套瓶等也让人赞不绝口。从颜色上看，唐英烧出了十几种釉彩，尤其是那个能集十二彩于一身的瓷瓶让后代大师自愧弗如。从艺术融合上看，唐英把自己擅长的诗、书、画等元素融入制瓷工艺，既新奇又文雅。由于唐英督瓷的巨大成就，乾隆年间的官窑被称为“唐窑”。在装饰、造型和工艺等方面，唐窑都堪称前无古人，后无来者。

唐英62岁那年，乾隆又提出新挑战，命他撰写高水平的瓷经。唐英后来完成了《陶务叙略》《陶冶图说》《陶成纪事》和《瓷务事宜谕稿》等多部著作，特别是其中那本图文并茂的《陶冶图说》成为陶瓷工艺史上的不朽之作。它记录了当时陶瓷生产的全过程，甚至描述了烧造火候和科学包装等细节，代表了当时瓷器制作工艺的最高水平。

1756年7月29日，唐英在九江病故，享年74岁。此后，官窑瓷器开始衰落。

第九十九回

百年孤独祥武雷，家传八代还有谁

伙计，你猜古人如何建造皇宫？肯定不是一边建一边改，也不可能纯粹靠经验，更不可能靠胸有成竹的大师来一气呵成，毕竟像故宫、圆明园和颐和园等大型建筑群都属首创，压根儿就没经验可借鉴。专家曾猜测，古代可能也有类似于建筑设计师的建筑学家，但一直找不到直接证据，只发现了一些零星而模糊的间接证据。在某些书中曾提到战国时期已有建筑总体平面图，汉初已有建筑物图样，隋朝已有建筑物模型。

后来出现了让人意料不到的情形。1930年，突然有人在古书市场上大量低价抛售署名为“样式雷”的古代建筑图纸。经中国营造学社鉴定，这些图纸是真的。于是，当时的北平图书馆只用区区4500块银圆就买回了多达10卡车的样式雷图纸。在1930年之后的数十年间，许多机构和个人从不同渠道陆续买到了各种样式雷图纸，如今它们被分别收藏于国家图书馆、第一历史档案馆、故宫博物院和清华大学图书馆中。大约在1964年，几位雷姓市民推着平板三轮车主动给北京文物局送来满满一车样式雷图纸。近年来，又从日本等国回流了一些样式雷图纸复印件。

雷氏家族祖先像

如今保存下来的样式雷图纸包括多类建筑图纸，如投影图、旋转图、正立面图、侧立面图、等高线图等；记载了建筑工程的许多细节，既有各种结构的尺寸，也有施工现场进展图。从中可以看到皇家大型建筑从选址到动工，从地下、地面、立柱到最后的屋面等工序的施工过程。至此，古代如何修建皇宫的谜底终于被揭开了。修建皇家建筑的大概步骤是：先选好地址，再由名叫“算房”的勘测部门进行丈量，然后由内廷提出要求，最后由名叫“样式房”的总体设计部门确定轴线，绘制出从平面到立体、从整体到局部的众多图纸。由粗图到精图，几乎做到了无缝覆盖，很接近现代设计。更有趣的是，由于那时没有计算机虚拟现实技术，为了让皇帝了解未来建筑的整体情况并提出修改意见，古人竟想出了这样的妙招：以硬纸板等为材料，用胶水粘合后再以小烙铁熨烫，严格按照1：100的比例制作出相关建筑物的立体缩微模型，行话叫“烫样”。在烫样的各部位都附有详细的文字说明。烫样很精致，甚至可以从屋顶逐层打开，房瓦、廊柱、门窗、桌椅、屏风等都应有尽有。总之，从里到外，一目了然。

更令人震惊的是，在不同的时间段，从不同渠道获得的样式雷图纸的作者竟都是一家人，他们是从清初到清末延续260多年的雷氏家族的前后八代传人，准确地说是七代建筑设计师，因为第一代人只是开基，并未介入样式雷图纸的创作。换句话说，他们前赴后继地完成了整个清朝的几乎所有宫殿、皇陵、御苑等的设计工作，包括一坛（天坛）、二宫（北京故宫、承德离宫及外八庙）、二陵（清东陵、清西陵）、三山（万寿山、玉泉山、香山）、三海（北海、中海、南海）、五园(圆明园、颐和园、静明园、静宜园、畅春园)等。一句话，在我国已被列入世界文化遗产名录的古建中，样式雷的作品独占五分之一。这在全球绝无仅有。

明万历四十七年（1619年），样式雷的第一代祖先雷发达（字明所）生于江西九江永修县的一个木匠世家。他在14岁时拜叔父为师，学习木工手艺，常随师父、父亲和爷爷一起到外地替人做木活。16岁时，因明末战乱和生活所迫，他们全家迁往南京。聪明好学的雷发达不仅继承了祖传木工绝技，还吸取了他人的众多精

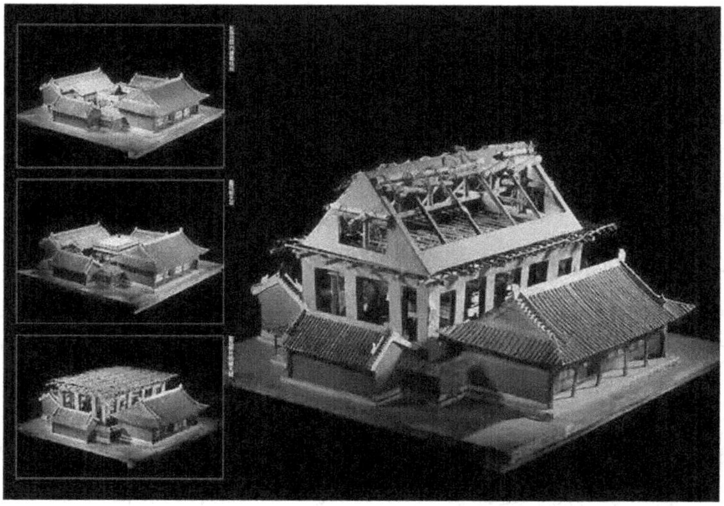

故宫博物院收藏的长春宫烫样

华，练就一身本领。在南京期间，他熟悉了宫殿建筑的结构，掌握了皇家园林的修建技法要领。在他25岁时，明朝灭亡，顺治迁都北京，开始招募工匠修缮在战争中被破坏的皇家建筑。身怀绝技的雷发达应募赴京，投身于清廷皇宫建筑工作。在他50岁那年，朝廷在重修紫禁城三大殿时举行了隆重的太和殿上梁仪式，康熙亲临指导。可因时间仓促，该梁竟是从明陵中拆取的一根旧楠木，卯榫并不十分吻合。仪式开始后，大梁徐徐升起，又缓缓落下，可怎么也不能入位。官员们脊背发凉，工匠们心惊胆战。正在这紧要关头，只见雷发达攀上梁柱，手起斧落，大梁乖乖入位。年仅15岁的康熙见状大喜，现场封他为相当于包工头的“长班”。这便留下了后人津津乐道的“上有鲁班，下有长班，紫微照命，金殿封官”的典故。史学家虽为该典故是否张冠李戴争论不休，但雷发达这一斧确实让子孙发达了。其实，真正让雷氏家族发达的更可能是雷发达为后代制订的“雷氏家训八条”：一是父慈子孝，兄谦弟恭；二是尊师重孝，和亲睦邻；三是刻苦习艺，精益求精；四是当仁不让，大胆创新；五是坚忍不拔，砥砺前行；六是诚信做人，不贪不吝；七是众处守口，独处守心；八是贫贱不移，富贵不淫。70岁那年，雷发达退休，75岁时安然去世。

首位出任皇家建筑总设计师的人，或者说样式雷图纸的首位作者，其实是雷氏家族第二代、雷发达的长子雷金玉，字良生，生于1659年（即他爹被康熙封为长班前10年）。看来，他爹在当时也算是“老年得子”了。雷金玉从小一边读书，一边跟父亲学木工，练就了一身好手艺。他随父亲参加了许多大型皇家工程的修建，比如静明园、香山行宫和清东陵等。大约在雷金玉25岁那年，康熙第一次南巡，流连于江南美景。回京后，康熙便决定在海淀建造一座规模宏大的皇家园林畅春园。于是，雷金玉应召入园，负责相关木工活计。由于他在各方面表现出色，5年后当父亲退休时，他被批准继承了父亲的长班职位。再后来，他得到了康熙的赏识，被赐了一个七品官职，当然干的活计仍是宫廷木工。父亲去世后，雷金玉又参建了雍和宫和承德避暑山庄等重大工程。雷金玉50岁那年，康熙开始建造圆明园。这时，雷金玉被任命为皇家建筑设计部门“样式房”的长官，名曰“木工房掌案”，简称“掌案”，即皇家建筑总设计师。从此，样式雷图纸便开始正式创作，掌案之职也几乎被雷氏家族代代独占。当然，这得靠实力竞争。由于技艺出众，功劳卓著，雷金玉颇受历任皇帝青睐。康熙在自己的《畅春园记》里提到过他，雍正也给了他特殊的褒奖，还命当时的皇子弘历、后来的乾隆亲书“古稀”二字匾额，贺赠雷金玉七十大寿。71岁那年，雷金玉去世，朝廷罕见地赏赐白银一百两，并协助他的家人将其灵柩运回南京归葬。

到雷氏家族第三代时，样式雷竟差点后继无人，不过设计图的威力这时也得以充分展现。原来雷金玉虽娶了六房太太，生了五个儿子，但不知何故，前四个儿子都没能继承父业，待到老五出生三个月时，雷金玉就撒手人寰。于是，雷金玉的前四个儿子和太太们便护着灵柩回老家了，只留下老五雷声澄（字藻亭）和他的妈妈张氏。非常意外的是，张氏虽然年轻，但很有胆识。她竟趁着皇帝对刚去世的丈夫的好感，抱着儿子到朝廷工部放声大哭，请求批准儿子长大后能子承父业，结果工部还真的同意了。后来，在张氏的精心培育下，再加上他自己奋发图强，雷声澄长大后参与了众多大型皇家工程并做出了重大贡献，特别是基于父亲的图纸完成了许多新的建筑设计图，从而进一步丰富了样式雷图纸的内容。最终，雷声澄依靠实力，又传奇般地继承了父亲的“掌案”之职，总算延续了雷氏第三代的辉煌。其实，这在很大程度上归功于他父亲留下的众多图纸。63岁那年，雷声澄去世。

手绘彩色平面效果图

也许是吸取了第三代的教训，在第四代时竟同时冒出了非常杰出的三兄弟。老大雷家玮，字席珍，生于1758年，卒于1845年。老二雷家玺，字国贤，生于1764年，卒于1825年。老三雷家瑞，字澂祥，生于1770年，卒于1830年。兄弟三人通力合作，创造了众多奇迹。在乾隆六次下江南时，他们曾分别受命随同，考察南方园林设计。老大和老二先后接任了掌案一职。总之，第四代在继承和丰富样式雷图纸方面更上一层楼。

在雷氏第五代传人中，样式雷的集大成者是雷家玺的第三个儿子雷景修，字先文，生于1803年。从16岁开始，他就随父亲在圆明园学习木工技艺和建筑设计。父亲去世时，由于当时雷景修的实力还不够，父亲便留下遗言，将“掌案”一职移交给同事郭九。雷景修深知父亲的良苦用心，并无半点怨言，而是加倍虚心学习，最终经过20多年的刻苦努力，才总算在46岁时重新依靠实力争回了父亲当年的职位。可惜，这时正值道光和咸丰年间，国势开始衰败，无力大兴土木。雷景修空有一身绝技，只是主持修建了几个皇家陵寝。在1860年8月之后，由于圆明园、畅春园等被英法联军烧毁，作为朝廷建筑设计部门的样式房几乎关门。但是，失业中的雷景修做了一件千秋大事。他整理了历代祖先和自己创作的样式雷图纸，汇集了满满三大屋的国宝级资料。此外，雷景修还是理财高手，轻轻松松就为子孙积攒了数十万金。1866年，雷景修去世，享年63岁。

雷氏家族的辉煌出现在第六代和第七代。第六代传人是第五代雷景修的第三个儿子雷思起，字永荣，号禹门，生于1826年，卒于1876年。第七代传人是雷廷昌，字辅臣，生于1845年，卒于1907年。此时虽处于清末咸丰、同治和光绪年间，内忧外患，国贫民穷，但当时的皇帝和太后们热衷于修建园林和陵寝。1873年，为迎接慈禧太后40寿诞，皇室决定重修13年前被毁的圆明园。于是，雷思起趁机献上全盛期的圆明园全图。慈禧高兴万分，立即让他在一个月内绘出所修宫殿图纸，并连续五次召见雷思起父子，亲自审查相关设计方案，还给他们父子二人分别封赏了二品和三品顶戴。后来，虽因财力困难和群臣反对，修园工程半途而废，但雷思起父子又积累了数千套样式雷图纸。在接下来的十余年间，第七代“掌案”雷廷昌更以超常速度，应多位皇帝和太后要求，设计了众多大型建筑，积累了难以计数的样式雷图纸。1885年，慈禧再次下令修建北海、中海和南海园林。1888年，慈禧甚至挪用海军经费，重建被英法联军烧毁的清漪园，并改名为颐和园。1890年，天坛祈年殿开工。1896年，圆明园课农轩工程启动。此外，雷氏第六代和第七代所积累的皇陵设计图纸也迅速增多，比如咸丰陵、同治陵、光绪陵等。

其中，光绪陵的修建被长期搁置，直到光绪在软禁中驾崩后的第二年才开始修建，清朝灭亡四年后的1915年才终于竣工。在此期间，“掌案”之职已传到雷氏家族的第八代，即雷廷昌的长子、生于1877年的雷献彩。清朝灭亡后，雷献彩没留下子嗣，家道快速衰败，以至到1930年时已穷得只能变卖样式雷图纸度日了。这才出现了本回开篇所介绍的情景。

跋：花溪花赋

若用信息技术语言来说，任何科研工作其实都可分为三大步骤：输入、处理和输出。关于科学和科学家，过去人们主要聚焦于“输入”和“处理”两个方面。而在本书中，我们重点介绍了古代的科学家如何博览群书，如何刻苦学习，如何认真观察，力图展现他们在信息输入方面是多么出类拔萃；也介绍了他们如何聪明绝顶，有何奇思妙想，力图展现他们在信息处理方面是多么出色。

客观地说，在文理分科之前，一位成功的科学家只需要做好信息的输入和处理就行了。这里暗含了一个前提假设，那就是他们的语文水平压根儿就不是问题，事实也正是如此。比如，第四十九回介绍的科学家张衡就是一个文理双修的奇才，他在诗词歌赋方面竟与司马相如、扬雄、班固一起被合称为汉赋四大家；在骚赋方面，则上追屈原的《离骚》，下踪班固的《幽通赋》；在七体方面，则与傅毅并驾齐驱；在文赋方面，他的成就可与东方朔的《答客难》比肩；在绘画方面，他也与赵岐、刘褒、蔡鱼、刘旦、杨鲁并称为东汉六大画家。再如，第六十九回所介绍的杜绾竟将冷冰冰的矿物学专著写成了让人读起来热血沸腾的美文集《云林石谱》。如果你有兴趣，可以再仔细考察，中国古代科学家的文学水平真的相当了得。只可惜为了突出他们的科学特色，本书淡化了他们的文学才华。总之，古代科学家在信息输出方面足以实现“茶杯倒元宵”，心里有啥，笔上就有啥。反观今天的许多大学生，甚至是博士和教授，他们的语文水平不敢恭维，还真是“茶壶倒元宵”，心里有货，下笔无神。

咋办呢？我们对此当然无能为力，不过我们想明确指出这个问题，提请今后希望成为科学家的理科生们尽早弥补短板。另外，我们也想在此努力倒一倒“茶壶里的元宵”，看看文科和理科是否真的水火不容。从语文角度看，最难“倒出的元宵”有两类：其一是信息量特别少的“元宵”，比如若写背影，那就很难超过朱自清的《背影》了；其二是信息量特别多的“元宵”，比如若要写清数百个人物，那就很难比肩曹雪芹的《红楼梦》了。我们当然不敢妄谈朱自清和曹雪芹，所以只选取了本书的主要创作之地——贵阳市花溪公园中的两类“元宵”：一是信息量最少的水，人们常说淡如水嘛；二是信息量最多的花，人们常说繁如花嘛。在第一册的跋中，我们写了水，接下来我们写花。作为理科生，我们的文科水平肯定很差，各位见笑了。

花溪花赋

（一）

“花溪”是个多义词。在我看来，花溪其实就是沿花溪河两岸，由各色奇花涌流而成的两条“花之溪”。一旦微风吹动，哗啦啦，这两条花之溪瞬间就波涛汹涌，花儿们也高兴地跟着唱起了歌。

花溪的花很调皮，一年四季都不消停。天上地下，河里岸边，到处都有它们的足印。特别是一到春天，那可不得了，你看：树开花，草开花，藤藤苗苗皆开花；枝似花，叶似花，山山水水皆似花；红色花，黄色花，五彩缤纷各色花；大朵花，小朵花，百媚千娇万形花；香味花，无味花，有滋有味赏百花；风中花，雨中花，风风雨雨花更花。山中神仙雾里花，深潭鱼跃翻浪花；蓝天白云幻奇花，绿水青瀑跳翠花。对初来乍到者来说，一定会目不暇接，眼花缭乱。

花溪的花很贪玩。你看那桃花，即使是长在同一株桃树上，它们的花期也各不相同。有的刚刚含苞待放，形似小拳头；有的则已盛开怒放，形似粉掌；还有的已花残瓣落，剩下的部分恰似剪刀手。微风一吹，满园桃雪飘飞，拳头努力变巴掌，巴掌纷纷变剪刀，而剪刀只剩花心，又形似小拳。哦，原来它们耐不住寂寞，在玩石头剪刀布的游戏呢！

花溪的花很会伪装。初春季节，猛一看那株玉兰树，哇，满树小鸟。但仔细一瞧，哦，玉兰含苞。小鸟为啥不飞走，因为玉兰的翅膀没长好；小鸟为啥舍不得飞走，因为它们想留下来欣赏玉兰花之妙。小鸟为啥不唱歌，因为邻树喜鹊正乐和；小鸟为啥舍不得唱歌，因为它们想静静地观赏这满园春色。

花溪的花很妖娆。就算你不惹它，它也会主动逗你，一会儿搔首弄姿枝婀娜，引得你浮想联翩；一会儿那花瓣雨落似薄纱拂面，让你产生丝般感受；一会儿又浓香扑鼻，惹得你久久陶醉。假若你胆敢越花池半步，我保证，你不是拈花就是惹草，或者像蝴蝶留恋在万花丛中；你不是拍花就是照草，两眼必定不够用。如此这般，似乎不太好。如何才能抵御花溪之花的诱惑呢？告诉你两个“四句偈”吧！初级偈是：“身是花溪树，心如观景台。时时勤摄影，勿使惹美拍。”高级偈是：“花溪本无树，观景亦非台。本来无一物，何处惹美拍！”

花溪的花很爱凑热闹。一旦有某种花儿盛开，顿时就会吵翻天。“花开啦，花开啦！”人们奔走相告，八方游客蜂拥而至。“花开啦，花开啦！”鸟儿们奔走相告，林间顿时莺歌燕舞。“花开啦，花开啦！”风婆婆跑得最快，抚摸着粉苞嫩瓣，一脸爱怜。太阳公公哪肯少得了，整天都在照着花儿，只顾傻傻地笑。

花溪的花很自信。你看那遍野的油菜，绿如翡翠的是叶，黄得发亮的是花。一望无边惹人惊，哑口无言便是夸。它们虽然出身卑微，但无怨无憾。不与玉兰争宠，不与桃花抢功，但也不输百艳之美，不避游客称颂。幼苗时献蔬菜，辉煌时美河山；成熟时贡香油，老朽后也挺腰杆！荒漠能生根，温室可发芽。顺境能茁壮，逆境也开花。无道隐深山，有道现路边。不问人间事，静心修神仙。

对了，花溪还有一种很美的花，那就是夏日雨后的花溪云，它宛如冰清玉洁的仙女，飞翔于蓝天。有的雪白雪白，在阳光下闪着瓷贵妃的光泽，又如软滑透明的凝乳，让人忍不住既想轻轻地抚摸，但又担心碰破它的肌肤。有的白中透着彩，既似玉又如花，更赛白璧，绝无瑕。花溪云娇艳得闪闪发光，柔美若冰雪欲化。仰望天空，好一幅浑然天成的青花瓷巨画！

（二）

“花溪”是一个多义词。在旅游者的眼里，花溪是“花溪风景区”的简称，以花溪河为主线，在绵延二十多公里的河滩上，分布着天河潭公园、花溪公园和十里河滩公园等风景区。这里山清水秀，景色宜人，素有“高原明珠”之誉。这里的山、水、洞、潭、瀑布、峡谷、天生桥等融为一体，山中有水，水中有洞，洞中有潭，洞行山空，空山闻水，碧潭飞瀑，纵横密布，形态各异，有“贵州山水浓缩盆景”的美称。当然，该盆景中的花景更是一绝。

先看石花。由水洞和旱洞串接而成的龙潭洞全长约1公里，最宽处80多米，最窄处仅20米，洞顶最高处50米，洞内暗河深达21米。洞内满布玲珑剔透、形态各异的石笋、石柱、石树和石钟乳等，当然也少不了各种石花。有的石花像浓缩的热带植物园，有的好似放大的象牙雕。出得洞来，放眼望去，二十余个溶洞相互穿插，形成明河、暗洞、天窗、竖井、绝壁、峡道、桥中洞、洞中湖，把座座山峰雕刻成了层层嵌套的镂空翡翠花。在由薄层碳酸岩组成的裸露钙化滩上，褶绉频现，断裂交错，沟壑深切，河谷拐曲，宛如岩石滩上雕刻的古藤。

再看水花。在清澈见底的卧龙湖中，水草团团簇簇，恰似一朵朵盛开的镜中花，偶有几条锦鲤在水草中穿梭。时有小鱼跃出水面，“扑通”一声，瞬间催生出灿烂浪花。湖面上聚集着众多水鸟，它们本身就是活灵活现的奇花。百步桥墩似长长的龙脊，在湖水中若隐若现。210米宽的钙化滩瀑布时时都在捣珠飞玉，溅出朵朵水花。丰水时，瀑布如脱缰野马，势不可当，在冲坑溶潭中溅起漫天水雾。枯水时，瀑布如丝如绺，在微风的吹拂下飞泻而下。瀑布流水在香粑沟的溶岩间形成浣沙洲、绾髻园、仙女出浴等景观。水道中，或因河水受阻，或因暗河漏洞，产生了各种旋涡。猛然一看，水面上漂浮不定的莫非是朵朵莲花？

最后看岸花。花溪的本意其实就是“花开四季，碧水长流”。所以，无论用多少笔墨，也无法一一描绘绵延二十余公里的各色奇花。这可如何是好呢？请诸君闭上眼，让思绪随着我的声音尽情飘舞。伙计，在一个桃红柳绿的春天，你正驾着白云，顶着蓝天，缓慢地飘呀飘，飘过了潮夕潭，又飘过了木鱼潭。那吱呀作响的声音来自古老的水车、水碾、水磨和香粑车。现在你已越过花溪水库，跨过数段瀑布，沿黄金大道进入了“一水带四山”的花溪公园。那九曲十八拐的是坝上桥，水面宽阔的是芙蓉洲，四季长青的是松柏园，一树多色的是碧桃园，含苞待放的是牡丹园，半梦半醒的是睡莲池。至于那一眼望不到头的绿色长带嘛，要么是翠竹林，要么是水彬步道。进入十里河滩湿地公园后，花景就更多了。长堤紧邻桂花林，疏林草地中有芦花飘雪，烟雨柳湾中藏着荷花塘，湿地花田随处可见。此外，还有玉环摇碧、蛙鼓花田、月潭天趣、溪山魅影、水乡流韵、葱茸彩地、花圃果乡、溪边问农、梦里田园等。想想这些美妙的名字，就让人心旌飘荡。好了，伙计，请睁开眼吧，刚才带你神游了花溪的部分风光。其实，还有许多风光没来得及介绍，比如麟山、龟山、蛇山、凤山、大将山、姐妹峰等。在青山环绕中，水流平缓，鱼翔浅底，鹭鸟翩飞，河中沙洲小岛千姿百态。无论是蜿蜒的跌水还是怡人的湖光山色，它们都像是花中之花。

（三）

“花溪”是一个多义词，它既是贵阳南郊的一个行政区，也是贵阳的著名生态风景区，包括花溪公园、十里河滩公园、天河潭公园等国家4A级景区，以及风情迥异的各色民族村。这里冬无严寒，夏无酷暑，雨量充沛，属于高原季风湿润气候，特别适合百花生长。一年四季，花色、花形、花香和花域等都变幻莫测。

花溪区东邻龙里，西接贵安，南连惠水，北依观山湖，其形状犹如贾宝玉胸前挂着的那块通灵宝玉。花溪区的人口以汉族、苗族、布依族、仡佬族等为主，

少数民族约占三分之一。其实，花溪原名“花仡佬”，意指在此居住的仡佬族美女以及她们穿戴的艳丽服饰。花溪区的地貌以山地和丘陵为主，绿化率高达42%，拥有大小溪流 51条，中型水库两座（松柏山水库和花溪水库），湖泊、渊潭等更是不计其数。总长超过390公里的河道连通百花湖、红枫湖、阿哈水库等水源保护区。

在花溪区，地方美食尤其不能忘记。一盘糕粑稀饭，宛如盛开的牡丹；泼上红油的米豆腐，葱花清脆，一看就让人嘴馋；面对鸡辣椒，即使怕辣，也忍不住想多看几眼；花溪牛肉粉，吃了一碗还想再来一碗；青岩玫瑰糖，绝对是甜中之甜。至于青岩卤猪蹄嘛，小伙吃了解馋，姑娘吃了更是养颜。

伙计，花溪见，不见不散！